演習 **保育事例満載！**

保育内容総論

あなたならどうしますか？

編著　酒井幸子・守 巧

著者　神長美津子・杉本裕子・松山洋平

事例執筆／編集協力

中山博子・平野麻衣子・森田直子・山崎摂史

萌文書林

Houbunshorin

はじめに

４歳児のある日のこと。

マコトくんはミホちゃんと２人で、小さなバインダーを大事そうに持ち、廊下を職員室へと向かう。「今日のお休み」を報告しに行くらしい。耳をそばだてていると、「お休みは３人、今日は全部で24人です」と、２人のブツブツ言う声が聞こえる。「お休みは３人、今日は全部で24人です」。呪文のように繰り返すこと、何と８回！　９回目が本番になった。職員室の先生に、「お休みは３人、今日は全部で24人です」と、無事に報告をし終えて、フッと２人の肩の力が抜ける。顔の緊張が緩み、安堵感と自信とが合わさったような何とも言えない笑みを浮かべる。

保育という営みの場には、日々、このような子どもたちの生き生きとした息吹があふれている。保育者もまた保育という営みの主体者として、日々新たに保育を紡ぐ。保育者は、子どもたちそれぞれが発する息吹を受け止め、共感し、一緒に考え、支え、励ましながら、子どもたちを確かな成長へと導く。保育内容総論は、領域という個々の窓口だけでは捉えにくい、こうした日々の保育の営みを、総合的な視点から読み取り、対応していくために、保育者としての重要な学びを習得させる。

本書は、編集のはじめの段階から関係者による丁寧な協議が重ねられた。本書での学びが、保育という実践の場で、生きた知として子どもの成長に繋がるようにと真剣に願ってのことである。今まさに子どもと保育者が紡いだばかりという事例の一つひとつを丁寧に読み取った。そして、「事例を読み解く」として解説を載せた。しかし解説はあくまでも解説者の考えである。保育に正解は無いもの。むしろこれをひとつの土台として、さらなる議論を展開させることを薦めたい。

本書は序章から第５章まで、全26節から成っている。

序章「保育内容総論とは」では、多くの人が抱く、そもそも保育内容総論とは何か、保育内容を何故総論として学ぶのかという率直な問いについてわかりやすく解説する。

第１章「保育内容の歴史的変遷」では、保育内容が、明治時代の初期から、どのような歴史的変遷を経て現在に至っているのか、歴史を学ぶ意義にも触れながら解説する。

第２章「幼稚園教育要領、保育所保育指針、幼保連携型認定こども園教育・保育要領がひもとく保育内容」では、幼稚園教育要領、保育所保育指針、幼保連携型認定こども園教育・保育要領について、それぞれの法的な根拠、内容構成、教育課程・全体的な計画等、保育者として欠かせない基本的な事項を解説しながら保育内容をひもとく。

第３章「子どもと保育内容」では、子ども理解から始まり、子どもの発達や生活の様子、現代社会における子どもを取り巻く環境、遊び等から、保育内容を実態に即して捉える。

第４章「領域と保育内容」では、領域という視点から子どもを捉えていくとともに、保育を展開するにあたって理解が求められる基本的事項について取り上げる。

第５章「保育者の役割と保育内容」では、現在保育者には、子どもへの直接的な保育の範疇(はんちゅう)を超えて、多岐にわたる役割が求められることを踏まえ、支援や連携等を取り上げる。

また本書はほかに類を見ない特徴を備えている。

まず1つは、読者である皆さんが途中で立ち止まって考えることができるよう、第3章、第4章、第5章で取り上げた全98事例の全てに、「あなたならどうしますか?」という意を込めた問いかけが設けられていることである。あなたには、「もし自分がこの保育の場にいたならどう受け止めるか」、「自分が実際に保育者の立場ならどう対応するか」などと、事例での出来事を自分自身に置き換えて考えて欲しい。養成校で学ぶ時間は限られている。しかし、限られた時間であっても、こうした問いかけを常に自身の胸にもち、真剣に考えていくことが、あなたを保育の臨床場面へといざない、学びを深めていくと確信している。

次に、本書には、別冊として、「演習ワーク」が付してある。各章で学んだことを演習によってさらに深め、保育における実践力が養えるようにと願ってのことである。演習として載せた14の事例には、注目して欲しいポイントを設けた。また、あなたへの問いかけとなる設問も設けている。本章と関連づけながら、実践に役立つ学びへとつなげてほしい。

さて、園でのある日のこと。

運動会で見た5歳児の旗ダンスをやってみたくてしょうがない3歳児のヒナちゃんやショウタくんたち。保育者と共に5歳児のケントくんたちに「教えてください」と頼みにやってきた。翌日から園庭のそこかしこに、手とり足とり教える5歳児と3歳児の輪が見られるようになった。旗の持ち方から振り方までを丁寧に教える5歳児。1週間も経つとすっかり覚えてしまった3歳児。保育者たちは、こうした子どもたちの様子を見て、運動会は子どもたちの意識の中で1年前から始まっていると捉えるようになった。これは運動会に限ったことではない。園での生活や遊びの中で、1年後、あるいは数年後につながる出来事が日々起きていると捉えられるのではないか。こう考えると保育という場や営みに興味が尽きない。誠に面白いと感じる。保育内容総論の学びを通して、読者であるあなたにもその面白さを実感して欲しいものである。

周知のように、平成29年3月に、幼稚園教育要領、保育所保育指針、幼保連携型認定こども園教育・保育要領がそれぞれ改訂(定)・告示され、平成30年4月から実施の運びとなった。これらを受けて、本書は関連事項について、現時点で可能な限りの修正を行っている。

しかしながら、本書が読者の皆様に伝えたい内容や得て欲しい学びは修正に関わりなく普遍である。大いに活用し保育内容総論での学びを深めることを期待したい。

2018年　4月　　酒井幸子

もくじ

序　章

保育内容総論とは

保育者を志す学生は、まずは「保育内容」として幼稚園教育要領や保育所保育指針、幼保連携型認定こども園教育・保育要領に示される「健康」「人間関係」「環境」「言葉」「表現」という５領域について学ぶ。本章では、各領域ごとに学んできた「保育内容」を「総論」として学び、かつその意義を捉えていく。さらに、保育は環境や遊びを通して総合的に指導するものであることから、総合的な指導と保育内容総論として学ぶこととの関連を捉えていく。

第１節では、「保育内容総論とは何か」、「保育内容総論では何を学ぶのか」について、一人の学生の率直な思いや疑問に答える形で、総論の意味、保育内容総論で学ぶことなどをわかりやすく解説している。第２節では、保育内容総論での学びを実践に結びつけていくために、「保育を構想すること」、「循環性をもつこと」について、その重要性を学んでいく。

1 「保育内容総論」とは何か

1. アイさんの思い

私の名前はアイ。今、将来保育者になることを夢見て保育者養成校で学んでいる。
まだ、保育士、幼稚園教諭、保育教諭のうち、
　　どれをめざすのか自分でもはっきり決めてはいない。
はっきりしていることは、幼い子どもたちと共に過ごす職業への憧れである。
勉強が進むにつれて、知識や理解が進み、その憧れが徐々に距離を狭めている。
年度末。次年度のシラバスを見て、必修科目にある「保育内容総論」に目が止まった。
「えっ総論？」保育内容は５つの領域から既に学んでいるではないか。
「総論って何？」率直に疑問をもった。
保育内容は、健康、人間関係、環境、言葉、表現の各領域別に科目があった。
各領域のねらいについて学び、指導法などを具体的に学んだ。
子どもたちを教えていく時にこれだけの窓口から考えなければならないことを理解した。
小学校教育の教科とは同一ではないということも学び、理解した。
そう、それに５領域は幼児期の特性から、それぞれ独立して考えるものではないのだった。
総合的に捉えるものだと教わった。ちょっとそこがあやふやだ。
でも、領域のことは理解できた気がする。
初めて行った実習では、最初は手遊び、次に絵本を読ませて頂いた。
ただ夢中で、子どもたちの笑顔が嬉しくて、その時は保育内容も領域も意識になかった。
絵本の時、ねらいや環境構成、幼児の活動の流れ、実習生の動きなどを指導案に書いた。
それら全部が意識から飛んでいた。
あとで、担任の先生から、指導案のねらいは達成できましたかと聞かれた。
「はい、子どもたちが興味をもって聞いてくれましたので」と答えた。
先生は、「そうね」とおっしゃりながらも、心なしか首を少し斜めに傾けられた。
帰宅して実習日誌を書きながら、そういえばと思いついたことがある。
トイレに行っていて自分の席をほかの子に取られた女児がその子とケンカを始めていた。
先生がスッとあいだに入って２人と何やら話をされた。
ケンカはすぐに治まり、私が絵本を読むのを中断することにはならなかった。
そういえばねらいは、“興味をもって聞く”と“友達と一緒に楽しむ”と２つ立てていた。
翌日先生とゆっくりお話する機会が有り、改めて昨日の反省を先生にお伝えしてみた。
「友達と一緒に楽しむ」というねらいは中途半端になってしまったと。
「アイさん、よく気がついたわね」と先生はおっしゃってくださった。
そしてその後、先生は、私にとっては思いがけないことを口にされた。
“保育ってね、もっともっと奥が深いのよ”、と。

2.「総論」の意味

保育者を志すアイさんの「総論って何？」という思いを受けて、ここでは、５領域からなる「保育内容」を「総論」として学ぶことの意味を考える。

そもそも一般的に「総論」とは、本論、各論などに対し全体を総括した論のことで、全体に通じるものを言う。「保育内容」に当てはめれば、〈健康〉、〈人間関係〉、〈環境〉、〈言葉〉、〈表現〉からなる５つの領域をまとめた全体に通じるものという意味になろう。

また、図１のように、領域は、単一で独立しているものではない。『幼児の発達は様々な側面が絡み合って相互に影響を与え合いながら遂げられていくもの』[1)] であることから、それぞれの領域が相互に重なり合い関連し合うのである。関連し合いながら子どもの遊びや生活などの具体的な活動を通して総合的に展開される。そのため、保育そのものを、保育内容全体を総括した「保育内容総論」として学ぶ必要が出てくるのである。保育という営みを進めるにあたっては、こうした概念をもって臨むことが重要である。

【図１】５領域の相関図

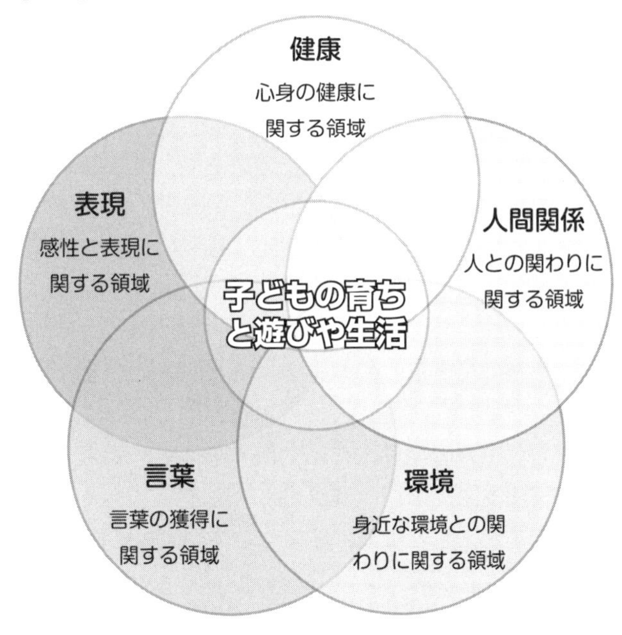

1）『幼稚園教育要領解説』文部科学省、2018、p134

3.「保育内容総論」での学び

アイさんは、実習で行った絵本の読み聞かせについて、担任の先生から、次のように、お褒めの言葉（○）と、アドバイス（☆）を頂いた。

○前日までに書いた指導案は、①ねらいや内容がきちんと押さえられていた。
○選んだ本は、今の②子どもたちの興味に合っていて楽しそうに聞いていた。
○読んでいる時は早さも声の大きさも良く、子どもたちを②ひきつけていた。

☆もう少し③子どもたちの実態がわかっていると、④イスの取り合いをしないで済んだ。
☆絵本を⑤読む前、読んだあとのことについても考えることが保育には大切だ。
☆⑤揉めごとなども想定し対応を考えられるよう努力しよう。

アイさんは、先生の話からこれまであやふやだった「保育を総合的に捉える」ということを少し理解できた気がした。

アイさんと担任の先生とのやりとりには、「保育内容総論」で学ぶことの大切な部分が含まれている。下線部分から考えてみよう。

①ねらいや内容…保育園や幼稚園等では、生活や遊びを通して５領域に示されているねらいや内容をバランスよく達成することが大切である。アイさんは２つのねらいを立てた。達成できたものとそうでないものがあるが、具体的にねらいを設定したことで事後の評価が適切に行われ、そこで得た成果や課題が次の保育へと生かされることになる。

②子どもたちの興味・ひきつけて…子どもの興味や関心に即したものであった。

③子どもたちの実態…ねらいや内容の設定だけで保育が適切に展開されるわけではない。子どもたちのこれまでの経験や発達という視点から考えることも大切である。一人ひとりの人間関係やどこまで言葉で伝えられるのか等についての実態把握が欠かせない。

④イスの取り合い…イスの並べ方、アイさんが立つ位置など、環境は整っていたか。

⑤読む前、読んだあと・揉めごと…予想される子どもの動きなどに配慮し、活動の前後の流れについても考えることが必要である。無用なケンカやいざこざは避けられよう。しかし、揉めごとが起きても柔軟に対応できるよう思いを巡らせておくことも心がけるとよい。

こうして具体的に見てくると、絵本の読み聞かせという短時間の実践だけでも、実に多様な保育の営みが見えてくる。“保育って奥が深い”という保育者の言葉がアイさんの頭をよぎる。

2 「保育内容総論」から実践へ

1.保育を「構想」する

アイさんは実習での経験から、「保育内容総論で学ぶこと」が何かを知り、「保育を総合的に捉えること」の意味を理解した。しかし、知識や理解を得ても、実際の保育の場でどのように実践していくのかを考えると、まだ自信がもてないでいる。

アイさんが、自信をもてないのは当然のことである。日々の保育に見通しをもち、十分に子どもの成長を支えられる保育者となるのはそう簡単ではないからである。しかし、誰もが理想の保育を叶えたいと考える。そこに、“保育を構想する”必要が生じる。

ここで、アイさんにとって「構想」という新しい言葉が出てきた。

「構想」とは、簡略に表現すれば、考えを組み立てることである。保育の場合は、先に学んだように、子どもの実態、経験や発達、総合的、領域の重なり等々、キーワードが多く存在するため、多様な側面から考えを組み立てることになろう。「保育の計画」といってもよい。生易しいものではないが、“保育を構想する”、すなわち、考えを組み立て、保育を計画することは保育の理想に近づく一歩なのである。

2.大切な「循環性」

さらに大切なことは、「循環」することである。「循環って何？」とアイさんなら率直に聞いてきそうである。図２で理解を図ろう。

【図２】保育の「循環性」

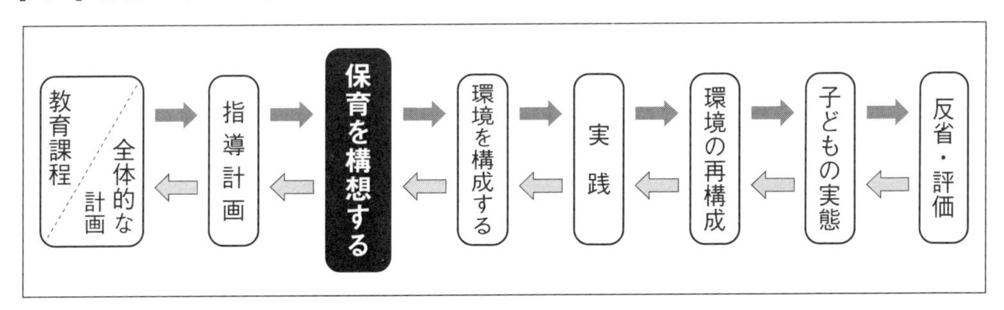

保育者は、教育課程・全体的な計画、長・短期の指導計画に基づき、子どもへの願いや方向性をもって保育を構想する。環境の再構成を図りながら実践する。子どもの実態などから反省・評価を行う。成果や課題を踏まえて、指導計画等に行きつ戻りつし、再び保育を構想する。保育にはこうした循環性をもつことが極めて大切である。

今、アイさんは保育という営みの奥の深さについて改めて考えている。

memo

第1章

保育内容の歴史的変遷

写真提供：お茶の水女子大学

江戸時代のわが国の幼児教育は家庭教育が主であった。施設として創立されたのは明治時代に入ってからのことである。この章では明治以降の歴史的な変遷について学ぶ。

今私たちが学ぶ保育内容や幼稚園・保育所等の制度は、明治時代の初期の幼児教育施設が築いたものを土台として成り立っている。歴史的な変遷を学ぶ中でそれらを実感として理解できるようになることを期待する。

第１節では、「はじめに」として保育内容の歴史的変遷を学ぶ意義を説く。

第２節では、「幼稚園発祥と保育内容」を、わが国初の幼稚園である現お茶の水女子大学附属幼稚園の当時の様子から探っていく。

第３節では、「大正から昭和前期の保育事情」を、幼稚園令の制定と託児所との関連などから捉えていく。

第４節では、「第二次世界大戦終戦直後から現在に続く変遷」を、学校教育法、児童福祉法の法整備から、幼稚園・保育所が法的な位置づけを得て変遷していく様子を学ぶ。

随所に入れた写真やコラムから、当時の様子を推測し、楽しみながら学ぶことを願う。

1　はじめに

保育者をめざす学生のみなさんが、保育内容や保育制度について歴史的な変遷を知ることは重要である。なぜならば保育に関わる歴史が、保育の方向性、制度の在り方、乳幼児期の子どもたちの望ましい育ちなど根本となることに、今なお影響を与えているからである。明治の初期からそれらの一部はそのまま引き継がれ、またそれらの一部は刷新されながらも、現代になおその影響が及んでいるのである。

保育の理想・理念など根本的なことだけではない。その影響は、本書を学ぶ学生のみなさんのごく身近な事象としても捉えられる。それは、実習を経験した学生のみなさんが戸惑う話をよく耳にすることからもうなずける。戸惑いの多くは、幼稚園・保育所等を問わず、保育内容や指導方法などが園によって異なることである。端的な例を挙げれば、一方で、自由な遊びを中心に一日の活動が展開される園があり、他方で、保育者が主となって一斉的に子どもへの指導が進められている園があるなどである。義務教育としてナショナル・スタンダードがほぼ確立する小・中学校と異なり、保育の現場では100園あれば100通りの保育が存在するということも過言ではない実態がある。また、ここ数年は保育をめぐる制度の変化もめまぐるしい。そのため今後も保育に関する歴史は、新たな制度やそれに伴う保育内容などの変遷が塗り重ねられることが予想される。益々歴史的な変遷から目が離せない。本章を学ぶ意義をこうした実情からも推測したり理解したりして学んでいこう。

2　幼稚園発祥と保育内容

日本の幼児教育・保育はいつ頃から始まったのであろうか。

長きにわたった江戸時代（1603年～1868年）には、現在の小学校就学年齢に当たる６、７歳児からを対象とする教育施設は藩校（武士階級の子弟の教育機関）、寺子屋（庶民階級の子どもの読み、書き、算盤、行儀作法を教える）などとして存在した。

一方で江戸時代には、５、６歳児までを対象とした幼児教育・保育の施設はほとんど存在しなかった。しかし、施設として存在はしないものの、幼児教育は、武士、農民、職人・商人といったそれぞれの身分や世襲に沿った内容や方法で、家庭教育の一環として行われていたのである。武士であれば学芸・武芸双方の道を家訓として教える、農民であれば１つの家庭だけでなく群として村落全体に関わる事柄を教育する、職人や商人であれば武士や農民とは異なる自由な立場から知恵や能力・技術などが身につくように教育するなどである。

こうした家庭教育を基盤とする考えは現代にも続いているが、幼児教育の施設として「幼稚園」が発祥したのは明治初期のことであるので、この節では、明治以降の幼児教育・保育

についてその歴史をたどる。

1.日本最初の幼稚園創立とその影響

(1) 日本最初の幼稚園

日本最初の幼稚園は、現在の国立大学法人お茶の水女子大学附属幼稚園(創立当時は、東京女子師範学校附属幼稚園)である。今からおよそ140年前、1876年(明治9年)に創立された。11月16日の開園式には園児75人が出席し、ここにわが国最初の幼稚園が発足した。日本最初となる東京女子師範学校附属幼稚園(以下「附属幼稚園」とする)が、その後に設立される多くの幼稚園の施設や保育内容に影響を与えたことは想像に難くない。

【図1】明治9年〜17年までの幼稚園舎
(資料提供:お茶の水女子大学)

附属幼稚園の設立には、当時の文部大輔、田中不二麿が大いに力を尽くした。当時はまだ幼児を教育する幼稚園などというものは有害であるとする考えがあり、幼稚園の創立には多くの反対があった。田中は、海外の幼児教育視察から多大な刺激を受け、日本での幼児への教育の必要性を主張し、周囲の反対に屈することなくわが国の幼稚園創立に力を尽くした。

附属幼稚園の初代監事(園長)には関信三が就任した。関は、当時東京女子師範学校の英語の教師で、幼稚園記(フレーベルの幼稚園教育について書かれた書物)を翻訳し幼稚園教育に通じていたことから就任したとされている。主席保姆(当時幼稚園教諭は保姆と呼ばれた)は松野クララが就任した。松野はドイツ人であり、ドイツの保姆養成学校を卒業している。保姆には、豊田芙雄(女性)と近藤濱が就任し、松野の教えを受けながら幼稚園教育の道を開いていった。

開設には三つの目的、○幼稚園の模範を示す○教育の発展を図る○女子師範学校生徒の実習に資する、を掲げている。翌1877年(明治10年)には附属幼稚園規則[1)]が制定され、幼稚園の「目的」を次のように掲げている。

「学齢未満ノ小児ヲシテ、天賦ノ知覚ヲ開達シ固有ノ心思ヲ啓発シ身体ノ健全ヲ慈補シ交際ノ情誼ヲ暁知シ善良ノ言行ヲ慣熟セシムル」

(下線は筆者による)

この幼稚園の「目的」は、『天賦ノ知覚』、『固有ノ心思』、『身体ノ健全』、『交際ノ情誼』、『善良ノ言行』など5側面にわたる幼児の発達を意図している。現在の幼稚園教育要領・保育所保育指針等の5領域「健康」「人間関係」「環境」「言葉」「表現」と照らしてみると興味

1) 文部省『幼稚園教育百年史』ひかりのくに、1979、pp37-38

深いものがあるのではないだろうか。

また、同じく附属幼稚園規則では、次のように（一部抜粋）幼稚園の在り方を定めている。現代もなお引き継がれているものが多々あり興味深い。

・入園の年齢は男女児とも満３歳以上、満６歳の小学校に就学するまでの者
・保育料は一か月 25 銭。貧困で保育料を納めることができない場合免除
・定員は約 150 人とし、５歳、４歳、３歳の各年齢ごとに組を編制
・一日の保育時間は、６月１日から９月 15 日までは午前８時から４時間、９月 16 日から５月 31 日までは午前９時から５時間
・休日は日曜日と国民の祝日のほか夏期には７月 16 日から８月 31 日まで、また、冬期には 12 月 25 日から１月７日までの長期

また、当時の附属幼稚園の保育には、フレーベル精神による子どもの心身発達を中心に、主としてフレーベルの恩物としてのいわゆる20遊戯と呼ばれるものが用いられ、その後も受け継がれていった。

【図２】フレーベルの恩物を使って遊ぶ様子
（資料提供：お茶の水女子大学）→

（2）全国に幼稚園設立の動き

３年後、1879年（明治12年）には初めての県立幼稚園として「鹿児島幼稚園」、大阪府立「模範幼稚園」が設立される。翌1880年（明治13年）４月には、東京麹町区に私立としてはわが国最初となる「桜井女学校附属幼稚園」が、同じく６月には初めての公立幼稚園として、大阪に町立「愛珠幼稚園」が開設される。その多くが、保育の目的や方針を附属幼稚園に倣っているものの、若干の違いも見いだされる。

大きな影響を受け、ほとんどを附属幼稚園に倣っている例としては次が挙げられる。

「鹿児島幼稚園」と「桜井女学校附属幼稚園」は、フレーベル主義に基づくものとして、保育の目的などを附属幼稚園と同様にしている。「鹿児島幼稚園」は附属幼稚園の保姆であった豊田芙雄を迎えていることから、附属幼稚園の保育を踏襲していることが容易に推測できる。また、桜井女学校附属幼稚園の規則は、附属幼稚園と同様の主旨が述べられている。さらに、1881年（明治14年）10月、東京本所区江東小学校内に設置された江東小学校附属幼稚園が、東京府知事宛に提出した仮設伺には、教則などを附属幼稚園に準拠することが述べられているなど、その他の園でも附属幼稚園に倣うところが多々見られる。

附属幼稚園に続いて設置されたこの時代の幼稚園の多くがその設立意義等において、同園の影響を受け、あるいは模範としていたことがわかる。

附属幼稚園と若干の違いが見いだせる園としては、先に挙げた「模範幼稚園」と「愛珠幼稚園」が挙げられる。この２園も附属幼稚園と同じくフレーベル主義に基づく保育を実施し

ていたという。その一方で、十分に保育に専念できない母親に代わってそれを補うという、現代の保育所機能に近い目的も併せもっていることが特筆でき、附属幼稚園との多少の差異を見せている。

こうしてわが国の幼稚園は創設から1880年代半ばにかけてその教育の基盤が形成されていく。1885年（明治18年）には、東京、大阪、鹿児島に加え、宮城、福島、茨城、群馬、石川、島根、岡山、徳島、高知の12府県に広まった。附属幼稚園創設後10年足らずのうちに、その数は国立１園、公立21園、私立８園となった。

2.研究協議事項にみる保育内容

(1) 保育研究機関の結成

明治20年代から30年代にかけて東京や京阪神に組織的な保育研究機関が結成された。その後明治40年代には地方にも保育会結成の動きが見られた。中でも「京阪神三市聯合保育会」、すなわち京都、大阪、神戸三市の幼稚園を中心とする研究協議会が活発化した。三市のつながりは今に続いている。当時の研究協議事項は、幼稚園教員の待遇改善について、幼稚園を小学校に併置することの利害や保姆の任用について等の制度に関するものをはじめとして、カリキュラム・保育内容に関するもの、保育方法に関するもの、施設・教材・管理に関するもの等、その内容は幅広いものであった。

(2) 研究協議事項に見る当時の保育内容・方法

当時の保育者が研究事項に取り上げているものからは、保育者が当時、保育内容や方法にどのような課題をもっていたかがうかがえる。そこで当時の協議事項を次にいくつか挙げてみる[2)]。現代の保育者が抱える課題などと比較してみるのもよいであろう。

※（　）内は該当年。できるだけ原文を残す形で掲載する。便宜上番号を附す。

1.『幼稚園児に与ふべき色の種類及び数え方の順序如何』（明31）
2.『如何なる遊戯・唱歌・恩物・実習・説話が最も有益なりや』（明31）
3.『会集の良策如何』（明33）
4.『恩物中幼児の最も好むものは何々か』（明35）
5.『幼児毎日の製作品は如何に処理すべきか』（明37）
6.『園児に時局に関する観念を与へることの可否』（明38）
7.『幼児を自然界に親近させる方法如何』（明39）
8.『屋外保育の方法如何』（明40）
9.『幼稚園と家庭及学校との連絡方法の実況如何』（明40）
10.『共同玩具・運動具の取扱上起り易い一般的弊害を如何に防ぐべきか』（明41）
11.『文字を書く幼児の処置如何』（明治43）
12.『発音不自由な幼児について注意すべき事項』（明43）

---

2)　日本保育学会『日本幼児保育史　第二巻』フレーベル館、1968、pp260-262

13.『幼稚園における身体検査の結果を最も有効にする方法如何』（明43）
14.『早熟な幼児の取扱方の実際』（明44）

100有余年前の協議事項ではあるし、その具体的な内容や社会環境の違いは当然あるであろうが、当時の保育者の幼児教育・保育に関する情熱や意気込みが伝わる。

また、現在に通じる協議事項が多くあり大変興味深い。

たとえば、5.『幼児毎日の製作品は如何に処理すべきか』（子どもたちが毎日製作したものをどのように処理したらよいだろうか）、という協議事項からは、我々と同じく当時の保育者が日常的で大変身近な課題をもっていたことがわかる。7.『幼児を自然界に親近させる方法如何』（子どもたちを積極的に自然と触れ合わせるにはどうしたらよいであろうか）、という事項や9.『幼稚園と家庭及学校との連絡方法の実況如何』（幼稚園・家庭・学校の連携の実態はどうであろうか）、という事項からは、これらが100年以上の時を経た過去から現在に通じる普遍的な課題であることを認識させられるのではないだろうか。

コラム1

江戸時代、幼児期の教育は家庭教育中心であった。とりわけ、子どもが幼い時期は、家庭教育の担い手として母親の役割が大きかったことは周知の事実である。そうした中で、明治になり幼稚園が創設されたことは、幼児期の教育の在り方に公的な意義をもたせる動きとして一石を投じることになる。

また、幼稚園が一部上流階級のための施設と下流階級のものとに二分された時期があった。さらに、託児所と称せられていた保育施設との関連も、広くわが国の幼児教育をひもとく上で欠かせない。幼稚園設置のための全国の行政の取組、公立と私立の園数の推移、保母養成に関する課題、1947年（昭和22年）に幼稚園が学校教育法に学校として位置づけられたこと、保育所が児童福祉法に児童福祉施設として制度化されたことによるその後の影響等、幼児教育の歴史を知ることは今後の幼児期の教育や保育の方向を示唆することにつながり、とても興味深い。

3　大正から昭和前期の保育事情

大正時代は、『さすがに平和な時代であった。そのため保育の内容や方法を仔細にながめるとき、尽きない滋味があふれ出てくるように感じられる。（〜中略〜）外見はパッとしな

3）　日本保育学会『日本幼児保育史　第三巻』フレーベル館、1969、p11

いが内容的には教育史のうち価値の高い時期』[3]であったという。

大正初めの頃のわが国の幼児教育は、日清戦争1894～1895年（明治27～28年）・日露戦争1904～1905年（明治37～38年）などの影響を直接受けることなく、幼稚園を中心に真に子どものための施設として充実していった。この時代の保姆は、保育の内容や方法に対して、研究会を開くなど互いに刺激し合い向上しようとするエネルギーをもって、その後の幼児教育や保育に寄与していたと考えられる。こうした状況の中で、1926年（大正15年）、幼稚園を国の教育として位置づけるために「幼稚園令」が制定された。

しかし、こうしたどちらかといえばおおらかな大正時代の空気が、昭和前期に入ると一変する。人口の増加などの社会的情勢の変化や、戦争へと向かう国家の強烈な動きに、保育界も少なからず影響を受けることになるのである。

1.大正期、「幼稚園令」制定

1926年（大正15年）4月22日に「幼稚園令」が制定された。このことは、当時の保育界には見られなかったこととして、幼稚園関係者をはじめ広く教育に関心をもつ人たちに歓迎された。

（1）幼稚園令に「目的」の明記

幼稚園令に『幼稚園ハ幼児ヲ保育シテ其ノ心身ヲ健全ニ発達セシメ善良ナル性情ヲ涵養シ家庭教育ヲ補フコトヲ以テ目的トス』と、幼稚園の目的が明記された。当時、「勅令」として国の教育に関する最高の規程に位置づけられた意義は大きい。

また、ここで明記された幼稚園の「目的」が、後に幼稚園が学校教育法に学校として位置づけられる際の目的規定の土台ともなるのである。

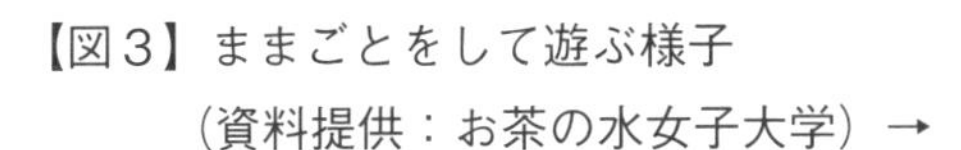

【図3】ままごとをして遊ぶ様子
（資料提供：お茶の水女子大学）→

（2）幼稚園と託児所

明治初期の幼稚園の創設以来、この章では保育所を話題にすることが少なかったが、保育所は託児施設として、社会の中でその任務を果たしつつ広がりをみせていた。託児所は主に経済的な困窮、母親が就労などで世話ができない家

【図4】人形芝居の様子
（資料提供：お茶の水女子大学）→

庭の子どもを対象としていた。一方で、当時の幼稚園は一部の恵まれた人が通う贅沢な施設であるとの通念がもたれていた。幼稚園令ではこうした実情に配慮し、誰もが通える施設となるよう法を整備した。経済的、社会的な状況に関わりなく、「３歳以上小学校就学の始期に達するまでの幼児」という対象年齢に、特例を設けて、３歳未満の子どもの受け入れを可能とした。また、一日の保育時間を決めずに、等しく子どもたちに門戸を開くような内容とした。このような幼稚園令の法的な措置に対して、託児所関係者などからは大いに好意が示された。

(3) その他

幼稚園令では、幼稚園に園長を置くことを定め、園長や保姆の資格を定めた。同施行規則には、保姆免許状を取得するための必要事項が詳細に記された。現在では当然のように受け止めている資格や免許に関する規定が、幼稚園令制定を機にその礎が築かれたわけである。

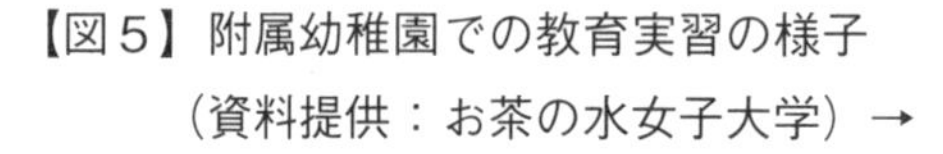

【図５】附属幼稚園での教育実習の様子
（資料提供：お茶の水女子大学）→

コラム２　～卒園生の回顧から～

○昭和４～５年・東京市日暮里「ひぐらし幼稚園」に在園

帰りの歌

今日の授業もすみました
みんな連れだって帰りましょう
先生さよなら、ごきげんよう
みなさまさよなら、ごきげんよう

○昭和５～６年・宮城県石巻市の幼稚園に在園

遊戯の時の歌詞

一、からすが　カアカア鳴いている
すずめも　チュウチュウ鳴いている
障子も　明るくなってきた
早く起きぬと　遅くなる
二、着物を着替え　帯しめて
楊枝を使いに　まいりましょ
たらいに水を　くみ入れて
楊枝を使い　口ゆすぎ

三、ごはんを静かに　よくかんで
　　紙やハンカチ　忘れずに
　　持って行きましょ　幼稚園
　　さっさと歩いて　遅れずに

（日本保育学会『日本幼児保育史　第四巻』フレーベル館、1971、pp155-157）

2.昭和前期の保育内容

保育内容は、「保育５項目」と呼ばれる「遊戯」、「唱歌」、「観察」、「談話」、「手技」が中心であった。保育方法は様々だったようで、今で言う保育者主導の一斉保育をしていた園があり、自由遊びを取り入れて遊びによる保育の効果を期待する園があり、ただ遊ばせておく子守程度の園もあったという。下図は、附属幼稚園「系統的保育案の実際」の体系図[4)]であるが、今の保育をイメージすると重なるものがあるのではないだろうか。

【図６】「系統的保育案の実際」の体系図

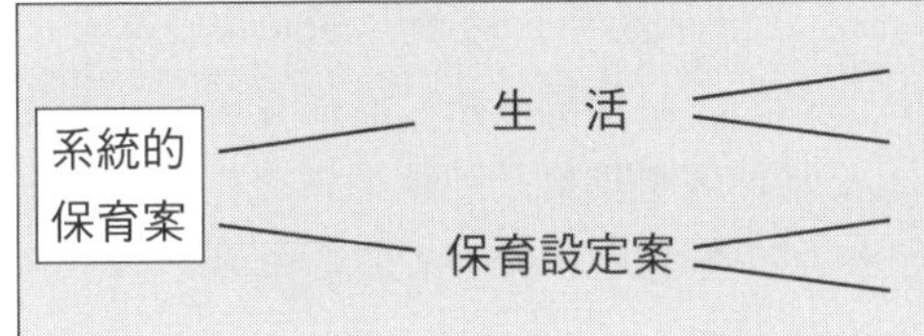

系統的保育案
- 生　活
  - 自由遊戯………生活の中心となるもの
  - 生活訓練………望ましい生活習慣を形成するもの
- 保育設定案
  - 誘導保育案……保育項目を総合するもの
  - 課程保育案……保育項目別に行うもの

【図７】室内遊びの様子
（資料提供：お茶の水女子大学）

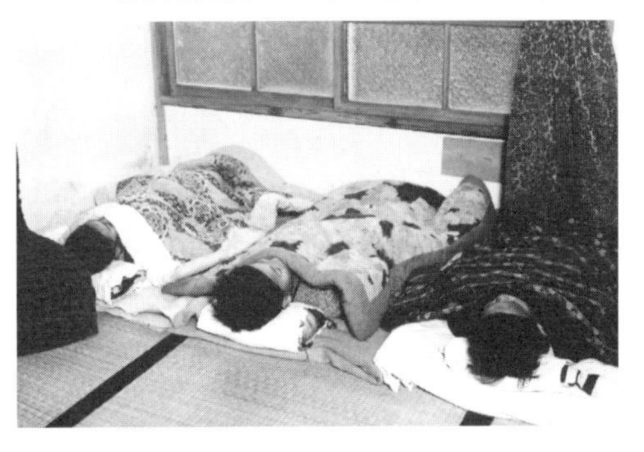

【図８】昼寝の様子
（資料提供：お茶の水女子大学）

しかし、こうした中で、国際社会が戦争に向かう緊迫した事態となっていく。日本が戦争に巻き込まれていく頃には、小学校以上の学校に比べれば少ないとは言え、保育界も影響を受けることになるのである。とりわけ保育内容には次のような変化が見られた。しつけ、体育、保健が重視されるようになったこと、警報時の行動の決まりを守ることに重点を置いた

4)　日本保育学会『日本幼児保育史　第四巻』フレーベル館、1971、p11

こと、集団で機敏に行動する指導を多くしたこと、絵本などは自然物から軍事物に変えたこと、廃物を利用して保育したこと、物がないため保育者が工夫して作ったこと、保育者中心の保育が多くなり子どもの自発性を尊重しなくなったことなどが、当時の保育者から語られている。

4　第二次世界大戦終戦直後から現在に続く変遷

1939年（昭和14年）、第二次世界大戦が広がりを見せるなか、1941年（昭和16年）12月、日本がアメリカと開戦して始まった太平洋戦争の開始に伴って、その影響は幼稚園に急速に波及するようになった。幼稚園の休園、廃園が続出する。開戦直後の幼稚園は、そのまま戦争の混乱と低迷の中に残された。保育所も同様であった。

しかし、混迷を極めた幼稚園や保育所も、1945年（昭和20年）終戦と同時に、徐々に復興への兆しを見せるようになる。幼稚園は「学校」として学校教育法に、保育所は「児童福祉施設」として児童福祉法に位置づけられ、それぞれの道を模索し、歩みを進めるようになる。およそ70年後に続く現在への基礎固めがされたとも言える。そこでこの節では、終戦直後から続く保育界の歴史に鑑みて、保育界の今を展望する。

1.「学校教育法」と「児童福祉法」

（1）幼稚園…学校教育体系への位置づけ

1947年（昭和22年）3月31日、「学校教育法」により、幼稚園は学校として規定され、目的、目標等とともに次の通り定められた。

- 第1条…『この法律で、学校とは、小学校、中学校、高等学校、大学、盲学校、聾学校、養護学校及び幼稚園とする。』
- 第77条…『幼稚園は、幼児を保育し、適当な環境を与えて、その心身の発達を助長することを目的とする。』
- 第78条…『幼稚園は、前条の目的を実現するために、次の各号に掲げる目標の達成に努めなければならない。』（～以下目標の5項目略～）

幼稚園が学校教育体系に学校として位置づけられた意義は大きい。幼児期の教育が、生涯にわたる人格形成の基礎を培う重要なものであることについて広く社会に認識が深まると考えられるからである。また、一部の人々に子守程度にしか捉えられなかった保育という仕事の重要性や保育者の身分・地位の向上等にもつながるからである。

しかし、幼稚園の学校教育への位置づけの実現については、実際には関係者の多大なる苦

労があり、並々ならぬ熱意や尽力があったのである。そのことは、コラム3を参照されたい。

(2) 保育所…児童福祉法による制度化

戦前から、法的な基準による振興策の対象となった幼稚園と異なり、託児所はこれまで法的保護を受けてこなかった。その託児所が、1947年(昭和22年)12月12日に制定された児童福祉法に「保育所」として制度化された。母親の就労や貧困等の理由で子どもを保育していた託児所であるが、年々その数を増やし、社会における使命や存在感を増していた。その制度化は当然の成り行きであったと言える。目的は次のように定められた。

・第39条…保育所は、日日保護者の委託を受けて、その乳児又は幼児を保育することを目的とする施設とする。

これまでの「託児所」と「保育所」の違いは、次の3点に整理できる[5)]。

①託児所が救貧的な施設であったのに対し、保育所は児童福祉施設となったこと
②託児所が生活困窮家庭の児童に限って受け入れたのに対し、保育所は所得の如何を問わず保護者の労働または疾病等のために世話を受けることのできない児童を受け入れることになったこと
③託児所の保育に従事する者については資格の規定がなかったが、保育所では児童の保育に従事する者を保母として、これに対する資格要件が規定されたこと

このように法整備がなされたことは、保育を受ける子どもや保護者にとっても、また、働く側の保育者にとっても大きな意義があろう。

また、1951年(昭和26年)には、保育所の目的は次のように改正されている。

「保育所は、日日保護者の委託を受けて、保育に欠けるその乳児又は幼児を保育することを目的とする施設とする。」(下線筆者)

この改正で入所児童を「保育に欠ける」児童であることを明らかにしたのである。これには、幼稚園との関係、増加する入所希望者に対応するため対象となる子どもを明確にする必要があったこと、交付金制度等への対応などが挙げられる。

コラム3 ～学校教育法の改正～

2007年(平成19年)6月、学校教育法の一部が改正された。幼稚園関係者として興味深いことに、60年ぶりに変更された学校種の「規定順」や幼稚園の「目的」の改正が挙げられる。とりわけこの改正で戦後およそ60年間ずっと最後尾であった幼稚

5) 文部省『幼稚園教育百年史』ひかりのくに、1979、p323

園の「規定順」が、次のように学校種のトップになったその位置に注目したい。

この法律で、学校とは、小学校、中学校、高等学校、大学、盲学校、聾学校、養護学校及び**幼稚園**とする。(昭和22年)	▶	この法律で、学校とは、**幼稚園**、小学校、中学校、高等学校、中等教育学校、特別支援学校、大学及び高等専門学校とする。(平成19年)

何故、幼稚園の規定順は最後尾だったのか。年齢や発達段階を考慮すれば、今回の改正のように、幼稚園がトップに規定されるのは極めて自然のことと考えられる。

しかし、1947年（昭和22年）、学校教育法制定の際、規定順を論議する以前の問題として、それまで学校体系に位置づいていなかった幼稚園を学校として法的整備をすることに、政府内に少なからぬ議論があった。まずは、幼稚園が学校として位置づけられるかどうかが、最優先される状況であったのである。

幼稚園の学校教育法への位置づけについては、当時文部省の青少年教育課長の職にあり、幼稚園教育行政に直接携わっていた坂元彦太郎と、学制全般の審議に当たるために発足した教育刷新委員会の委員であった倉橋惣三とが大きく関わった。その坂元が、根強い反対の空気があった学校教育法成立のいきさつについて後に次のように述べている。『もしも幼稚園を一番先頭に書いたら、ああした反対の空気を突破できなかったでしょうね。』[6]と、入れること自体が問題にされていた為、最後尾につけて何とか入れた、また、幼稚園に対する反対や軽視の空気の中を突破するために使った戦術であったと語っている。

また、反対の理由として３つの意見があったことを挙げている。１つ目は、幼稚園が贅沢な施設であるからというものである。２つ目は、形式的な学校教育となって幼児教育の本来から離れる恐れがあるため、幼稚園は学校的な教育であってはならないというものである。３つ目は、法律的な立場から幼稚園を他種の学校と同一視できないというある法律学者の頑強な主張があったことを挙げている。

特に１つ目の意見に関して、坂元はこうも述べている。『幼稚園はいわゆる上層階級の子女を入れるぜいたくな施設だから、一般的な大衆的な教育機関にはならない』という反対意見に対して『たしかに、そういう幼稚園があったし、そのような地域があったのも事実ですが、すでに地方によっては大衆の子女がごく当り前に入園しているところもあるのであり、学校教育法に入れることによってそのような気風を醸成し、幼稚園を普及し大衆化することができるのだとわたしは、このように答えたのでした。』[7]と語っている。

およそ60年を経て改正された、「学校教育法」第１章　総則　［学校の範囲］　第１条にこのような経緯があったことも極めて興味深い。

※2018年現在では、学校種に「義務教育学校」が追加されています。

2.「保育要領」の刊行

1948年（昭和23年）3月、「保育要領－幼児教育の手引き－」が刊行された。国が作成した最初の幼児教育書である。これまでの実践や研究の集大成であると同時に新しい幼児教育の方向を示唆するものでもあった。

(1)「保育要領」の構成

1．まえがき
2．幼児期の発達特質
3．幼児の生活指導
4．幼児の生活環境
5．幼児の一日の生活
6．幼児の保育内容－楽しい幼児の経験－
7．家庭と幼稚園

(2)「保育要領」における保育内容

(1)で示した6．幼児の保育内容には「－楽しい幼児の経験－」というサブタイトルがつけられている。保育内容は“楽しい”ことを前提に、また、幼児の“経験”として捉えるものという示唆が込められている。保育内容には次の12項目を挙げている。

「見学」、「リズム」、「休息」、「自由遊び」、「音楽」、「お話」、「絵画」、「製作」、「自然観察」、「ごっこ遊び・劇あそび・人形芝居」、「健康保育」、「年中行事」である。

これまでの、「遊戯」、「唱歌」、「観察」、「談話」、「手技」の5項目であったものとの違いは、

①幼児の広い生活範囲が保育内容として取り上げられたこと
②保育の内容を経験であるとしたこと
③幼児の総合的な活動を取り上げていること
④幼児の自然の要求を重んじ、自由な、自然的な活動を重視していること

などが挙げられる[8)]。

「保育要領」の作成には、1947年（昭和22年）2月、刊行のほぼ1年前に幼児教育委員会が召集されている。委員会は、当時の連合国軍最高司令部民間情報部教育部顧問のヘレン・ヘファナンが指導に当たった。メンバーには、東京女子高等師範学校教授・倉橋惣三をはじめ、文部省学校教育局青少年教育課長・坂元彦太郎、東京都視学官・清水安麿など、総勢18名が名を連ねている。委員会のメンバーで当時恩賜財団母子愛育会教養部長であった山下俊郎は当時を回想し、委員会のメンバーについて次のように語っている[9)]。

6) 岡田正章・久保いと他『戦後保育史　第一巻』フレーベル館、1980、p27
7) 文部省『幼稚園のあゆみ』文部省、1978、pp48-49
8) 文部省『幼稚園教育百年史』ひかりのくに、1979、pp331-333
9) 日本保育学会『日本幼児保育史　第六巻』フレーベル館、1975、p252

「保育要領には『幼児教育の手引き』というサブタイトルがついていますが、これは幼稚園も保育所も家庭も一貫した保育の行き方をすべきであるということから保育要領が編まれていることを示しています。すなわち文部省だけでなくて厚生省の人にも参加してもらうべきであるということで、当時保育課長であった吉見静江さんと副島ハマさんをとくに厚生省から呼んで参加してもらうという形をとったのでした。その時ヘファナンが保育所においても保育は教育的でなければならない（must　be education）と言った言葉は今も私の耳に残っています。」

およそ70年前に、幼稚園、保育所、家庭を一体にした幼児教育書が作られていたことは驚くべきことである。

保育要領は、ヘファナンの指導の下に通訳を介して作成されたこともあり、直訳調のものであったが、それだけに具体的でもある。委員会の中心的なメンバーであった倉橋が1933年（昭和８年）頃から唱えていた「生活を、生活で、生活へ」という考えが貫かれたものともなっている。学生のみなさんや新任の保育者にはわかりやすい書と言える。現在に十分に通じる事柄も多く、一読を薦めたい。

３. 幼稚園教育要領・保育所保育指針等　「領域」の変遷

（1）「領域」の導入

1956年（昭和31年）、国による最初の幼児教育書「保育要領」を改訂し、「幼稚園教育要領」が文部省より発刊された。ここで初めて「領域」という考えが導入される。第２章でも述べるが、小学校教育との一貫性をもたせることから、「健康」、「社会」、「自然」、「言語」、「音楽リズム」、「絵画製作」の６つの領域が示された。しかしこの「領域」の導入が、本来意図するところと、実際の現場での指導とに差異を生じさせる結果を生んだのである。

作成の意図は、各領域別に「幼児の発達の特質」や「望ましい経験」を示し、指導にあたっては各領域を総合的に捉えて指導することを強調するものとなっている。しかし一方、実際の現場では、領域を小学校以降の教科と同じように捉えて指導するという風潮が広がったのである。

（2）幼稚園教育の「独自性」の強調

その後、1964年（昭和39年）に幼稚園教育要領が改訂される。領域は６領域のままであったが、幼稚園教育は、幼児の生活経験に即し、具体的・総合的な経験を通して行われるものという幼稚園教育の独自性を強調した。

また、この翌年、保育所保育指針が制定され、４・５・６歳については、幼稚園教育要領に準じて、同じく６領域が導入された。

（3）その後へ続く「５領域」へと改訂

その後、1989年（平成元年）に、幼稚園教育要領の改訂が行われ、６領域は、「健康」、「人間関係」、「環境」、「言葉」、「表現」の５領域に改められる。幼稚園教育は環境を通して行われることを基本とすることが明記された。

翌1990年（平成２年）、保育所保育指針の改定が行われ、３歳児から６歳児までの基礎的事項として、同じく５領域に改められた。

その後、幼稚園は1998年（平成10年）、保育所は1999年（平成11年）に、また、幼稚園、保育所ともに、2008年（平成20年）に、さらに、幼稚園、保育所ともに、2017年（平成29年）にそれぞれ幼稚園教育要領の改訂、保育所保育指針の改定が行われている。領域は５領域として続行された。領域に関する2017年（平成29年）の保育所保育指針の改定では、乳児、１・２歳児にも領域の学びが明記された。

なお、2014年（平成26年）には、幼保連携型認定こども園教育・保育要領が新たに制定され、５領域が設けられた。そして、2017年（平成29年）の改訂では、乳児（領域に関わる表記、図10参考）、１・２歳児にも同じく明記された。

【図９】「領域」の変遷

	昭和 31 年制定	昭和 39 年改訂	平成元年改訂	平成 10 年改訂	平成 20 年改訂	平成 29 年改訂
幼稚園教育要領	６領域 健康　社会 自然　言語 音楽リズム 絵画製作	６領域 健康　社会 自然　言語 音楽リズム 絵画製作	５領域 健康 人間関係 環境 言葉 表現	５領域 健康 人間関係 環境 言葉 表現	５領域 健康 人間関係 環境 言葉 表現	５領域 健康 人間関係 環境 言葉 表現
		昭和 40 年制定 （4・5・6歳）	平成２年改定 （3 歳児～ 6 歳児）	平成 11 年改定 （3 歳児～ 6 歳児）	平成 20 年改定 （3 歳児～ 6 歳児）	平成 29 年改定 （1 歳児～ 6 歳児）
保育所保育指針		６領域 健康　社会 自然　言語 音楽リズム 絵画製作	５領域 健康 人間関係 環境 言葉 表現	５領域 健康 人間関係 環境 言葉 表現	５領域 健康 人間関係 環境 言葉 表現	５領域 健康 人間関係 環境 言葉 表現

【図 10】参考　乳児保育に関わるねらい及び内容（領域に関わる表記）

（1）基本的事項

ア 乳児期の発達については、視覚、聴覚などの感覚や、座る、はう、歩くなどの運動機能が著しく発達し、特定の大人との応答的な関わりを通じて、情緒的な絆が形成されるといった特徴がある。これらの発達の特徴を踏まえて、乳児保育は、愛情豊かに、応答的に行われることが特に必要である。

イ 本項においては、この時期の発達の特徴を踏まえ、乳児保育の「ねらい」及び「内容」については、身体的発達に関する視点「健やかに伸び伸びと育つ」、社会的発達に関する視点「身近な人と気持ちが通じ合う」及び精神的発達に関する視点「身近なものと関わり感性が育つ」としてまとめ、示している。

ウ 本項の各視点において示す保育の内容は、第１章の2に示された養護における「生命の保持」及び「情緒の安定」に関わる保育の内容と、一体となって展開されるものであることに留意が必要である。

（2）ねらい及び内容

ア 健やかに伸び伸びと育つ
健康な心と体を育て、自ら健康で安全な生活をつくり出す力の基盤を培う。

イ 身近な人と気持ちが通じ合う
受容的・応答的な関わりの下で、何かを伝えようとする意欲や身近な大人との信頼関係を育て、人と関わる力の基盤を培う。

ウ 身近なものと関わり感性が育つ
身近な環境に興味や好奇心をもって関わり、感じたことや考えたことを表現する力の基盤を培う。

（4）実習の際の戸惑い

さて、この章の冒頭「1．はじめに」で、実習を経験した学生のみなさんの戸惑いについて言及した。戸惑いの多くは、保育所・幼稚園を問わず、保育内容や指導方法などが園によって異なることであった。保育に関する歴史を学ぶことがその戸惑いを解消するために大切であることにも言及した。みなさんは戸惑いの解消となる事柄に出合ったであろうか。筆者は、園によって様々な事情があり、決して一概に言えることではないし、またそのよしあしを論じるものでもないと考えているが、自身の経験やその後の多くの園の実情から次のように捉えている。

1956年（昭和31年）、これまでの「保育要領」を改訂し、「幼稚園教育要領」を制定した際、改訂の要点の一つとして、小学校教育との一貫性が挙げられた。同時に新たな「領域」という考えが導入された。「小学校教育との一貫性」と「領域」という２つのキーワードが結びついた結果、多少の混乱が起き、小学校教育に倣い、主として保育者が一斉的に教える指導形態をとる園が多くあったと推測される。この指導形態を今も継承している園があり、一方で、そうではない園があり、双方のバランスを図りながら指導する園がありというところが、実習で園を訪れる学生のみなさんの戸惑いに通じると考えている。

第2章

幼稚園教育要領、保育所保育指針、幼保連携型認定こども園教育・保育要領がひもとく保育内容

第２章では、幼稚園教育要領と保育所保育指針の法的根拠、初めて刊行されてからの歴史的経緯、現行の幼稚園教育要領と保育所保育指針の特色、幼稚園の教育課程と保育所の全体的な計画の考え方等を論述している。幼稚園は学校教育法、保育所は児童福祉法に基づいているので、幼稚園教育要領と保育所保育指針にはそれぞれの特徴がある。しかし、保育内容や保育の計画等は、できるだけ共通にして、就学前の子どもたちに同じような教育を提供する工夫をしつつ、平成29年に改訂（改定）している。最近では、幼保一体化が進行する中で、幼保連携型認定こども園教育・保育要領も、同年に改訂された。ここでも就学前の子どもたちに対する教育は共通の考え方をすることが確認されている。

1. 幼稚園教育要領とは

1. 幼稚園教育要領の法的な根拠

幼児期になると、家庭において親しい人間関係を軸にして営まれた生活から、しだいにその生活の場が広がり、子どもはより広い世界と出合うようになる。幼稚園入園は、こうした生活の場の広がりの延長上にある。幼稚園においては、同年代の子どもたちとの集団生活で、子どもは、様々な人や物と関わり、発達に必要な体験を重ねていく。

幼稚園は、文部科学省が管轄する学校であり、目的や目標、教育内容等については、学校教育法に示されている。学校教育法は、1947年（昭和22年）に制定され、日本国憲法、それに基づく教育基本法の教育の理念や原理原則を学校教育に具現化するものであり、学校教育の基本的な在り方を示す法律である。

幼児期の子どもにとって、「幼稚園は初めて出合う学校」であるといえる。

幼稚園教育要領の法的根拠は、学校教育法第25条、学校教育法施行規則第38条にある。

以下、幼稚園教育要領に関連する法律を示す。

学校教育法

（学校の規定順）

第１条　この法律で、学校とは、幼稚園、小学校、中学校、義務教育学校、高等学校、中等教育学校、特別支援学校、大学及び高等専門学校とする。

（幼稚園の目的）

第22条　幼稚園は、義務教育及びその後の教育の基礎を培うものとして、幼児を保育し、幼児の健やかな成長のために適当な環境を与えて、その心身の発達を助長することを目的とする。

（幼稚園教育の目標）

第23条　幼稚園における教育は、前条に規定する目的を実現するため、次に掲げる目標を達成するよう行われるものとする。

一　健康、安全で幸福な生活のために必要な基本的な習慣を養い、身体諸機能の調和的発達を図ること。

二　集団生活を通じて、喜んでこれに参加する態度を養うとともに家族や身近な人への信頼感を深め、自主、自律及び協同の精神並びに規範意識の芽生えを養うこと。

三　身近な社会生活、生命及び自然に対する興味を養い、それらに対する正しい理解と態度及び思考力の芽生えを養うこと。

四　日常の会話や、絵本、童話等に親しむことを通じて、言葉の使い方を正しく導くとともに、相手の話を理解しようとする態度を養うこと。

五　音楽、身体による表現、造形等に親しむことを通じて、豊かな感性と表現力の芽生えを養うこと。

（家庭及び地域における幼児期の教育の支援）

第24条　幼稚園においては、第22条に規定する目的を実現するための教育を行うほか、幼児期の教育に関する各般の問題につき、保護者及び地域住民その他の関係者からの相談に応じ、必要な情報の提供及び助言を行うなど、家庭及び地域における幼児期の教育の支援に努めるものとする。

（教育課程その他の保育内容）

第25条　幼稚園の教育課程その他の保育内容に関する事項は、第22条及び第23条の規定に従い、文部科学大臣が定める。

（教育の対象）

第26条　幼稚園に入園することのできる者は、満三歳から、小学校就学の始期に達するまでの幼児とする。

（特別支援教育）

第81条　幼稚園、小学校、中学校、義務教育学校、高等学校及び中等教育学校においては、次項各号のいずれかに該当する幼児、児童及び生徒その他教育上特別の支援を必要とする幼児、児童及び生徒に対し、文部科学大臣の定めるところにより、障害による学習上又は生活上の困難を克服するための教育を行うものとする。

学校教育法施行規則

（教育週数）

第37条　幼稚園の毎学年の教育週数は、特別の事情のある場合を除き、39週を下ってはならない。

（教育課程の基準）

第38条　幼稚園の教育課程その他の保育内容については、この章に定めるもののほか、教育課程その他の保育内容の基準として文部科学大臣が別に公示する幼稚園教育要領によるものとする。

幼稚園の目的を示す第22条には、「幼児を保育し」という表記がある。「保育」は、「保護・育成」という言葉を簡明に表記したものである。「幼児を保育し」という表記には、二つの意味を込めている。第一には、子どもが初めて出合う学校であるからこそ、小学校以上でいう「授業」ではなく、「保育」であるということである。つまり、幼稚園教育は、学校教育体系の中にあり、義務教育及びその後の教育の基礎を培うものであるが、その教育の内容や方法は、小学校以上とは異なることを「保育」という言葉に込めている。第二は、「保育する」ことを通して、幼児の内面を育成し、心身の発達を促すことを明記している。それは、幼児を単に保護するだけではなく、適当な環境を与えて、その幼児のもつ良さや可能性を引き出すことをめざして、内面を育成するという意味を込めている。

第26条には、幼稚園入園の時期について、「満三歳から」と示し、法律上は、満３歳の誕生日の次の日から幼稚園入園はできることとなっている。満３歳の入園は、近年、少子化が進行し、保護者の子どもの低年齢からの集団生活を求める傾向が強まる中で、徐々に増えてきている。学校基本調査では、満３歳児入園者数平成24年度48,346人、平成25年度50,212人となっている（近年でも満３歳児以下の入園希望者数は増えているが、保育所及び認定こども園数の増加等による満３歳児以下の受け入れ総数が増えたため、幼稚園での満３歳児入園者数は減少している）。また、教育期間についても、幼稚園の場合は、３歳児で入園する場合は３年間、４歳児で入園する場合は２年間等、入園時の年齢によりそれぞれに異なる。

2. 幼稚園教育要領のこれまでの改訂の経緯

戦後は、わが国の教育改革の在り方について審議してきた教育刷新委員会の建議に基づき、1947年（昭和22年）教育基本法、学校教育法などの教育に関する基本的な法律が制定された。学校教育法の制定によって、幼稚園は、その第１条に規定する学校体系の一環に位置づけられ、学校に関する基本的な事項はすべて幼稚園にも適用されることになった。

幼稚園教育要領は、1956年（昭和31年）刊行に始まる。小学校学習指導要領刊行と同時期である。その後、1964年（昭和39年）告示となり、1989年（平成元年）、1998年（平成10年）、2008年（平成20年）の４回の改訂が行われてきた。平成元年改訂以降は、小中学校の学習指導要領の改訂と連動し、幼稚園から小学校・中学校への一貫した学校教育の流れの中で検討されている。

1956年（昭和31年）では、遊びや生活に沿って総合的に指導する幼稚園教育と、教科等の学習を中心とする小学校教育との一貫性をもたせるため、教育内容の組織化を図った。いわゆる「領域」という考え方が導入され、教育内容として６領域（「健康」「社会」「自然」「言語」「音楽リズム」「絵画製作」）が示された。

その後、1964年（昭和39年）幼稚園教育要領が告示された。各幼稚園において実質的な教育課程編成が行われるようになってきた。1989年（平成元年）に、25年ぶりに幼稚園教育要領が改訂され、幼稚園教育の基本、また発達の諸側面を捉えたものとして５領域（「健康」「人間関係」「環境」「言葉」「表現」）が示された。

平成元年改訂以降、幼稚園教育要領は、小学校以上の学習指導要領と同様に子どもの発達や時代の要請等を鑑みて、10年ごとの改訂が行われるようになり、1998年（平成10年）、2008年（平成20年）に改訂されている。

2008年（平成20年）の改訂では、少子化や都市化、情報化、女性の社会進出の拡大等、子どもや子育てを取り巻く環境の変化を踏まえて、教育内容等の改善が行われた。主な改善内容を挙げると、次の通りである。

第一は、幼児の発達や学びの連続性を確保し、幼稚園教育の充実を図ったことである。特に、小学校教育との円滑な接続を図ることが求められ、教育内容では、協同する経験を重ねることや、規範意識の芽生えを培うことの指導の充実を図った。

第二は、家庭や地域社会での幼児の育ちの変化を踏まえ、体験に関する指導の充実を図ったことである。特に、運動経験の不足や人間関係の希薄化、食生活の問題等の体験不足から、幼児の発達の個人差が著しい。こうした観点から、「第２章　ねらい及び内容」の［内容の

取扱い］に、新たな内容が示された。

第三は、幼稚園での生活と家庭などでの生活の連続性を踏まえて、幼児期の教育の充実を図ったことである。幼児の中に家族を大切にする心を育てていくこと、保護者と連携し基本的な生活習慣が身につけられるようにすること、さらに、保護者との信頼関係を築き、幼児期の教育に対する理解と協力を得ること等が挙げられる。

第四は、教育課程に係る教育時間の終了後等に行う教育活動などの留意事項として、子育ての支援と預かり保育の在り方が、具体的に示されたことである。

3. 平成29年改訂幼稚園教育要領の主な改善事項

2017年（平成29年）に改訂された幼稚園教育要領の主な改善の内容は、次の通りである。

第一は、「生きる力」の基礎を培う幼児教育で育みたい資質・能力の明確化である。幼児教育において育みたい資質・能力は、遊びや生活の中で豊かな体験を通じて、感じたり、気付いたり、分かったり、できるようになったりする「知識及び技能の基礎」、気付いたことや、できるようになったことを使い、考えたり、試したり、工夫したり、表現したりする「思考力、判断力、表現力等の基礎」、心情、意欲、態度が育つ中で、よりよい生活を営もうとする「学びに向う力、人間性等」の３点である。

第二は、「幼児期の終わりまでに育ってほしい姿」の10項目の明確化である。「健康な心と体」「自立心」「協同性」「道徳性・規範意識の芽生え」「社会生活との関わり」「思考力の芽生え」「自然との関わり・生命尊重」「数量や図形、標識や文字などへの関心・感覚」「言葉による伝え合い」「豊かな感性と表現」の10項目である。これらは、５領域に基づいて教育課程を編成し、総合的に指導することを通して育まれる幼稚園修了時の幼児の具体的な姿である。小学校教員と共有することにより、発達や学びの連続性が確保され、小学校教育との円滑な接続が可能となる。

第三は、現代的な諸課題に沿って教育内容の改善をし、充実を図ったことである。領域「健康」では「多様な動きを経験する中で、体の動きを調整するようにすること」、領域「人間関係」では「諦めずにやり遂げることの達成感や、前向きな見通しをもって自分の力で行うことの充実感を味わうことができるよう」にすること、領域「環境」では「正月や節句など我が国の伝統的な行事、国歌、唱歌、わらべうたや我が国の伝統的な遊びに親しんだり」すること、領域「言葉」では「言葉の響きやリズム、新しい言葉や表現などに触れ、これらを使う楽しさを味わえるようにすること」、領域「表現」では豊かな感性を養う際に、「風の音や雨の音、身近にある草や花の形や色など自然の中にある音、形、色などに気付くようにすること」である。

4. 現行の幼稚園教育要領の内容構成

現行（平成29年告示）の幼稚園教育要領の内容構成は、以下の通りである。

幼稚園教育要領

前文
第１章　総　則
　第１　幼稚園教育の基本
　第２　幼稚園教育において育みたい資質・能力及び「幼児期の終わりまでに育ってほしい姿」
　第３　教育課程の役割と編成等
　第４　指導計画の作成と幼児理解に基づいた評価
　第５　特別な配慮を必要とする幼児への指導
　第６　幼稚園運営上の留意事項
　第７　教育課程に係る教育時間終了後等に行う教育活動など

第２章　ねらい及び内容
　健康　人間関係　環境　言葉　表現

第３章　教育課程に係る教育時間の終了後等に行う教育活動などの留意事項

第１章は、幼稚園教育を展開するにあたって、基本として押さえることが述べられている。

特に、2017年（平成29年）に改訂された幼稚園教育要領では、第１章には、幼稚園教育において育みたい資質・能力及び「幼児期の終わりまでに育ってほしい姿」、指導計画の作成と幼児理解に基づいた評価、特別な配慮を必要とする幼児への指導、幼稚園運営上の留意事項が、新たに盛り込まれた。これらの項立ては、ほぼ小学校以上の学校教育と同じ項立てであり、他学校種の教員が比較しながら読んで、幼稚園教育の特質がわかるような書き方をしている。なお、「第３　教育課程の役割と編成等」では、各幼稚園においては、カリキュラム・マネジメントを通して、教育課程の実現状況を把握して改善を図りながら、組織的かつ計画的に教育の質の向上を図ることに努めることが示されている。

第２章は、幼稚園教育で育みたい資質・能力を幼児の生活する姿に沿って捉えた「ねらい」と、「ねらい」を達成するために指導する事項である「内容」について、発達の諸側面に沿って、５領域（「健康」「人間関係」「環境」「言葉」「表現」）にまとめられている。各幼稚園においては、このねらいや内容に基づいて教育課程の編成をすることとなる。

○**心身の健康に関する領域「健康」**…この領域は、健康な心と体を育て、自ら健康で安全な生活をつくり出す力を養う観点から示したものである。

○**人との関わりに関する領域「人間関係」**…この領域は、他の人々と親しみ、支え合って生活するために、自立心を育て、人と関わる力を養う観点から示したものである。

○**身近な環境との関わりに関する領域「環境」**…この領域は、周囲の様々な環境に好奇心や探究心をもって関わり、それらを生活に取り入れていこうとする力を養う観点から示したものである。

○**言葉の獲得に関する領域「言葉」**…この領域は、経験したことや考えたことなどを自分なりの言葉で表現し、相手の話す言葉を聞こうとする意欲や態度を育て、言葉に対する感覚や言葉で表現する力を養う観点から示したものである。

○**感性と表現に関する領域「表現」**…この領域は、感じたことや考えたことを自分なりに表現することを通して、豊かな感性や表現する力を養い、創造性を豊かにする観点から示したものである。

第３章は、教育課程に係る教育時間の終了後等に行う教育活動などの留意事項についてまとめられている（p.41参照）。

2　幼稚園における教育課程

1. 教育課程の意義

幼稚園は、家庭との連携を深め、環境を通して行う教育を基本として、学校教育法第23条に示す幼稚園教育の目標をもって教育を行い、幼児一人ひとりの発達を保障していくところである。教師には、幼児の健やかな成長のために、幼児と共により良い教育環境を創り出し、幼児の人や物との関わりを豊かにして、生きる力の基礎を培うことが求められている。

このため、各幼稚園では、学校教育法などの関係法令及び幼稚園教育要領に従って、教育課程を編成し、組織的・計画的な教育を行わなければならない。すなわち、幼稚園は、入園から修了までの教育期間の全体にわたって、幼稚園教育の目的や目標に向かってどのような道筋をたどって教育を進めていくかを明らかにし、幼児一人ひとりが充実した園生活を送ることができるよう、教育の全体計画を示す教育課程を編成する必要がある。

なお、教育課程編成にあたっては、幼児の心身の発達を踏まえつつ、かつ幼稚園や地域の特色を生かしながら、各幼稚園がそれぞれに創意工夫することが大切である。

2. 教育課程の編成

幼稚園教育要領の「教育課程の役割と編成等１～３」に係る記述を抜粋すると、次の通りである。

第３　教育課程の役割と編成等
　１　教育課程の役割
　　各幼稚園においては、①教育基本法及び学校教育法その他の法令並びにこの幼稚園教育要領の示すところに従い、創意工夫を生かし、②幼児の心身の発達と幼稚園及び地域の実態に即応した適切な教育課程を編成するものとする。
　　また、各幼稚園においては、６に示す全体的な計画にも留意しながら、「幼児期の終わりまでに育ってほしい姿」を踏まえ教育課程を編成すること、教育課程の実施状況を評価してその改善を図っていくこと、教育課程の実施に必要な人的又は物的な体制を確保するとともにその改善を図っていくことなどを通して、③教育課程に基づき組織的かつ計画的に各幼稚園の教育活動の質の向上を図っていくこと（以下「カリキュラム・マネジメント」という。）に努めるものとする。
　２　各幼稚園の教育目標と教育課程の編成
　　教育課程の編成に当たっては、④幼稚園教育において育みたい資質・能力を踏まえつつ、各幼稚園の教育目標を明確にするとともに、教育課程の編成についての基本的な方針が家庭や地域とも共有されるよう努めるものとする。

3　教育課程の編成上の基本的事項

(1)　幼稚園生活の全体を通して第２章に示すねらいが総合的に達成されるよう、教育課程に係る教育期間や幼児の生活経験や発達の過程などを考慮して⑤具体的なねらいと内容を組織するものとする。この場合においては、特に、自我が芽生え、他者の存在を意識し、自己を抑制しようとする気持ちが生まれる⑥幼児期の発達の特性を踏まえ、入園から修了に至るまでの長期的な視野をもって充実した生活が展開できるように配慮するものとする。

(2)　幼稚園の毎学年の教育課程に係る教育週数は、特別の事情のある場合を除き、⑦39 週を下ってはならない。

(3)　⑧幼稚園の１日の教育課程に係る教育時間は、４時間を標準とする。ただし、幼児の心身の発達の程度や季節などに適切に配慮するものとする。

（下線及び①～⑧は、筆者がつける）

以下、幼稚園の教育課程の編成に係る基本的な事項である下線①～⑧について解説する。

①教育基本法及び学校教育法その他の法令並びにこの幼稚園教育要領の示すところに従う

学校教育法において、幼稚園教育は「義務教育及びその後の教育の基礎を培う」とされているが、これは、幼稚園において、義務教育及びその後の教育の基礎を培うために何か特別なことをすることではない。幼児期の特性を踏まえた幼稚園教育をしっかりと行うことが、義務教育及びその後の教育の基礎を培うことにつながることを意味するものである。また、学校教育法施行規則や学校保健法等の法令や幼稚園教育要領の趣旨を踏まえて教育課程を編成する必要がある。

②幼児の心身の発達と幼稚園及び地域の実態に即応する

すべての幼稚園は、公教育を担う立場であるから、教育基本法や学校教育法等に基づき、適切な教育課程を編成しなければならない。その際、幼児の心身の発達と幼稚園及び地域の実態に即応することは基本である。すなわち、教育課程編成では、入園から修了までの教育期間において心身の調和のとれた発達をめざすこと、幼稚園の規模や教職員の状況、施設設備の状況等の条件を踏まえ効果的な指導が展開できるようにすること、さらに幼稚園を取り巻く地域社会の実態を考慮することが重要である。したがって、各幼稚園の教育課程は、創意工夫を生かし、特色あるものとすることが大切である。

③教育課程に基づき組織的かつ計画的に各幼稚園の教育活動の質の向上を図っていく

資質・能力を効果的に育成するためには、目標や内容と、評価は一体的に実施することが求められ、教育課程の実現状況を組織的かつ計画的に評価、改善を行うカリキュラム・マネジメントを確立することが求められる。よりよい教育の実現に向けて、絶えず教育課程に戻りながら見直し改善を図っていく姿勢をもつことが大切である。このため、園長のリーダーシップの下で、教職員間の協力体制を整えて実施していくことが必要である。

④幼稚園教育において育みたい資質・能力を踏まえつつ、各幼稚園の教育目標を明確にするとともに、教育課程の編成についての基本的な方針が家庭や地域とも共有されるよう努める

教育課程の編成や実施にあたっては、幼稚園において目指す子ども像や教育方針について、保護者や地域の人々と共有し、理解と協力を得ることが大切である。すなわち、教育課程が、園内で活用されることだけではなく、「社会に開かれた教育課程」として機能し、教育課程を通して、地域の幼児教育のセンターとしての信頼を得ることが大切である。

⑤具体的なねらいと内容を組織する

教育課程編成にあたっては、まず、教育期間や幼児の生活経験、発達の過程などを考慮して、具体的なねらいや内容を組織することが必要である。その際、入園から修了までの教育期間を見通し、それぞれの発達の時期に展開される園生活に応じて適切に具体化したねらいや内容を設定する必要がある。もちろん、幼稚園教育要領に示されているねらい及び内容をそのまま教育課程の具体的なねらい及び内容とするのではなく、各幼稚園における幼児の生活や発達の姿に沿って具体的に考える必要がある。

⑥幼児期の発達の特性を踏まえる

教育課程編成にあたっては、幼児期には、自我が芽生え、自己を表出することが中心の生活から、しだいに他者の存在を意識し、他者を思いやったり自己を抑制したりする気持ちが生まれ、同年代での集団生活を円滑に営むことができるようになる時期へ移行していくことを考慮しなければならない。このため、教育課程は、教師が、幼児期の発達の特性を意識できるものでなくてはならないし、入園から修了までの園生活を見通し、幼児の自我の発達にきめ細かな対応が図れるためのヒントが詰め込まれていなくてはならない。

⑦教育週数を確保する

前掲の学校教育法施行規則第37条により、毎学年の教育週数は、「特別の事情のある場合を除き、39週を下ってはならない」とされている。「特別の事情」とは、台風、地震、豪雪などの非常変災、その他急迫の事情がある時や伝染病の流行などの事情が生じた場合のことを指している。

⑧教育時間を確保する

教育課程に係る１日の教育時間については、幼児の集団生活を通して行う教育の教育時間の妥当性、及び家庭や地域における生活の重要性を考慮して、４時間が標準とされている。各幼稚園において１日の教育時間を定める際には、幼児の年齢、これまでの教育経験や集団生活の有無などによる発達の違い、季節などに配慮して、適切な教育時間を定める

必要がある。「4時間を標準とする」ということは、あくまでも1日の標準であり、登園時刻から降園時刻までの教育が行われる時間である。

なお、現在では多くの幼稚園が、教育課程に係る教育時間終了後に希望するものを対象として行う教育活動である、いわゆる「預かり保育」を実施している。「預かり保育」においても、幼児がゆったりとした時間の中で、幼児がいろいろな体験を楽しむことができるための計画を作成することが大切である。その際、地域の人々と連携したり、地域の様々な資源を活用することも大切である。さらに、家庭と連携し、保護者と共に子育てをしていくことを心掛ける必要もある。

3. 教育課程の実施、評価・改善

教育課程の実施にあたっては、具体的な指導計画を作成し、幼児が主体的に周囲のものや人と関わる中で、幼児自ら活動を展開することの楽しさや充実感を味わい、発達に必要な体験を重ねていくようにしていく。その際、教育課程に沿って具体化していくことが必要だが、一方で、常に幼児の生活する姿を把握し、それに沿って具体的なねらいや内容、環境の構成、教師の援助などの指導の内容や方法も明らかにする必要もある。指導計画の作成では、指導の計画性と幼児の主体性をバランスよく絡ませていくことが重要である。

また、こうした指導計画の反省や評価を積み重ねる中で、教育課程そのものも評価・改善することも必要である。現在、各幼稚園における教育課程の評価については、学校評価などの継続的に実施する体制をつくりながら、教育課程を評価・改善していく努力が求められている。なお、2017年（平成29年）告示幼稚園教育要領では、これまで実施してきている学校評価とカリキュラム・マネジメントとの関連について、第1章総則の第6幼稚園運営上の留意事項において、「各幼稚園においては、園長の方針の下に、園務分掌に基づき教職員が適切に役割を分担しつつ、相互に連携しながら、教育課程や指導の改善を図るものとする。また、各幼稚園が行う学校評価については、教育課程の編成、実施、改善が教育活動や幼稚園運営の中核となることを踏まえ、カリキュラム・マネジメントと関連付けながら実施するよう留意するものとする」と述べている。

学校は、学校教育法42条において、その教育水準向上のため学校評価を行うことが規定されている。このため、幼稚園においては、園長のリーダーシップはもちろんのこと、園務分掌の下で各教職員がそれぞれの役割を果たしつつ、連携して教育課程の編成、実施、改善を重ねることを通して、よりよい教育の実現を目指すことが求められている。同時に、こうした教育課程の編成、実施、改善は、教育活動や幼稚園運営の中核になるものでもあり、カリキュラム・マネジメントにもつながる。いずれにしても、教育課程の編成、実施、改善のサイクルをいかに組織的・計画的に実施していくかが重要である。

3　保育所保育指針とは

1. 保育所保育指針の法的な根拠

保育所は、児童福祉法に基づく児童福祉施設であり、0歳児から就学前の保育を必要とする児童を対象とする保育施設である。児童福祉法は、日本国憲法に基づいて児童福祉の理念や原理原則を具現化する法律である。教育基本法と同じく、1947年（昭和22年）に制定された。児童福祉法に基づき、児童福祉施設の設備及び運営に関する基準が示されている。保育所保育指針の法的根拠は、ここに示されている。以下、関連する法律を示す。

児童福祉法

第１条　全て児童は、児童の権利に関する条約の精神にのっとり、適切に養育されること、その生活を保障されること、愛され、保護されること、その心身の健やかな成長及び発達並びにその自立が図られることその他の福祉を等しく保障される権利を有する。

第２条　全て国民は、児童が良好な環境において生まれ、かつ、社会のあらゆる分野において、児童の年齢及び発達の程度に応じて、その意見が尊重され、その最善の利益が優先して考慮され、心身ともに健やかに育成されるよう努めなければならない。

○2　児童の保護者は、児童を心身ともに健やかに育成することについて第一義的責任を負う。

○3　国及び地方公共団体は、児童の保護者とともに、児童を心身ともに健やかに育成する責任を負う。

第３条　前二条に規定するところは、児童の福祉を保障するための原理であり、この原理は、すべて児童に関する法令の施行にあたって、常に尊重されなければならない。

（保育所の目的）

第３９条　保育所は、保育を必要とする乳児・幼児を日々保護者の下から通わせて保育を行うことを目的とする施設（利用定員が二十人以上であるものに限り、幼保連携型認定こども園を除く。）とする。

○2　保育所は、前項の規定にかかわらず、特に必要があるときは、保育を必要とするその他の児童を日々保護者の下から通わせて保育することができる。

児童福祉施設の設備及び運営に関する基準

（保育時間）

第34条　保育所における保育時間は、一日につき八時間を原則とし、その地方における乳幼児の保護者の労働時間その他家庭の状況等を考慮して、保育所の長がこれを定める。

（保育の内容）

第35条　保育所における保育は、養護及び教育を一体的に行うことをその特性とし、その内容については、厚生労働大臣が定める指針に従う。

（保護者との連絡）

第36条　保育所の長は、常に入所している乳幼児の保護者と密接な連絡をとり、保育の内容等につき、その保護者の理解及び協力を得るよう努めなければならない。

保育所の保育内容の特性は、児童福祉施設の設備及び運営に関する基準第35条で示すように、養護と教育を一体的に行うようにすることである。家庭保育を補完する保育所では、養護は欠かせない。したがって、保育所保育指針第１章総則１保育所保育に関する基本原則（２）では、「保育所は、子どもが生涯にわたる人間形成にとって極めて重要な時期に、その生活時間の大半を過ごす場である。このため、保育所の保育は、子どもが現在を最も良く生き、望ましい未来をつくり出す力の基礎を培うために、次の目標を目指して行わなければならない」として、第一に、「十分に養護の行き届いた環境の下に、くつろいだ雰囲気の中で子どもの様々な欲求を満たし、生命の保持及び情緒の安定を図ること」と、養護に関する目標を挙げ、身体的、精神的側面から捉えた養護の考え方を述べている。

保育所は、その目的では、「保育を必要とする乳児・幼児を日々保護者の下から通わせて」保育を行う場であり、子どもにより保育時間の長短、在所期間の長短があり、途中入所等の場合もある。したがって、入所児童すべてを対象とする全体的な計画を編成するにあたっては、十分な配慮が必要である。ここで大事なことは、生活する場や時間、期間がどのような状況であっても、乳幼児期に共通する発育や発達の過程を基盤に、家庭や地域等の多様な側面に目を向けて、入所しているすべての子どもの生活の場を視野に入れて、保育を展開していくということを重視するということである。

2. 保育所保育指針のこれまでの改定の経緯

保育所保育指針の始まりは、1965年（昭和40年）である。幼稚園と保育所という保育行政の二元化に対して、同じ日本の子どもたちを育てている保育施設である幼稚園と保育所の保育内容が大幅に異なってよいのかという議論が高まり、1963年(昭和38年)に当時の文部省（現：文部科学省）と厚生省（現：厚生労働省）の両局長名で共同通達が出され、「保育所のもつ機能のうち、教育に関するものは幼稚園教育要領に準ずる」ということとされ、1965年（昭和40年）に、保育所保育指針が作成され通知された。

通知された保育所保育指針の特徴は、第一に、養護と教育の一体化を図ったことである。家庭保育を補完する保育所では、養護は欠かせない。身体的、精神的側面から捉えた養護上の活動が具体的に示している。第二は、乳児から学齢までの乳幼児を７つの年齢区分に分け、それぞれの年齢区分ごとに保育内容を示したことである。この形式は、現行の保育所保育指針にも引き継がれている。なお、領域は、３歳以上の場合は、幼稚園教育要領に準じて６領域（「健康」「社会」「自然」「言語」「音楽リズム」「絵画製作」）とし、平成元年改訂幼稚園教育要領と連動して、平成２年改定保育所保育指針では、５領域（「健康」「人間関係」「環境」「言葉」「表現」）となった。２歳までは、生命の維持に直接に関係する「生活」と、それ自身を目的とした活動としての「遊び」として二つの領域に区分している。

その後、1990年（平成２年）、1999年（平成11年）、2008年（平成20年）、2017年（平成29年）と４度の改定が行われた。特に平成20年改定より保育所保育指針は、これまでの局長通知から厚生労働大臣による告示となった。このことは、保育所の役割と機能が広く社会的に重要なものとして認められ、社会的責任を果たすことが強く求められるようになったことを示している。平成20年改定保育所保育指針の主な改善内容は次の通りである。

第一は、発達過程の把握による子どもの理解、保育を実施するために、第３章「保育の内容」において、乳幼児期に育ち経験することが望まれる基本的事項を示すとともに、乳児、３歳未満児、３歳以上児など発達過程に応じた特有の配慮事項を示した。

第二は、「養護と教育の一体的な実施」という保育所保育の特性を明確化するために、計画－実践－自己評価するための視点として「ねらい及び内容」を「養護」と「教育」の両面から示した。

第三は、健康・安全のための体制充実を図ったことである。具体的には、子どもの発育・発達状態の把握、健康増進、感染症など疾病への対応、衛生管理、安全管理などの諸点に関して、取り組むべき事項を明記していた。また、健康な生活の基本としての「食を営む力」の育成に向け、食育の推進を明記した。健康・安全、食育に関する計画的な実施のため、全職員の連携・協力、専門的職員の確保など保育の実施体制を規定した。

第四は、小学校との連携を進めるために、子どもの生活や発達の連続性を踏まえた保育の内容の工夫、小学校の子どもや職員間の交流などの積極的な連携に取り組むことを奨励したことである。就学に際し、子どもの育ちを支えるための資料を「保育所児童保育要録」として小学校へ送付することを義務づけた。

第五は、保護者支援の基本となることを明示、保育所に入所する子どもの保護者に対する支援及び地域における子育て支援について述べたことである。

第六は、保育の質を高める仕組みとして、第４章「保育の計画及び評価」において、これまでの「保育計画」を改め「保育課程」として規定した。

3. 平成29年改定保育所保育指針の主な改善事項

2017年（平成29年）に改定された保育所保育指針の改善事項は、次の通りである。

第一は、第１章総則において、養護に関する基本的な事項や保育の計画と評価、全体的な計画の作成等、保育所保育の基本とすることを示した。さらに、「幼児教育を行う施設として共有すべき事項」として、「育みたい資質・能力」３項目及び「幼児期の終わりまでに育ってほしい姿」10項目を示した。

第二は、保育内容の示し方について、乳児、１歳以上３歳未満児、３歳以上児に分けて示したことである。特に乳児については、「健やかに伸び伸びと育つ」「身近な人と気持ちが通じ合う」「身近なものと関わり感性が育つ」の３つの視点から保育内容を記載した。

第三は、アレルギー疾患を有する子どもの保育や、重大な事故の発生しやすい保育場面を提示し、事故防止の取り組みについて記載し、健康及び安全に関する内容の充実を図った。

第四は、保育所を利用している家庭に対する子育て支援と、地域の保護者等に対する子育て支援について述べる構成とし、内容の充実を図った。

第五は、職員のキャリアパスを見据えた研修機会の確保や充実等、職員の資質向上について、新たな記載をした。

【保育所保育指針　見出し抜粋】

第１章　総　則
- 1　保育所保育に関する基本原則
- 2　養護に関する基本的事項
- 3　保育の計画及び評価
- 4　幼児教育を行う施設として共有すべき事項

第２章　保育の内容
- 1　乳児保育に関わるねらい及び内容
- 2　１歳以上３歳未満児の保育に関わるねらい及び内容
- 3　３歳以上児の保育に関するねらい及び内容
- 4　保育の実施に関して留意すべき事項

第３章　健康及び安全
- 1　子どもの健康支援
- 2　食育の推進
- 3　環境及び衛生管理並びに安全管理
- 4　災害への備え

第４章　子育て支援
　１　保育所における子育て支援に関する基本的事項
　２　保育所を利用している保護者に対する子育て支援
　３　地域の保護者等に対する子育て支援

第５章　職員の資質向上
　１　職員の資質向上に関する基本的事項
　２　施設長の責務
　３　職員の研修等
　４　研修の実施体制等

第１章では、保育所保育指針の趣旨、近年の子どもや子育てを取り巻く環境の中での保育所の役割、養護と教育を一体化して行う保育の基本原則、保育所の社会的責任について述べている。保育の計画及び評価について、全体的な計画の編成や指導計画の作成などの「保育の計画」に関わることと、保育の内容の自己評価に関わることについて示し、保育の質の充実が不可欠であることを述べている。また、保育所の子どもと小学校の児童との交流、職員同士の交流、小学校への子どもの育ちを支える資料の送付等、小学校との積極的な連携、円滑な接続についても述べている。また、育みたい資質・能力や、幼児期の終わりに見られる具体的な子どもの姿について述べている。

第２章では、保育の内容として、保育のねらい及び内容と、保育の実施上の配慮事項を述べている。保育のねらい及び内容では、乳児保育における保育の目標を３つの視点から述べるとともに、１歳以上３歳未満児、３歳以上児、それぞれの教育に関わる５領域のねらいや内容を示している。

第３章では、健康及び安全について、子どもの健康支援、食育の推進、環境及び衛生管理並びに安全管理、災害への備えについて述べている。

第４章では、すべての子どもの健やかな育ちを実現するために、保育所の特性を生かした子育て支援を行うこと、また、それは保育所を利用している保護者のみならず、地域の保護者等に対する子育て支援についても、各種専門機関等と連携しながら行うよう努めることについて述べている。

第５章では、職員の資質向上に関する基本的事項と施設長の責務、職員の研修等、研修の実施体制等について述べている。

4 保育所における全体的な計画

1. 全体的な計画の意義

全体的な計画は、保育時間の長短、在所期間の長短、途中入所等にかかわりなく入所児童すべてを対象とするものである。保育所における保育時間は、１日につき８時間を原則とし、地域における乳幼児の保護者の労働時間や家庭の状況等を考慮して、各保育所において定めることとされている。全体的な計画は、個々の児童の保育時間や在所期間の違いを踏まえて編成することになる。さらに延長保育、夜間保育、休日保育などを実施している場合には、それらも含めて子どもの生活全体を捉えて作成する必要がある。

子どもの最善の利益を第一義にして多様な機能を果たす保育所保育の根幹となる全体的な計画は、子どもの発達過程や、保育所保育指針第２章に示される保育のねらい及び内容等を踏まえて作成され、保育所生活全体を通して総合的に展開されている。保育の実施にあたっては、全体的な計画に基づき、子どもの発達や生活の状況に応じた具体的な指導計画やその他の計画を作成し、環境を通して保育することを基本とする。全体的な計画は、こうした指導計画の作成や環境を通して行う保育のよりどころとなるものである。

乳幼児期の発達特性と一人ひとりの子どもの実態を押さえ、指導計画を作成し、見通しをもって保育することにより、保育所が子どもにとって、安心できる心地良い生活の場となり、第１章総則１（2）保育の目標に示される「子どもが現在を最も良く生き、望ましい未来をつくり出す力の基礎を培う」ことを可能とする。

2. 全体的な計画の作成

保育所保育指針での「保育の計画及び評価」にかかる記述を抜粋すると、次の通りである。

3 保育の計画及び評価

(1) 全体的な計画の作成

ア　保育所は、１の(2)に示した保育の目標を達成するために、各保育所の保育の方針や目標に基づき、①子どもの発達過程を踏まえて、保育の内容が組織的・計画的に構成され、保育所の生活の全体を通して、総合的に展開されるよう、②全体的な計画を作成しなければならない。

イ　全体的な計画は、子どもや家庭の状況、地域の実態、保育時間などを考慮し、③子どもの育ちに関する長期的見通しをもって適切に作成されなければならない。

ウ　全体的な計画は、保育所保育の全体像を包括的に示すものとし、これに基づく④指導計画、保健計画、食育計画等を通じて、各保育所が創意工夫して保育できるよう、作成されなければならない。

(2) 指導計画の作成
ア　保育所は、全体的な計画に基づき、具体的な保育が適切に展開されるよう、子どもの生活や発達を見通した長期的な指導計画と、それに関連しながら、より具体的な子どもの日々の生活に即した短期的な指導計画を作成しなければならない。
イ　指導計画の作成に当たっては、第２章及びその他の関連する章に示された事項のほか、子ども一人一人の発達過程や状況を十分に踏まえるとともに、次の事項に留意しなければならない。　(以下略)

保育所における全体的な計画の作成と幼稚園における教育課程の作成とは、共通な部分が多い。特に、前述の「２節　幼稚園における教育課程」の「2. 教育課程の編成」の「②幼児の心身の発達と幼稚園及び地域の実態に即応する」と「⑤具体的なねらいと内容を組織する」は、全体的な計画の作成でも同様である。ここでは、さらに、①～④を挙げ、解説する。

①発達過程を踏まえる

全体的な計画の作成にあたっては、まず初めに、各保育所の保育理念、保育目標、保育方針等について共通理解を図る必要がある。その上で、それぞれの時期にふさわしい具体的なねらいと内容の一貫性をもって組織するとともに、子どもの発達過程に応じて保育目標がどのように達成されていくか見通しをもって作成する必要がある。“発達過程を見通す”ということが、全体的な計画の作成の鍵となる。

②「全体的な計画」を作成する

子どもをめぐる社会の状況が変化する中で、保育所が担う社会的役割はますます大きなものとなっている。こうした状況の中で、子ども一人ひとりの発達を保障しその責任を果たしていくためには、今まで以上に保育の質の向上が求められている。このため、保育所保育指針では、従来の「保育課程」から「全体的な計画」に改め、保育の実践において組織性や計画性をより一層高め、保育所の生活全般を通して総合的に展開されるように示した。

③子どもの育ちを長期的に見通す

全体的な計画の作成では、保育時間の長短、在所期間の長短、その他子どもの発達や心身の状態及び家庭の状況に配慮して、それぞれにふさわしい生活の中で保育目標が達成されるようにする必要がある。そのためには、子どもの育ちを長期的な視点で見通す必要がある。子どもの姿の中には、一見マイナスに見える姿もあるが、こうした姿も長期的な視点でみると、発達に必要な体験として受け止めることが必要なこともある。また、５歳児卒園時までに育っていく姿を「幼児期の終わりまでに育ってほしい姿」として捉え、長期的な視点で子どもの育ちを捉えることが大切である。

④指導計画、保健計画、食育計画等を通じて創意工夫する

全体的な計画の実施にあたっては、具体的な指導計画を作成し、子どもの生活や発達に即して、ふさわしい環境を設定するとともに、子ども一人ひとりの活動に沿って、保育士等の適切な援助を重ねていくことが必要である。指導計画は、全体的な計画に基づいて、保育目標や保育方針を具体化する実践の計画である。指導計画は具体的なねらいと内容、環境構成、予想される活動、保育士等の援助、家庭との連携等で構成される。行き当たりばったりの計画性のない保育や子どもの活動に任せた偶然に頼る保育では問題であり、全体的な計画に掲げる内容の実現は不可能である。

指導計画には、長期的な視点をもった年や月の指導計画、目の前のクラスの子どもたちの実態に沿って短期的な視点をもって作成する週や日の指導計画がある。指導計画は、保育実践の具体的な方向性を示すものであり、一人ひとりの子どもが、乳幼児期にふさわしい生活の中で、必要な体験が得られるよう見通しをもって作成するものである。全体的な計画に沿って指導計画を作成し、さらに子どもの活動に沿って保育を展開することで、「柔軟で発展的なもの」「一貫性のあるもの」となることが期待されている。

なお、全体的な計画は、保育所保育の全体像を包括的に示すものとし、これに基づく指導計画、保健計画、食育計画等を通じて、各保育所が創意工夫して保育できるように作成することが大切である。

3. 全体的な計画の実施、評価・改善

全体的な計画に基づく保育の経過や結果を省察、評価し、次の計画に生かすことが大切である。

そのためには、全体的な計画とこれに基づく指導計画の展開において、保育実践を振り返り、記録等を通して保育を評価し見直すという一連の改善のための組織的な取り組みが必要である。子どもの姿を捉えながら自らの保育を継続的に省察することが、保育の改善につながっていく。同時に、こうした日々の保育実践を振り返ることを重ね、指導計画を反省・評価し、それを重ねることで全体的な計画そのものを評価・改善することが大切である。

さらに、こうした保育の状況を職員間で共有し、専門性の向上及び保育の質の向上につなげていかなければならない。また、それらについて、保護者や地域へ様々な方法を通して情報提供していくことが、保育所の説明責任を果たすことにもつながっていく。

5　幼保連携型認定こども園教育・保育要領

1. 幼保連携型認定こども園

幼保連携型認定こども園は、義務教育及びその後の教育の基礎を培うものとしての満３歳以上の子ども（小学校就学の始期に達するまでの者をいう）に対する教育並びに保育を必要とする子どもに対する保育を一体的に行い、これらの子どもの健やかな成長が図られるよう適当な環境を与えて、その心身の発達を助長するとともに、保護者に対する子育ての支援を行うことを目的として設置される施設である。内閣府が管轄している。現在、幼保連携型認定こども園は、全国で3618園（平成29年４月１日現在）ある。

幼保連携型認定こども園の教育課程その他の教育及び保育の内容に関する事項を示す「幼保連携型認定こども園教育・保育要領」は、2014年（平成26年）に告示され、2015年（平成27年）に施行された。「就学前の子どもに関する教育、保育等の総合的な提供の推進に関する法律」において、幼保連携型認定こども園の教育課程その他の教育及び保育の内容に関する事項は、幼稚園教育要領及び保育所保育指針との整合性の確保や小学校との円滑な接続に配慮することが規定されている。このため、今回の幼稚園教育要領改訂と保育所保育指針改定に伴い、幼保連携型認定こども園教育・保育要領も、2017年（平成29年）に改訂された。

なお、幼保連携型認定こども園における「教育」は、教育基本法第六条第一項に規定する法律に定める学校において行われる教育をいう。「保育」は児童福祉法第六条の三第七項に規定する保育をいう。

2. 幼保連携型認定こども園教育・保育要領の改善内容

2017年（平成29年）に改訂された幼保連携型認定こども園教育・保育要領の主な改善内容は、次の通りである。

第一は、幼稚園教育要領と保育所保育指針との整合性を図り、平成29年改訂幼稚園教育要領と平成29年改定保育所保育指針の改善内容を、そのまま取り入れた。たとえば、第１章では、幼児教育を行う施設として、「育みたい資質・能力」及び「幼児期の終わりまでに育ってほしい姿」を示した。また、第２章では、乳児、満１歳以上満３歳未満の園児の保育に関する視点及び領域、ねらい及び内容、内容の取扱いを示した。

第二は、幼保連携型認定こども園として特に配慮すべき事項等の充実を図った。たとえば、幼保連携型認定こども園として特に配慮すべき事項として、満３歳以上の園児の入園時や移行期について、多様な経験を有する園児の学び合いとして捉え、家庭や他の保育施設等との連携や引き継ぎを円滑に行うよう、環境を工夫していくことを示した。

第3章

子どもと保育内容

保育内容で大切なこととは何であろうか。

実は、小学校と対比させて考えると理解しやすい。まず小学校は、知識や技術の習得もひとつの目標としているため、個々の理解力を測るために、教科によっては、主にテストなどによって評価をする場合がある。もし、この評価方法をそのまま保育に置き換えてみると「絵がうまい」「文字や数字がわかる」「衣服の着脱ができる」などの視点から子どもを捉えることになる。はたして、これらの評価方法を保育内容として当てはめてよいだろうか？

学童期もそうだが、特に乳幼児期に大切なことは、目の前の事象のみを捉えて、評価することではない。保育者は、人間としての土台となる人格形成の援助が（その子どもにとって）的確かどうかを厳しく考えていく必要がある。保育者は、子どもたちの姿から様々な発達過程を読み取った上で、補っていくべき事柄を保育内容に落とし込み、目標やねらいを立てていくのである。

では、人格形成に必要な学びとは、どのようなものなのか。保育者は、それぞれの子どもが伸びようとする方向を考えて一人ひとりに合った援助をしていく。そして、子どもの姿から「今、何を楽しんでいるのか」「今、何を教えて欲しいのか」「今、何を学んでいるのか」を感じ取るよう関わっていく。このような洞察的な視点からの関わりを通して、今の目の前の子どもたちに、どのような保育内容が必要なのかをつかんでいく。

1　子ども理解

「保育者のイメージとは？」という質問にあなたはどう答えるだろうか。子どもの前に立って話をする保育者や絵本を読んでいる保育者、または子どもの世話をしている保育者などをイメージするのではないだろうか。

では、次に「保育者にとって必要なスキルとは？」と質問を受けたら、どう答えるだろうか。「ピアノを上手に弾くこと」「クラスをまとめること」「絵本を読み聞かせること」などを答えるのではないだろうか。

たしかに、先に挙げたイメージやスキルは保育者として大切なことである。しかし、実はそれだけでは足りない。それらは、大切なことの一部に過ぎない。つまり、それだけでは子どもの内面の読み取りができず、子どもが伸びようとする芽が育っていかないからである。子どもは、自己の内面、言葉にできない〈心の言葉〉に思いをはせてくれる保育者の適切な援助をよりどころとし、安定した保育者との関係性の中で自分の力を発揮しようとするからである。目に見えるスキルよりも、まずは子どもの内面を見取るスキルが求められるといえる。

しかし、子どもの気持ちを推し量ることは、とても難しい。そこで、まずは子どもを理解することから始めたい。子どもを理解するためには、子どもを知ることである。子どもを知ることが、保育のスタートラインとなる。

ここでは、子どもの言葉の“周辺”やその奥に隠されている思いや考えをキャッチできるような保育者をめざし、読み進めてもらいたい。

事例①　「カナヘビのお世話」　3歳

日々夏に向かい暑さも増してきた6月、年長組の男の子たちが園庭で見つけたカナヘビを虫かごに入れ、毎日せっせとお世話をしている。その横で年少組のシュウタくんとケイタくんが興味深そうに様子を眺めていた。しばらく年長組の飼育は続き「のど渇いちゃうからお水もあげないとね」と大事に育てていたが、ある日、年少組のベランダ近くにカナヘビの入った虫かごを置いて年長組は園外活動に出かけた。シュウタくんとケイタくんは、カナヘビの虫かごをのぞき込んで触ってみたり虫かごを叩いてみたり…。しばらくして保育者が何気なく虫かごを見ると、カナヘビの虫かごにたっぷりと水が入っていた。「カナヘビが溺れる～」と保育者が慌てて水を出すと、シュウタくんとケイタくんが「だって暑いからのど渇いているかと思って」と言う。そこで保育者は思い出した。年長組がいつも世話をしている時に言っていた言葉を拾い、「今日は自分たちが世話をしなければ…」と２人は思ったのだ。保育者は慌てたこ

とを反省し、カナヘビが飲みやすい水の量をシュウタくんとケイタくんと一緒に虫かごに入れた。

魅力的なカナヘビを世話する年長児の姿から自分なりに学んでいた２人が良かれと思って行った世話。あなたなら２人の彼らなりの世話をどのように受け止め、その後対応しますか？

事例①を読み解く　子どもの楽しいを見取る

子どもが興味を抱く対象は、実にバラバラである。十人十色とは、まさにこのことである。飽きることなくアリの巣を眺めている子どもがいる。ブランコに乗って楽しんでいる子どももいれば、興奮しながらバッタを探している子どももいる。シュウタとケイタにとってのそれはカナヘビであった。年少組という年齢を踏まえると、カナヘビへの“世話の仕方”よりも“カナヘビという生き物”が何よりも興味を引く対象だったのだろう。シュウタとケイタは、世話をする年長児がいない状況を考えて、彼らなりに「自分たちが世話をしなければ」と判断し、世話をしたと考えられる。そしてその行為は、保育者の予想を超えたものであった。

実はこのような保育者の予想を超えた行為は、保育者の成長を促すのである。保育中に、保育者は、「あ…、（子どもたちは）いつも通りにしたからこうなってしまったんだ」「そういうつもりで伝えたわけじゃなかったんだけど…」といったこちらの思いとズレる場面に出くわすことがある。このような保育者の予想を超えたできごとの背景には、保育者の言葉かけの量的・質的な足りなさや勝手な思い込みが潜んでいる。それは保育展開の未熟さが原因であるが、この子どもによる予想を超えた行為は、実は保育者の日々の子どもとの関わりの振り返りを促して、自身の保育という営みを振り返る良いきっかけとなる。

事例②　「腹痛の原因は」　4歳

４月から入園してきたリコちゃん。両親が都内にマンションを購入したため、３歳児の時から通っていた園から今の園へと転園してきた。すぐに園生活にも慣れ、保育者の話もよく聞き、製作活動も集団遊びも何でもしっかりできていた。５月下旬のある日、お弁当を食べていると「おなかいたい」と保育者に言いに来る。保育者は心配して「お腹痛いのね。大丈夫？　残った物は食べられる？」と聞くと「食べられない」と言う。保育者はリコちゃんと話し合って、その日のお弁当を残させる。保育者は連絡帳に、「今日リコちゃんは、お弁当を食べているとお腹が痛いと言ったので、お弁当を少し残しました。お弁当の後は、保育室でユミちゃんと楽しそうにお絵描きをしてゆっくり過ごしました。お帰りの時にはお腹は痛いとは言っていま

せんでした」と書いて保護者に伝える。翌日、保護者からの連絡帳に「ありがとうございます。リコに『お腹が痛かったの？』と聞いても、何も答えてくれませんでした。今朝はお腹が痛い様子はありません。今日も宜しくお願いします。」と書かれている。連絡帳に書かれている通り、お腹を痛がる様子もなく、朝から元気なリコちゃん。しかし、お弁当の時間になるとリコちゃんは悲しそうな表情で「おなかいたい」と保育者に言いに来る。そして、その日もお弁当を残して降園する。これが４日ほど続いたある日、母親と登園して来るが、保育者の顔を見ると泣いて母親から離れようとしない。

保育者に見せる姿がその場面ごとで違い、年齢以上の姿（しっかりさん）、年齢以下の姿（甘えんぼさん）と両極の姿を見せる子ども。「どちらが本当の姿なの？」と悩む時、あなたは子どもの姿をどのように捉え、どちらの姿を優先させますか？

事例②を読み解く　表面に“見えるもの”と“見えないもの”

様々な子どもたちが園生活の中で多様な表現の仕方をする。しかもそれは、発達年齢による場合や経験してきたことの違いによる場面、または今置かれている状況の違いによる場合など、さらに場面ごとで違うかもしれない。また、子どもによっては自分の思ったことや考えていることを素直に表現できないこともある。

あなたは、リコの腹痛を訴えてくる姿をどう思っただろうか。彼女が置かれている状況や年齢をよく考えてみよう。彼女が保育中に見せた“すぐに園生活にも慣れ、保育者の話もよく聞き、製作活動も集団遊びも何でもしっかりできていた”姿に違和感を覚えたのではないだろうか。

引っ越しなどで生活環境が変われば、大人でも不安や緊張を抱く。見知らぬ土地で新しい組織に属するという緊張。何もかもが目新しく、はたして買い物一つとってもスムーズにできるかという不安。リコは、このような様々な不安を小さな胸に抱きながらも必死に“保育者の話もよく聞き、製作活動も集団遊びも何でもしっかり”していたのだろう。こう考えると腹痛という訴えは、彼女の精一杯の表現（訴え）だったのかもしれない。

子どもの行動を表面のみで捉えると、時に大きなズレを生じさせてしまう。この事例において保育者が実際に目にしていた姿は、“すぐに園に順応したしっかりした”リコである。しかし、ここで保育者が「もしかすると頑張りすぎているのでは」「もしかすると頑張らせているのでは」「もしかしたら困っていることや辛いことを（私に）伝えられないのでは」「新しい環境だからどう振る舞ってよいかわからないのでは」と様々な思いを巡らして配慮していたらリコの姿は違っていたのかもしれない。そしてそれのいずれかに当てはまるのかは、それまで彼女が置かれた状況をじっくりと思い返してみると見えてくる。思い返しながらリコの気持ちを推測していくことで、援助の方向性が見えてくると考えられる。

事例③　「保育園の友達がいるから大丈夫」　５歳

トモエちゃんは、同じ幼稚園から同じ小学校に就学する友達が誰もいないせいか、卒園前の１月ごろ、いつも何処かさみしげであった。

今日は５月から定期的に行われてきた近くの保育園との交流会の最後の会である。保育園に着くとトモエちゃんは、「どこの小学校に行く？」と同じグループの保育園の友達に一人ひとり聞いて回る。ナオユキくんが「〇〇小学校だよ」と答えると、「わっ！　トモエと一緒だ！」と大声で喜ぶ。交流会も終わり、幼稚園への帰り道、トモエちゃんが保育者に「ナオユキくんも〇〇小学校なんだって」とウキウキしながら話した。そして降園時にも、保護者が迎えに来るなり「トモエねぇ、保育園の友達がいるから、もう大丈夫」と笑顔で伝える。

就学前の子どもは、これまでに経験したことがない強い不安を抱くもの。あなたならそのような不安を抱えた子どもにどう寄り添いますか？

事例③を読み解く　子どもの未発達な表現の奥を読み取る

トモエは、就学を目前に控え、言いようのない緊張や不安を感じていたのだろう。自分と一緒の小学校に就学するナオユキの存在の大きさは、彼女の喜び方を見れば容易に推測される。

年が明けた年長児は、格段に小学校を意識し始める。しかし、その多くは周囲の言葉かけの変化から引き起こされる。具体的には、会話の内容や普段の生活の内容が変化する。保育者をはじめ保護者や兄弟姉妹から「いよいよ小学校だね」「〇〇小学校だったよね」と言われるなど、小学校についての話題が急に増えたり、園でも「１年生になったら」を歌い始めたりする。このような環境の変化から「（自分は）小学校に行くんだ」という意識が高まっていく。意識が高まるにつれ、子どもは、「どういうところかな？」と「（自分は）大丈夫だろうか」という期待と不安が入り混じった感情となる。

就学を控えた子どもの中には、トモエのように不安が強く、緊張や不安をうまく周囲に伝えられない子どもがいる。保育者は、そのような気持ちを抱いているトモエの気持ちをまずは受け止めるところから始めたい。そしてトモエの不安や緊張、または喜びをその都度共に感じ、理解するとよいのではないだろうか。

一般的にこの時期の子どもたちは、不安や緊張から一時的（数日から数週間）な退行現象（指しゃぶり、暗闇を怖がる、一人で置かれるのを怖がる、おねしょなどの子ども返り）が現れる。しかし、これは必ずしも異常ではない。周囲からかけられる言葉を自分なりにイメージしたり、自分の中のもやもやしたものを表現して伝えたりする子どもの力が未発達なことが原因にある。このような子どもの言動の背景を理解すると、就学を控えた子どもたちに対して就学への過剰なプレッシャーとならぬような保育者としての関わりができるであろう。子どもの気持ちを推測したり、言動の背景を探ったりすることから子ども理解が始まるのである。

事例④　「おばあちゃんちに行ってない」　5歳

ゴールデンウィークが明けた頃、クラスのみんなで連休中のできごとを発表する時間を設けた。みんな「遊園地に行った」「おじいちゃんちに行った」など、出かけた日のことを発表し、カイトくんも「おばあちゃんちに行って、おにいちゃんと遊びました」と発表をしていた。降園時、カイトくんのお母さんに「おばあちゃんちに出かけたんですね。みんなの前で堂々と発表しましたよ」と伝えると、「おばあちゃんちには行っていませんよ。私たちは仕事があったので、近所の公園で遊んだだけです」とお母さんは驚いていた。その後もカイトくんが発表をしたことの内容を保護者に確認すると、本当のことは言っていないようであった。

事実と違うことを発表したカイト。あなたなら発表したカイトの気持ちをどのように受け止め、その後どのように話しかけますか？

事例④を読み解く　事実と違うことをどう受け止めるか

あなたはこの事例を読んだ後に“うそ”という言葉を思い浮かべたかもしれない。さらに“うそ＝いけないこと”と善悪という二極化した方程式を思い浮かべたかもしれない。確かにカイトの発言は事実と違っていた。しかし、子どものうそと大人のうそは、根本的に性質が異なる。

発表時間を設けた保育者の意図は、クラスのみんなで連休中の思い出を共有することが目的であり、連休を一番楽しく過ごした子どもを選ぶことが目的ではない。保育者は、連休中のできごとを振り返ることで、楽しかった気持ちを共に味わうようにしたかった。したがって、本当におばあちゃんの家に行ったかどうか、ということを厳密にする必要はない。友達の楽しい話で知っていることや興味あることなどについて話ができるように保育者が水を向けることで、共に楽しい気持ちを共有できるようになるだろう。

しかしカイトも、友達が楽しい場所について表情豊かに話をしているのを聞いているうちに自分もその雰囲気に馴染もうとついおばあちゃんちに“行ったこと”にしてしまったのだろう。あるいは、自分がおばあちゃんの家に“行ったこと”にすることで、クラスのみんなと連帯感や一体感を味わいたかったのかもしれない。あるいは、友達の口から次々に出てくる魅力的な場所に動揺し、負けたくないという気持ちから思わず“おばあちゃんち”という単語を口にしてしまったのかもしれない。いずれにせよ、カイトなりの思いがあって、口にしたと考えられる。

保育者は、そのようなカイトの気持ちに思いを巡らした上で、別の機会にカイトと共に振り返ってみるとよい。決して責めるような口調にはせず、思わず事実と違うことを言ってしまったこと、保育者が事実と違うことを言わせてしまったことなどを友達がいないところで話し合うのである。５歳という年齢を考慮すると、事実と違うことを言ったことに罪悪感を抱いていることもある。保育者とのやりとりで整理できるように配慮するとよい。
さて、実は子どものうそには、様々なうそがある。3、4歳児によく見られるうそで特徴的なものとして“事実と空想が混在するうそ”や“願望としてのうそ”が挙げられる。保育者は「子どもがうそをつくこと」ということについて深く考えを及ばせる必要があるだろう。
子どもは、空想する力が豊かで、現実との境目がわからなくなり、願望と現実が混ざる場合があるが、子どもにはうそをついているという意識はない。この場合、子どもの発達上に見られる現象として聞き流し、決して強く注意や叱責をしない方がよいだろう。
次に年齢が大きくなるにつれ、保護者や保育者といった大人からの注意・叱責を避けるためにつく“防衛的なうそ”をはじめ、自己顕示欲（自分の存在を社会にアピールしたいという欲求）からくる“友達から認めてもらいたいためにつくうそ”、嫌なことから逃げたい“逃避的なうそ”などが挙げられる。
保育者は、このような子どものうそに対処するためには、適切に子どものうその奥を読み取ることが大切となる。そして、何よりもうそをついた子どもの話を丁寧にゆっくり聞いて、一緒に「どうすれば良かったのか」を考えていく必要がある。

1節のまとめ

子どもの内面を理解することはとても難しい。時として、子どもは自分の気持ちを“自分が”理解していないこともある。この意味では、生きている子どもの内面を理解することがそもそも難しいことではないだろうか。子どもの言葉や行動の底にある気持ちは、保育者が見ようとしなければ決して見えるものではない。保育者の子どもを見る目を養わなければ、保育の質の向上は望めない。まず保育者は、子どもの言葉や行動の背景にあるものに深い関心を寄せるところから始めたい。その上で、子どもを理解するための関わりを行うとよいだろう。多くの関わり方が考えられるが、そのうちのいくつかを挙げてみる。

（1）信頼関係をつくる

事例②のリコにとって腹痛を“訴える”という行為は、勇気がいるものであったのではないだろうか。“しっかり見られよう”という気持ちからなかなか言い出せず、「おなかいたい」というたった6文字の言葉は重く、大きくのしかかっていたに違いない。同様に事例④のカイトも事実と違うことを言い出せず、本当のことを言うことが大きく立ちはだかっていた。
それでもリコは、何とか「おなかいたい」という訴えができた。このことは、とても大きな第一歩であり、彼女が環境に適応しようとするためには必要不可欠な行為であった。子どもは苦手なことや嫌なことを保育者に伝えることから、その保育者との信頼関係がスタートする。リコも、ようやく保育者と信頼関係を築けるようになったといえる。保育者は、彼女のこの一連の姿を肯定的に受け止め、“信頼関係を築くためには？”と思いを巡らしていく必要があるだろう。また、カイトが「せめて先生にだけでも（本当のことを）言おう」と思えるような関係をつくることが求められる。

自分にとって後ろめたかったり、恥ずかしかったりすることは、誰でも言いづらいものである。保育者は、〈言わない子ども〉ではなく、〈言えない子ども〉として受け止め、これまでのその子どもとの関係を振り返り、まずは「この先生だったら、素直に言える」と思えるような信頼関係をつくることから始めたい。

(2) 失敗を繰り返しながら、関わりをつかんでいく

保育者は、時として目の前の子どもの言動が「あれっ、いつもの○○くんらしくないな…」と感じ、戸惑うことがある。そして〈いつもの○○くん〉と〈今の○○くん〉の間で揺れ動き、二者択一を迫られる。しかし、二者択一に目を向けるのではなく、「どちらが本当の姿なのか」というよりも「どちらも本当の姿」なのだと考えたい。その上で、さらにその子どもと丁寧に接しながら、言動の背景を探ったり、まわりの状況を整理したりできるとよい。

事例②におけるリコは、彼女に対する保育者のイメージとリコの実態とにズレが生じていた。リコの“しっかりする気持ちが強い反面、気持ちを素直に出さない”という特徴をつかみながら、保育者の中のズレを最小限にして心の交流を図っていくような対応が保育者に望まれる。

しかし実際の保育場面では、ズレが生じることがたくさんある。では、どう対応すればよいだろうか。それには、以下の図1のような対応をするとよい。子どもの行動を手がかりに思い当たる原因を拾い出し、適切な対応をしていくのである。実際には、子どもの心の動きを捉えるのは、かなり難しい。さらに、むやみに子どもを観察するだけではその心の動きはわからないし、捉えられない。実際に実践し、子どもの行動がどのように変化したのかを見取ると次第につかめてくる。心の動きを捉えるということは、あるがままの子どもの姿を見ることと、適切な働きかけとの相乗効果の上に成り立っていると考えよう。そして「答えは一つではない」という姿勢で、積極的に子どもと関わる中で失敗を繰り返すかもしれないが、その都度、関わりを修正していくのである。この営みこそが、保育であるといえる。

【図1】子ども理解を促す保育者の関わりのサイクル

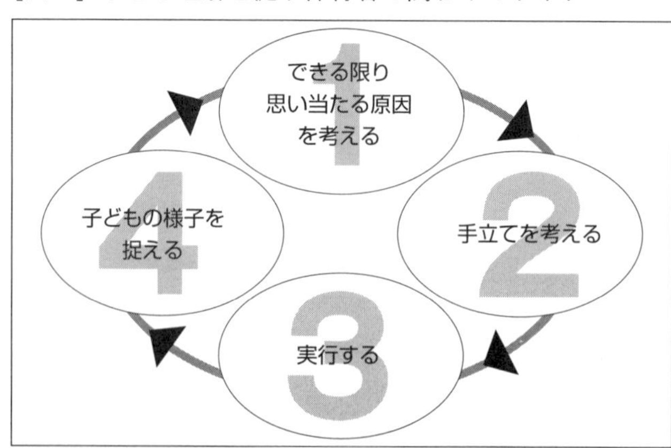

(3) 関心を寄せ、心の奥を探る

ここまで読み進めてみると、保育者は子どもに深い関心を寄せて、気持ちの奥底を見ていると感じてきたのではないだろうか。しかし、深い関心を寄せて、気持ちの奥底を見ているのは“保育者だけ”であろうか。実は、子どもも常に保育者の言葉や行動を見ているのである。子どもは、保育者の自分への関わりをはじめ、友達への関わりも注意深く見ている。仮に友達との関わりがうまくつかめない場合には、保育者が(その友達と)関わっている際の言葉や行動を見本とする。

このように保育者は、子どもたちから常に見られている存在なのである。したがって、見られているとすれば保育者自身の自分理解も必要となるだろう。保育者も自分の良さを自覚し、生かしつつ、課題を捉えて改善に向けて努力する姿勢が求められる。子ども理解は、実は自分探しなのかもしれない。

(4) 子どもをよりよく理解するために

子どもは、保育者の理解できることばかりをしてくれない。事例①のカナヘビを彼らなりにお世話をしたシュウタとケイタの姿は、まさに良い例である。彼らの姿が象徴しているように、子どもの行動を見ていて「一体何をしたいのだろう?」、もしくは「一体何を楽しんでいるのだろう?」と保育者が理解できないことはよくある。たとえば、砂場にしゃがみこみ繰り返し砂をつかんでは落とす子ども。ブランコに乗って空を見上げてはこぎ続ける子ども。

このような場面に出合い、その行為を理解しようとする場合、子どもの“楽しい”を見取ることがとても大切であり、保育者も一緒に同じことをしてみるとわかりやすい。保育者も“子どもの隣に行って、一緒に砂をつかんでは落としてみる”“同じリズムでブランコをこぎ、空を見上げてみる”のである。もしかしたら“さらさらした砂の感触が心地良かったり、“さらさらと落ちる様子がきれいに見えたりする”かもしれない。もしかしたら“見上げた青い空にぽっかりと浮かんだ白い雲が見える”かもしれない。このような発見は、同じ行為をしてみて初めて発見できることばかりである。

同じ向きで、同じリズムで、五感(視覚、聴覚、触覚、味覚、嗅覚)などの感覚をすべて働かせて、ようやくその子どもが楽しんでいることを見取ることができることがある。保育者が同じ動きで、子どもの気持ちを全身で感じ取ろうとする姿勢は、子ども自身も感じ取ってくれる。このような保育者の行為を通して子どもと気持ちを重ねていくことで、互いの関係が深まっていくのではないだろうか。共鳴する保育者の存在が子どものより良い活動を促し、心地良く集中できる環境がつくられるのである。

2　子どもの発達と生活

子どもの発達は、日常の生活を舞台として起こり、また確認される。発達を支えたり、励ましたりする関わりも、子どもの生活の中に、日常的に、かつ継続的にあることが重要である。乳幼児の保育・教育は子どもたちの生活を通して行われるものであり、保育者には子どもたちの日常の生活全体を捉える視点が欠かせない。

日常の小さな事実に目を向け、そこから考えを深めていく時、具体的な現実に限定されない普遍的な子どもの育ちの姿を発見することができる。保育では特別で目を引くようなことではなく、毎日繰り返し、同じ熱心さで取り組めることを大切にしていく。保育者は、子どもはもちろん、園のすべての人々が心地良く暮らしていくための細やかな配慮を心がけることで、生活の隅々に目を配ることができる。大人が“日常の生活をいかに大切にしているか”を子どもたちが感じられると、子どもたちは安心して、また興味をもって生活し始める。保育の仕事の現場は“生活そのもの”であるといえる。

以下の事例では、保育者たちが子どもたちの日々の生活を支えつつその育ちを援助している様子を見ていこう。

事例①　「さっぱり」　5か月

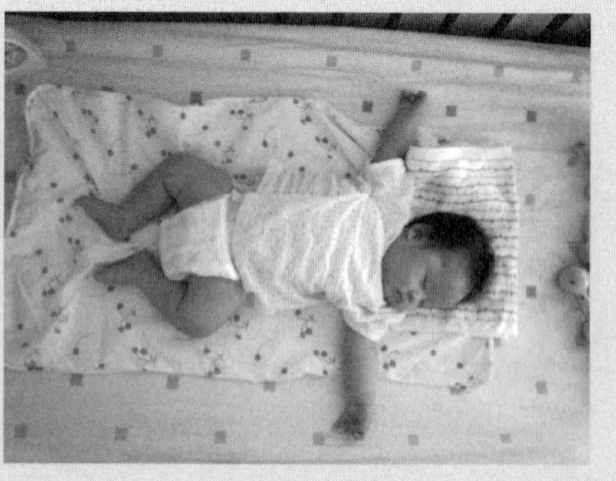

5か月のマサトくん。保育者はマサトくんが排便をしていることに気がつくと「うんち出たのかな？」とおむつをのぞく。「うんち出たね。キレイキレイしましょうね」と声をかけると、マサトくんは保育者を見る。保育者はマサトくんをおむつ替えに連れて行き「たくさん出たね」「良いうんちだよ」「すっきりしたでしょ」「フキフキするよ」「キレイキレイ」とゆっくり言葉をかけながらお尻をきれいにふきとる。「新しいオムツにしようね」とおむつを取り替える。マサトくんはその間じっと保育者の顔を見ている。さっぱりとおむつの取り替え終わったマサトくんをおむつ替台の上に起こして保育者があやすと、キャッキャとよく笑う。

子どもの生理的な〈不快状態〉を大人が関わって〈快の状態〉に回復していく様子です。一日に何度も繰り返される情景ですが、「ゆっくり言葉をかけながら」行われていることの大切さについて、あなたはどう考えますか？

事例①を読み解く　たくさんのタッチ

乳児の生活は生理的な快と不快の間で循環している。空腹や眠気・疲労などの生理的不快

は乳児にとって生命の危機にも等しいことであり、それが生じると乳児は泣く。乳児に毎日身近に関わる特定の大人がその泣き声に応答する。

泣き声を聞いて子どものところに来ると、おそらくほとんどの人が、子どもの名前を呼びながら抱き上げるか、子どもに触れるだろう。顔をのぞき込んでなでたりさすったり、あるいは揺すったりもするだろう。この事例のように、ゆっくり言葉をかけながら手を触れていくこともあるだろう。視線をしっかり合わせ、声で触れ、目で触れ、手で触れる。大人はこのように同時にいろいろなタッチをしながら、授乳する、おむつを替えるなどして子どもの不快の原因を取り除く。ようやく子どもの身体から不快の原因が解消され、生理的に全身快適な状態が回復すると、子どもは大人からの声やまなざし、接触の心地良さを存分に味わい始める。マサトが保育者にあやされ声を上げて笑っている姿と重なる。

このような経験を一日のうちでも何回となく、それを毎日毎日無数に繰り返していく中で、身体の快が回復する時にはいつもそこに人からのタッチがたっぷりあるという経験を重ねていくことになる。

次第に乳児は生理的不快を訴える時だけではなく、人のタッチそのものを求める場合にも泣くようになる。人にそばに来てもらいたくて泣く。抱っこしてほしくて泣くなどである。新生児の生理的微笑が、社会的微笑に変わっていくように、社会的な快を求める姿である。

人に対する基本的な信頼が築かれていくこの時期に、社会的な快が生理的レベルの快と一体的に発生していることに注目したい。マサトはおむつが替えられてお尻のあたりがさっぱりしたことと、保育者の声や自分の身体に触れてくるタッチの心地良さとあやされて笑ったことと、渾然一体に記憶していくだろう。基本的に人が人を怖いと思わずにいられるとしたら、人生の最初に積み重ねられたこういう記憶によるものかもしれない。

事例② 「知らない人が来た」 8か月

ハルちゃんと園長先生が保育室で遊んでいるところに、いつもは保育室に顔を出さない実習生が実習ノートを届けにやってきた。するとハルちゃんは、実習生の顔を見るなり園長先生の膝の上に乗り泣き始めた。

この頃の乳児が泣く時は理由があって泣き、その理由を伝えようとしています。このような0歳児のもつ力を、あなたはどう考えますか？

事例②を読み解く　乳児の心

8か月の乳児はハイハイなどで、行きたいところに自由に移動できるようになり始めた頃であろうか。まだ立って歩くことはできないが、事例のハルのように大人の膝の上くらい簡単によじ登ってくる。座った姿勢はもうだいぶ安定しているので、両手を使ってじっくり物を扱うことができる。このように身近な生活世界を盛んに探索し始め、まわりの世界に関する情報を蓄積してくると、ハルがよく知っている領域がはっきりしてくる。

事例は、ハルがよく知っている保育者とよく知っている場でくつろいで過ごしていた時に、突然未知の人がそこに入ってきたので、警戒し、不安を抱くハルの姿である。ハルが実習生の顔を見るなり保育者の膝に乗り始めたとあるが、その敏捷な反応と判断に驚嘆する。もし入ってきたのが同じ園のほかの保育者だったら、ハルはこのような反応はしなかったであろう。

また、泣かなくてはならないような具体的な理由があって泣いているのではなく、訴えているのはハルの心中での不安と警戒の表現であることにも注目したい。ハルは自分の判断（この人は知らない人だから警戒する）や心情（不安）を保育者に伝えてきているのだ。この記録の後、保育者が怯えて泣くハルをしっかり抱えつつ、楽しげに実習生と会話をしていたら、ハルは泣き止んで実習生をじっと見つめていたのではないだろうか。まだ言葉を発するには数か月必要であろうが、すでに自分の気持ちや意思が明確にあり、親しい大人にはそれを伝えているのがわかる。

事例③ 「わざと」 10か月

食事の時間になったので、保育者はマモルくんを食卓イスに座らせ、口拭きタオルを食卓イスの上に置いて給食の準備をする。マモルくんはその口拭きタオルを持って振り出すと、手から滑って床に落としてしまう。保育者は「あーあー、落としちゃって」と言うと、口拭きタオルを拾って水で濯（すす）ぎ、食卓イスに置く。そして「落としちゃダメよ」と言うと、再び給食の準備を始める。すると、マモルくんは口拭きタオルを手に取って（わざと）床に落とし、保育者の顔を見ている。

0歳児には事例のような姿がよく見受けられます。あなたならわざとタオルを落とすマモルの行動をどう受け止めますか？

事例③を読み解く 考えを確かめる

生後10か月になると、子どもは自分の意思であちらこちらに移動することができるようになっていて、能動性も探究心も一層強く育ってきている頃である。自分で不思議を発見し、探究の経験を重ねていくと、物事の間に働く因果関係にも敏感に気がつくようになっている。

給食の準備中という状況で、マモルは食卓イスに座っている。保育者が置いていったタオルを手にとり、振り出したのは、その状況に参加しているマモルの遊びである。そこで偶然

タオルを床に落としてしまうが、そのことがまた別の遊びを呼び寄せたことにマモルはすぐに気がつく。給食準備で動き回っていた保育者が、今の自分の行動（タオルを落とす）に応えて、「あーあー、落としちゃって」と自分に向けて言い、自分に関わろうとやってくるのであった。

そして自分が落としたタオルは拾われ（濯がれて）、また自分の目の前に置かれる。この保育者の一連の行動を引き起こしたのは、“自分がタオルを落とした”そのことである。マモルは早速それを確かめようとする。

もしもこの後、保育者がもうタオルを落とされないように、マモルの手の届かないところに置き直したとしたら？　マモルの探究する気持ちは中断されてしまう。子どもの世界の探究はこのようなささやかな場面で行われているのだが、大人中心の生活の中では、気づかれないまま未完で終わることも多いだろう。

しかし、もしもマモルが繰り返し同じことをするだろうとわかっていて、あえて保育者も最初と同じように「あーあー、落としちゃって」と拾いに行き、同じようにマモルの手元にタオルを戻したとしたら？　マモルは自分の考えの正しさを確認し、予想通りの保育者の関わりを再現することができて、世界の探究にさらに意欲を増していくだろう。おそらくマモルは満足するまで何度も繰り返し確かめるであろう。

子どもの探究は日常生活のあらゆる場面で行われており、そのすべてに大人が応答することはできない。しかし、保育園や幼稚園が子どものための場であるならば、生活の中で行われているこのような真剣な探究活動に、大人ができる限り丁寧な応答をしていくことが重要な役割なのではないだろうか。はたしてそんなことをしていたら給食の準備が進まない…だろうか？

事例④　「いやだ いやだ いやだ」　2歳

6月下旬のある日、ミウちゃんは食事中にスープをこぼしてしまったので、服の着替えをする。保育者がミウちゃんの引き出しから服を取り出し、「この服を着ようね」と服を着せようとすると、「いやだ、いやー」と保育者の持っている服を払い、引き出しの中から自分で服を選び出す。ミウちゃんは長袖の服を選んで着ようとするが、自分でうまく着ることができず、服に片腕と頭を入れたまま泣き出す。保育者が手を貸そうとするとさらに強く「いやー！」と泣き出す。

あなたは、保育者に意思表示を示すミウの気持ちをどう理解し、その行動をどう受け止めますか？

事例④を読み解く　NOの意味

この時期の子どもの姿はしばしば反抗期として説明される。しかし〈反抗〉という言葉でくくってみても、幼児の姿への理解は何も深まらないことに注意しておきたい。

ミウの姿からわかるのは、自分で選ぶことへの主張と、保育者が選ぶことへの「NO」の表明、生活技術が自立の思いに追いつかない葛藤である。

自分が着る服を選ぶことに関して、ミウも部分的に理解している。ミウの引き出しの中のものが、自分のものであること。しかし、長袖も混在する中で半袖を選んだ方がよい理由はまだミウには理解できない。服の着方も袖に腕を通す、頭からかぶるなど部分的に理解している。でも服を着る技術の全体が身についているわけではないので、動作と動作の間で必要である微妙な調整などはまだできず、その結果、一人で着ることができるような気がしているけれど、やっぱり自分一人ではやれない。“自分で！”という気持ちが強くなっていながら、技術が追いついていない状況が子どもを葛藤させ、２歳児ではこの葛藤を上手に切り抜けられるはずもない。引き続き保護者や保育者は、子どもが自分でできるようになるための技術指導や着脱しやすい服を選んでおくなどのサイドサポートを地道に続けることになる。

この時期に最も特徴的なのは「NO」の表明であろう。反抗と受け止めてしまうと本質が見えなくなるのだが、「NO」は「YES」と対比するとその意味がよくわかる。乳児期は基本的に与えられるものを「YES」と受け取って人生を始めてきた時期である。「YES」は相手と同化していくが、「NO」はその反対に、自分を相手に対立させることで“あなたとは違う私”を確認していく。乳児期を越え、幼児期を過ごし始めている２歳児の「NO」は、まさに〈私〉を生活世界の中で際立たせていく言葉であり、自我を形成していく上で必須のプロセスである。

しかし、この２歳児と日常的に関わる保護者（保育者も）の悩みは大きい。とても激しい「NO」にどう対応したらよいかわからなくなり、この子はこのままわがままになるのではないか、協調性をもてなくなるのではないか、等の不安に揺れる。しかし「NO」を言う時、子どもは相手とぶつかるつもりで言っている。相手がちゃんと自分とぶつかってくれれば、子どもは相手とのぶつかり具合から相手を感じる。反抗期だからしかたがない、と受け流してしまったら、せっかく子どもが渾身の力を込めて「NO」と言っているのにそれは「NO」として受け止められず、流されていく。“あなたとは違う自分”を確かめようとしたのに、それができずに苛々のエネルギーだけが渦巻いてしまう。

注意しておきたいのは２歳児は自我の芽生えの時期であり、大人の本気の「NO」では子どもの自我がつぶされてしまうことがあるという点である。しっかりぶつかりながらも、子どもの芽生えたばかりの自我をつぶさないように、大人は自分をコントロールしていく必要がある。

事例⑤　「せんせい、おんなじだね」　3歳

入園当初、登園時に保護者と別れることに不安を感じてよく泣いていたヒナコちゃん。

保育者と一緒に金魚や虫を見たり、粘土遊びをしたりして気持ちを切り換え、徐々にクラスを生活の場として安心して過ごすようになっていった。５月に入ったある日の登園時、ヒナコちゃんは、保育者の髪型が自分と同じポニーテールだったことに気がつき「先生、おんなじだね」とにこにこと自分の髪を指さし、一緒であることを共に喜んだ。

あなたがこの保育者だったら、ヒナコの「先生、おんなじだね」の言葉にどのように答えますか？　ヒナコのどのような気持ちを特に大切に受け止めますか？

事例⑤を読み解く　主体的なまなざし

園生活を始めたばかりの子どもにとって園が家庭と同様に安心できる場になるには、まず何より保育者との親しみを深めていくことが大切であり、保育者との関係がよりどころとなっていく。保育者が個々の子どもの興味・関心を丁寧にフォローしていくなどの関わりがもちろん欠かせないが、子どもが保育者をよく見ていることも意識しておきたい。いつもいる先生に“私と同じ”部分があるのを発見するのは子どもの観察眼である。観察する時、子どもは主体的なまなざしを向けている。そんな場面を捉えて、先生やほかの子どもたちと、自分が発見したものの共有ができると、ヒナコにとって園が親しみ深くなっていくだろう。

ヒナコが今観察しているのは園の生活全体であり、その中でも保育者のことはひときわよく見ているであろう。そうであればあえて見つけてもらえるようなものを保育室の中や園庭に準備してみたり、“先生とヒナコちゃんの今日のおんなじは何でしょう？”というクイズをしてみたりなど、ほかの子どもともつながる遊びにも展開していきやすいだろう。

園生活の初め、周囲を見て過ごす子どもは少なくない。何もしなかった、遊ばなかったと考えてしまいがちであるが、主体的なまなざしがあることを見逃さないようにしたい。

事例⑥　「ガソリンスタンドに集まる」　3歳

７月の強い陽射しを避けた遊戯室の中の遊びで、マサトくんがウレタン製の大型積み木を並べガソリンスタンドを作る。その後、保育者とともに空き箱を組み合わせて給油ノズルを作る。そこへユウイチくんがやって来て自分の給油ノズルを作る。ガソリンスタンドを見ていたケンくんは、ダンボールを囲いにした車に乗って給油にやって来る。タカシくんやトモキくんも来て、その後女児も並び、ガソリンスタンドに行列ができる。「いらっしゃいませ、満タンで

すか」「レギュラーですか」など、本物のガソリンスタンドのようなやり取りで遊びが進んでいく。

あなたが保育者だったら、このガソリンスタンドごっこをどのように支えていきますか？

事例⑥を読み解く　テーマを共有する

子どもたちが日常生活で触れている物事の中には、ほかの子どもたちと共有しやすいテーマがたくさんある。ガソリンスタンドもその一つであるが、遊びの中で誰かのアイデアが出てきた時、保育者は給油ノズルなどを作り、テーマがほかの子どもたちにもわかりやすくなるようにサポートしている。

ガソリンスタンドであることが明確になると、子どもたちはそれぞれ自分のイメージでこの遊びに関わり始める。このような遊びではテーマの共通認識があれば、何がしたいかで参加の仕方も自由度が高く、かつ１人で遊ぶのとは異なるゆるやかなまとまりでの集団遊びを経験しやすい特色がある。保育者としては、車やノズルの材料提供や工作の援助に加え、大勢の子どもがやってきても混乱することなく、かつ、一つの遊びであることがわかりやすくまとまっている空間の設定を配慮していく必要があるだろう。参加している子どもたちがそれぞれのイメージで遊んでいるため、興味が重なったり（給油ノズル作り）、やり取りが深まりそうな場面（店員とドライバー）や協力して取り組むことが出てきそうな場面（たとえば洗車場作り）ではまた別の展開が予想されるので、それぞれに援助が必要な場に注意深く配慮していきたい。

事例⑦　「2人きりの世界」　4歳

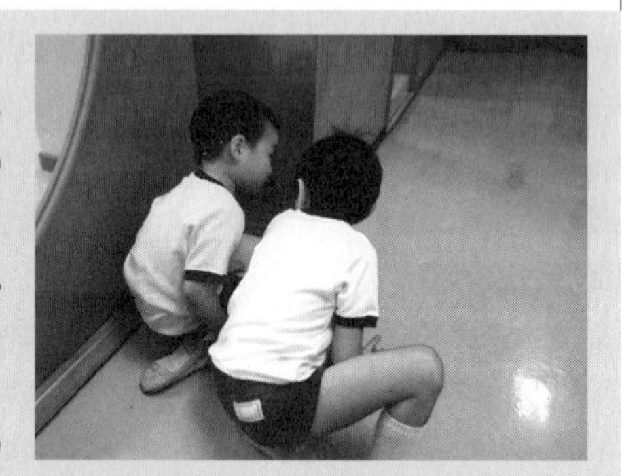

年中組の7月、ユウジくんとユウイチくんは3歳児の頃に仲良しになり、いつも廊下の奥に積み木を運んで遊んでいる。基地のようにしてほかの人を寄せつけず、せっせと道具を持ち込んで折り紙をしたり工作をしたり、恐竜の絵本を一緒に見たりしている。担任がのぞきに行くと「あっちいってて」と言い、２人の世界を楽しんでいる。

この頃になるとほかの子どもたちにも、特定の友達同士で一緒にいることで安心感をもてたり、一緒にいることがとにかく楽しかったりする関係が見られる。

担任に「あっちいってて」と言った時、２人の気持ちはどのようなものだったのでしょうか？　仲良しの２人の世界とはどういう関係性か、考えてみましょう。

事例⑦を読み解く いろいろな人間関係の経験を通して

園生活の中で、子どもたちはそれまでと違う自分にも出会ってきたと思われる。家庭の中で〈内〉の顔しかもっていなかった子どもが、親が見ることのない〈外〉の顔で暮らす園での日々。〈外〉で頑張る自分だが、まだ１人では立てない心もとない状態の時に、そういう自分を補完してくれるような相手と出会うと、強力に引かれるため、事例のような２人だけの遊び方・他者への関わり方をすることがよく見られる。担任保育者に「あっちいってて」と言うのも〈外〉の自分を育てている時だから、親にはもちろん、担任にも見せないところで過ごしたいのだろう。子どもたちはその時その時の必要に応じて、いろいろな人間関係の中で自己を育てていくことになる。２人きりの関係の場合、どちらかが先にその関係に飽き足りなくなるなどして、葛藤が起こることがある。タイミングを同じくして解消していくこともある。第三者の参入などの展開がある場合もある。保育者は、それぞれの子どもが今どのような理由で一緒にいるのか、また、この２人きりの時空間の中で２人の自己はどのような成長の段階を進んでいるのか、２人の時間・空間を保障しながら注意深く見守っていきたい。

事例⑧ 「あっちいけ！」 4歳

シュンくんは仲の良いハルトくん、ハジメくんと過ごすことが多かった。しかし、2学期後半11月頃から思うように遊べていない様子が見られるようになる。ハルトくんやハジメくんが大型積み木やダンボールなどの道具を使っていろいろなものを作って遊ぶのに対して、シュンくんは戦いごっこや恐竜ごっこのようなイメージで遊びたいと思っていた。自分のやりたい遊びに誘うシュンくんであったが、思いが食い違うハジメくんに「シュンはできないからあっちいけ！」と言われ、うつむいてしゅんとしている。

つい、大人は「意地悪言わないで」「入れてあげて」と言いたくなるもの。しかし、「仲良く一緒に」という姿を急いだそのような声かけは、子どもにとって高度な要求になっていることがあります。あなたならどのような声かけをしますか？

事例⑧を読み解く それぞれの道を大切にするために

幼児期は育つ速さにも、育つ面にも個人差が大きい。１学期からしばらくの間、同じ興味・関心、同じ遊び方で強くひかれあってきた３人だったが、２学期後半から互いの違いが顕在化してきた。違いが気になる度合いもそれぞれ異なっていただろう。事例ではシュン対ハルト・ハジメの図式だが、ハルトとハジメも以前とは同じではないはずである。自分たちの間に興味・関心や遊び方の違いが生じていることに気づかぬまま、ハジメは「シュンくんと遊んでいてもおもしろくない！」と、短絡的にシュンを責めたり排除したりという行動をとったのだろう。このような状況で一方が穏やかな性格だと受け身や引いてしまうことになり、他方が強気な性格だと自分の意見ばかり通していくという力関係ができてしまうことがある。

この段階の子どもたちに形だけの「仲良く一緒に」を求めても、子どもたちにその準備ができていない。大人に指示されて仕方なく、というだけになってしまう。むしろ、固定化した関係の中で不要にシュンを責める、あるいは、見下すような関わりを継続させないことが大事である。ハルト・ハジメも相手が変わると行動パターンも変わる。子ども同士の関係に、“仲良く”“優しく”などの標語を安易に持ち込まないようにしよう。それらは平易な言葉であっても実は高度な人間関係力を要求するものである。大人の指示に従って形だけなぞるような関わり方を経験させないためにも、幼児期はむしろ、子どもたちが自分たちの実力で取り組める課題状況を設定する配慮が必要な時期である。

担任は３人が互いの気持ちに気づけるよう関わっていきながらも、子どもたちがこれまでの関係にこだわらず、またそれぞれが新しく気の合う友達と出会えるようにサポートするであろう。クラス全体での活動の時間や、グループ活動などを取り入れつつ、３人が園生活全体に視野を広げていけるよう保育内容の工夫をしていくこともできるだろう。

また、保護者が園での子どもたちの様子をよく理解できていると、家庭で安心して子どもを受け止めることができ、担任と連絡をとりながら園に送り出すことができる。保護者との連携は、子どもたちの着実な発達と園生活の安定に欠かせない。

事例⑨　「階段が怖いです（母）」　４歳

４月、年中組の新学期。年中組の保育室は２階にあるので、進級当初は１階からの階段を親子それぞれに緊張感をもって上ってくる毎日。エイタくんの母から園長に電話があった。内容は、エイタくん（下り）とコウスケくん（上り）が階段ですれ違った時に、コウスケくんとぶつかってエイタくんが転びそうになり危なかった、とのこと。階段はとても危ないところなので年中になり２階の保育室まで毎日上り下りする生活がとても心配だ。進級後のこのところ、エイタくんがまた通園カバンのひもを噛み始めた。年少入園時にもＴシャツの袖を噛みぼろぼろにしてしまっていたのと同じで、ストレスの表れではないか、と。２階に年中クラスがあるという配置自体を何とかしてほしい、さもなくば階段にもっと安全対策をということで、担任ではなく園長宛の電話であった。エイタくんの母が、エイタくんと比べて体の大きく活発な男の子（コウスケくんなど）とエイタくんとの接触が多い園生活に不安を強めていることがよくわかる。昨年の年少時にもコウスケくんのことでとエイタくんの母から同様の内

容で相談があった。

園長からは、園児の階段使用に関してはこれからも園全体で注意を払っていき、子どもたちにも繰り返し指導していくことを伝える。さらに同じ年中組であっても園児の姿は十人十色であり、コウスケくんを乱暴な子と捉えてほしくないことなどを伝えつつ、一人ひとりの成長の課題を担任を含め園と家庭とで共通理解をしていきたいことを伝えた。

エイタくんは全体に発達がゆっくり目で、足腰の力が弱く、よく転ぶ。指示や促しがないと動かなかったり、次の行動に切り替わらない姿から、年少時の担任はエイタくんには自分から進んで行動する経験がとても少ないのではないかと考えていた。このことをふまえて、当時保護者には、まずなるべくたくさんお母さんと一緒に歩くことなどを提案している。その提案を受けてエイタくんの母は、徒歩で通園する機会も取り入れてくれたが、母が常に前を歩き、エイタくんの腕をぐいぐいと引っ張って歩く歩き方で、親子で顔を見合わせて話しながらという様子はない。年中への進級時にもエイタくんの受動的な様子には大きな変化がなかった。

子どもの園での生活は保護者にとって大変気がかりなこと。子どもの発達に適切な援助をするためには保護者との共通理解、連携が不可欠です。あなたがより良い連携をするとしたら、どのように関わりますか？

事例⑨を読み解く　発達の問題を保護者と共有する

保護者にとってわが子の発達の個人差を受け止めるのは難しいことである。自分の子どもの姿をほかの子どもと比較して見ているといたずらに不安が増すだけである。しかし、自分の子どもの姿だけしか見ていないと発達の見通しをもちにくい。園生活を通し、的確に子どもの育つ姿と発達の課題を捉えて保護者に説明し、どうすれば子どもがより充実した園生活をすごせるか共に考えていくことが保育者の責務である。

エイタの保護者は年中組４月の時点では、体の大きく活発な子との接触で大きなケガをするのではないか、そのような生活にエイタがストレスを感じているのではないか（カバンのひもを噛む）ということへの不安が強い。そのような状態では新しい環境に取り組んでいくことでエイタに育まれる力があると期待する気持ちになれない。むしろ、今すぐ園の方で防護策をとってほしいと考えている。園としても保護者の気持ちに配慮し、園児の生活における安全対策は当然園の責任であることを確認し、保護者の安心を得られるように努めることを優先する。

しかし、エイタの保護者と保育者、園との間でエイタの発達の問題を共有するという重要な課題が、在園２年目に入った段階で十分達成されていない。年少時以来、担任が折々に挟むアドバイスやコメントの中でエイタに必要な個別の配慮について伝えるが、保護者はエイタの発達の問題としては捉えていない。年中組の一年間も担任なりに努力しつつも同様に経緯し、この後、エイタは年長組11月の就学時健診で発達に問題があると指摘される。保護者は、“園ではそのようなことを言われたことが無い”と動揺することになる。

園で幼児が生活する際に示す様々な様子から、幼児の発達の問題が明らかになることがある。しかし、その認識について保護者と共通理解を得ることは必ずしも容易ではない。事例のように保護者自身の心配や訴えが、共通理解の手がかりになることもある。発達診断をすることが保育者の役割ではなく、園生活を通して、その子どもをどのように理解しているかを機会を捉えては丁寧に保護者に伝えていこう。子どもの姿を引き続き注意深く見守りつつ、必要に応じて専門機関につなげていくなど、園が子どもと家庭のためにできるサポートは何かを常に考えておくことが大切である。

事例⑩　「ママが忘れた」　5歳

7月に入ると、毎日の生活がプール中心の一日になる。プールを始めるにあたって、水着など必要なものを子どもたちに話して、「もう年長組だから、プールの準備は自分でしようね」と声をかけていた。とても暑くプール日和な7月のある日、「先生、今日もプール入れる？」と楽しみに登園してくる子どもたち。自分たちでプールで遊べる遊具（船やいかだ、シャワーなど）を作るなどしながらプールの始まる時間を心待ちにしていた。いざプールの準備を始めるとなると、みんなで声をかけ合って集まり、早速準備を始める。そんな中、ヒカリちゃんが「先生、帽子がない」と言いに来る。今までだったら、「どれどれ？　よく見てごらん」と一緒に探していたが、今回は〈自立の時〉を思って「帽子がないならプールには入れないよ」と言う。すると、大声を上げて泣き出すヒカリちゃん。「だって、ママが、ママが忘れたんだもん」と言う。保育者「ううん、ママが、じゃないよ。先生、自分で準備しようって言ってたよね」と言う。もう一度よく探してみると、実はプールバッグの奥底の方にあった。ホッとして泣き止むヒカリちゃん。

翌日、登園したヒカリちゃんが「先生、今日はママと一緒にだったけど、自分で準備してきたよ」と誇らしげに言う。母親と相談してプールバッグの中央にタオルを置き、片方に水着、片方に帽子と整理して入れることで、パッと見ても入っているのがわかるように準備することにしたとのことだった。子どもにとって、自分に必要な物の準備、自分にわかりやすい準備の仕方、だから自分ですることが大切なんだ、そんなことに気づかされたヒカリちゃんのプールだった。

年長児とはいえ何でも「自分でする」ことはまだ難しいこと。保育者の適切な援助によって次第に身につけていくことができるでしょう。あなたならどのような配慮と援助を行いますか？

事例⑩を読み解く　自分たちの園生活

子どもたちが園で生活する時間・空間を自分たちで管理していこうと考えるようになるためには、入園の最初から、園の生活はあなたたちが進めていくもの、と子どもにも保護者に

も丁寧に伝えていきたい。簡単には理解されにくいことであるため、繰り返し機会を捉えて説明していくことが重要である。もちろん、幼児期の集団は一人ひとりの発達や個人差に配慮して保育者の援助のもと進められる。保育者は子どもたちに集団生活や共同体で行動していく上で必要な技術や知識を丁寧に教え、それらが身につくようその場その場での具体的な指導や援助を重ねていく。子どもたちが園で主体的に生活する力がどのように育まれていくかがカリキュラムとして組まれていることが必要である。

事例は集団の決まりで必要とされているプールの帽子を忘れる、というものである。保育者は、帽子を忘れないように準備する責任をヒカリに意識してほしくて、あえて帽子がなければ入れないというルールを提示している。このルールが単なるペナルティとして働いてしまうと、ルールは自分たちを罰するものでしかない。帽子がなぜ必要か各自が認識することで、自分たちのルールを積極的に守っていく態度が培われる。

もちろんこの時保育者は、代用の帽子を準備しており、子どもがプールに入れるようにした上での対応だった。実際には帽子があったのだが、プールに入れないかもしれない事態に直面したヒカリは、これをきっかけに準備を自分事と捉え、母と共に工夫するようになった。集団のルールとしてどのような事柄を決めるかも、子どもとの信頼関係に基づき園生活の中で日頃から子どもたちと確認しつつ進めていく必要がある。

幼児の集団は大人が管理して進めていく方が効率的であるため、ルールの設定を保育者だけで行っていることも多いのではないだろうか。“自分のことは自分で”の先に“園のことは私たちのこと”という認識が子どもに育ってくることを目標としたい。

事例⑪　「健康診断のお手伝い」　5歳

毎年の健康診断の時には、年長組が年下の子のお世話を有志ですることが恒例となりつつある。「どんなことしてあげられる？」と前日に有志の子たちに問いかけると、「脱ぎっぱなしの洋服をたたんであげられる」「こわくないよって言ってあげる」「診断の場所まで連れて行ったり、戻ったりしてあげる」という意見が出た。当日、自分たちの健診を早々と済ませ、係に向かう子たち。そんな子たちを見て、当日になって、やりたいという子もいて、前日から話し合っていた子たちに何をするかを伝えてもらう形で、いろいろな子が関わった。健診の場で座るイスが順にずれていくのを教えてあげる子、部屋に一緒に戻ってあげる子、怖がっている子の手をつなぎ一緒に座って待っている子、年中の部屋では、着替えのできないところを手伝う子、その時に「自分でできる？」ときちんと相手の気持ちを聞きながら助ける姿、とにかく黙々と端っこから洋服をたたみ続ける子、「怖くないよ」と説得する子、年少の部屋では、片づけを手伝う子、イスを並べて、「集まりだよ」と呼び集める子、前日に話していたことよりも、もっ

とずっとたくさんのことをした。一応分担も決めていたが、その係にこだわらず臨機応変にやれることを精いっぱいする姿があった。状況に応じて、ふさわしいことを自分で考え取り組む姿があった。年長らしい。感動する姿。朝から全クラスのお世話をする子もいれば、たった一人のお世話をする子もいた。保育者は、それでいい、その子にできる年下の子との関わりを大事にしたいと思った。しかし何にも気づいていない子もいるので、部屋に戻ってから集まりで報告。話を聞くことで、今度（秋の健康診断）は自分もしてみたいと思うかもしれない。秋まで待たずとも、日々の生活の中で年下の子に意識を向け、困っていたらさっと助ける姿につながってほしいし、実際につながっている姿がいっぱいある。この子たちが3歳の時、同じように年長児にお世話してもらった。子どもの中で「あの時してもらったから、今度は自分が」そんな気持ちのつながりを育てていきたい。

年少児の生活援助へと自分たちの活動を広げていく年長児。この時期は、将来の学校生活、社会生活、地域生活へと広がっていく活動の原型的な経験をする大事な時期です。あなたはどのような経験が大事だと考えますか？

事例⑪を読み解く　目標の姿に迫る

園の生活を隅々まで把握して、他学年の子どもたちのために、自分たちで状況を判断しながら、協力し、分担し、率先して行動する年長児の様子は、まさに幼児期の育ちの目標とする姿である。毎日通って慣れ親しんだ場だからこそ自分たちの力をこのように発揮できる。またもちろん、健康診断という場面を年長児のこのような活動の舞台として選び設定している保育者たちの配慮と工夫にも大いに支えられている。年長児自身、春と秋、年に２回ずつ、４回はすでに経験をしており、この手伝いの直前に自分たちも済ませている。実地体験やリハーサルを繰り返し行っていることになる。また、何を手伝えば良いかを、事前に自分たちで考え、保育者と確認しているが、当日の行動の見通しをもつことへの支援も周到である。この「健康診断のお手伝い」という企画そのものが、年長時の発達の課題にぴったりと合う設定であり、子どもたちが全力発揮して臨めることで大きな満足を得ていることがよくわかる。

事例に記されていないが、年長児を健康診断の運営側に参加させるにあたっては、保育者間の相談・打ち合わせ・準備や工夫が綿密に行われているはずである。幼児の園生活はごく普通の毎日の生活が基本であるが、子どもたちの成長をぐっと後押しする経験を、絶妙なタイミングで提供できるのは、学年や学級を越えた保育者たちの連携によるものである。

2節のまとめ

子どもたちは幼稚園や保育園などの場で、子ども同士で関わり合いながら、小さな社会人としての生活を始める。ここでは、大人は子どもたちを腕の中に囲い込んで守るのではなく、代わってやってあげるのでもなく、子どもたちが生活の主人公であるように、必要に応じてサポートをする。

あえて子どもが主人公になる場を作るのは、主人公となって初めて子どもたちが全力を発

揮し始めるからである。全力発揮といっても、すべての子どもが同時にそうなるわけではない。それぞれの子どもたちが、自分から動き始めるのにはそれぞれのタイミングがあり、自分の調子をつかんで活動し始めるための準備の時間が必要である。子どもたちの“エンジン”が温まるのを待たねばならないし、ほかの子どもと息を合わせて動いていこうとすれば相談や調整に時間が必要である。一つのことにじっくり注ぎたい時間の量はそれぞれ異なるし、休息や切り替えに必要な時間もそれぞれに異なる。時間一つをとって考えてみても、実は子ども主体の生活と大人主体の生活を同時に展開することは極めて難しい。だからこそ、幼稚園や保育園が必要なのだ。

この章では幼稚園や保育園で子どもたちがどのように生活し、遊び、その中で自分たちの力を発揮し始めるのか、それを保育者はどのようにサポートしているのかを見てきた。以下に年齢毎の要点を整理しておこう。

（1）0歳児の頃

乳児という特別な時期であり、人生の中では短い期間ながら飛躍的な成長を遂げる。その後のどの時期よりも一分、一秒の濃度が高いかのようである。保育者の関わり自体は、穏やかでシンプルであることが特徴的だが、乳児の心もちを受け止めて豊かな表現力でコミュニケーションを楽しんでいる。また、乳児の探究心の強さに応じて何度も繰り返される「いないいないばぁ」などに、変わらぬ喜びをもって何度でも応答できる誠実さも重要である。外界の探索も、人との関わりの経験も、乳児が初めて行っていくことを、保育者が安心のよりどころとなって支えていく時期である。

（2）1～2歳児の頃

守られて育ってきた乳児が、立って歩く力を獲得すると、自分の意志で行動することが何より重要になってくる。この時期は自分を主張することで、自己を感じ、他者に気づいていく。活動の範囲も意欲もエネルギーも急速に拡大する時期であり、保育者もこれまでの関わり方を切り替えていかなくてはいけないと思わされる。芽生え始めの自己の主張は時に激しく、子どもも大人も混乱させられるほどである。歩行の確立と共に、できることが増え、生活の諸々に興味・関心を広げていく。幼児にふさわしい生活の中で発見や出会いの経験が積まれていくことが重要である。

（3）3歳児の頃

保育者に支えられて友達との関わりや園生活の経験をじっくり積んでいくことが重要な時期である。身のまわりのことを自分で行う力を確立していきながら、生活を主体的に進めていく姿勢を学んでいく。保育者は子どもに、ほかの人に伝えることや、ほかの人の気持ちに気づくことなどを励まし、一緒にいることの楽しさ、興味深さを育んでいく。

（4）4、5歳児の頃

友達との生活のおもしろさを理解し、幼稚園や保育園で自己発揮できることを最も楽しむ。また、共通の遊びの中で友達と相談したり、力を合わせたりして一層活動を展開させていくことができるようになる。これらの経験を通して、集団の中で役割や責任を果たすことの喜びも味わう。保育者は子どもたちの興味・関心、技量に合わせて意欲を刺激する教材・遊具など、また、より発展的な生活の経験ができる機会を提供していく。

小学校から先の学校教育の場では、より大きな規模での集団生活で、状況を把握・理解し応答していく力や、他者と自分の気持ち・行動を相互に調整していく力を使って生活していくことになる。幼児期の間に、人と一緒に過ごす生活への期待と意欲を十分に育んでおきたい。

3 子どもを取り巻く環境

近年、子どもや子育てを取り巻く環境は大きく変化している。たとえば、共働きの家庭が増えていること、育児に参加する父親が増えてきていること、スマートフォンやタブレットの普及によりインターネットの端末が子どもの手に届く存在となったことなど、要因は様々あるが、地域で子ども同士が集って一緒に遊ぶことが難しくなったことなどは、大きな環境の変化である。このような変化は子どもの生活に様々な影響を与え、子どもの育ちにも変化をもたらすことは言うまでもない。園の保育内容を考える時、現代の子どもを取り巻く環境が、子どもの育ちにとってどのような影響を与えるものになっているのかを、よく見る必要がある。保育者が子どもの育ちを支えるためには、子どもの生活している環境を理解した上で、乳幼児期の子どもにふさわしい経験が実現できるように計画・創造していく必要がある。

この節では具体的なエピソードを通して、現代の子どもを取り巻く環境の理解と園での保育内容の展開の在り方について考えていく。

事例① 「新規園の園庭の改造」 園全体

ある認定こども園では、園庭に自然環境が乏しいことが問題となっていた。外遊びで子どもから子どもへと引き継がれ伝承されていく遊びもまだなく、さらに園庭環境が平坦で魅力的な場所が少ないために、どうしても室内での遊びを選ぶ子どもが増える傾向があった。保育者たちは、マンションが多いこの地域で育つ子どもたちにとって戸外で自然を感じながら遊ぶ経験は欠かせないと思っていた。そこで、保育者たちがアイデアを出し合って園庭の改造に取り組んだ。そして、園庭の一部を開墾し畑にしようという保育者たちの取り組みによって、子どもたちの遊びに大きな変化が起きた。

まず、年齢を問わず興味をもった子どもたちが、数日間にわたり保育者と共に地面を掘った。昨年はプランターや土のうを使って作っていたトマト、ナス、枝豆、はつか大根などを子どもと共に畑に植え、世話や収穫を楽しんだ。栽培中はモンシロチョウが飛んで来たり、ダンゴムシが現れたりした。また程よく雑草が生えたことにより、バッタやカマキリ、コオロギなども子どもたちが見つけられるようになった。

この園では、子どもが園庭で自然に触れて遊んでほしいと思い、園庭の改造を試みていました。子どもが自然と触れ合える環境をあなたならどう創り出しますか？

事例①を読み解く　自然環境と関わる子どもの姿

近年、待機児童対策や園の老朽化、認定こども園への移行などによって新規園や建替えを行う園が多くなってきている。この園では施工上なかなか保育者の満足がいく園庭環境を創ることができなかったが、保育者たちは、マンション等の住宅街で生活し戸外で自然に触れることが少ない子どもたちに、自然と触れ合ってほしいと思っていた。そこで工夫して、起伏に富んだ園庭にするために小さな築山をつくったり、生き物との関わりを生み出すために大きなたらいで池をつくったり、塀沿いにオシロイバナの種を植えたりしたのである。

保育者のねらいに沿って、子どもと共に栽培を行うという一連の活動を通して園庭の環境は変化し、子どもの興味・関心を引く事柄が次々と起こってきた。開墾では土を掘るおもしろさを感じ、植物の世話では生長し花が咲き結実する変化を喜んだり、チョウやアオムシなどの虫との関わりが生まれてきたりした。このように自然と触れ合うことにより、子どもはその変化に心奪われ意欲的に関わったり、探究したりするようになる。乳幼児期には、このような自然環境に親しみ、自然と関わることでしか感じられないことを、直接経験を通して得ているのである。

また、この事例で注目すべき点は、保育者自身が子どもの姿から保育内容を考え、必要な経験や育ちを読み解きながら、園庭を創り変えるという実践を行っていることである。保育者が子どもに必要な環境を考え、子どもと共に環境を変化させていく姿は、子どもたちにとっても自分たちが生活や遊びの場をより良く創り変えていくことに価値があると気づくことになるのである。

事例②　「ウサギの赤ちゃんとの出合い」　園全体

ゴールデンウィーク直前に、地域の方からウサギの赤ちゃん４羽を園に譲るというお話を頂いた。保育者間で話し合い、子どもの家庭環境や地域の特性を考えてみても、飼育することに意義があるという結論に達し、園で飼うことに決めた。園にウサギがやってくる日、子どもたちは譲って頂く地域の方から育て方や気をつけることなどを真剣な表情で聞いていた。

子どもの両手ですっぽりと包まれる大きさのウサギを一人ひとり抱き上げると、「あったかーい！」「ちっちゃいねー」と子どもたちは思い思いの言葉を発する。背中をなでて毛並みを感じたり、頬を寄せたりしてウサギに愛情をかけている。後日、自宅からウサギ用のキャベツやニンジンを持って来たり、園庭から草を摘んできたりして餌をあげようとし、進んで世話をしようとする姿が見られるようになった。

ウサギを飼うことによって子どもたちの行動に変化が見られました。あなたは子どもにどんな気持ちが芽生えたと思いますか？

事例②を読み解く　子どもに経験させたい内容を実現するための環境づくり

子どもたちにとってウサギの赤ちゃんを園で飼うということに、どのような意義があるのだろうか。子どもたちの餌をあげようとする姿勢からもわかるように、ウサギの赤ちゃんは世話を必要とすることから、子どもたちはウサギの赤ちゃんをいたわり、愛情を注ぎ、寄り添おうとする。このように園内で生活を共にする生き物は、子どもに生命のあるものを大切にしようとする気持ちを芽生えさせてくれるのである。

保育者は、子どもたちを取り巻く生活環境を考えて園としてウサギを飼うことにより、生き物と触れ合う機会の少ない子どもたちに、生き物と直接触れ合える経験をさせたいと思ったのである。現代の地域社会の実情を考えると、動植物などの自然と直接関わる環境を園生活において保障することは、どの地域においても重要な保育内容であろう。このように、保育者は、子どもに経験してほしい内容を考えて環境を用意することにより、子どもの実体験を通しての育ちを保障していくのである。

事例③　「保護者を巻き込んで」　4歳・園全体

保護者の方々に、園庭の花壇やプランターなどの植物の世話や園庭で育てる野菜の種まき、苗を子どもたちが植える時の手伝いなどのボランティアをお願いしている。快く10名程度のお母さんたちが毎回参加してくれている。1学期のボランティア当初は、わが子の様子やわが子と一緒に種まきや苗植えをすることを楽しんでいた保護者たちであったが、次第にまわりの子どもにも目が向くようになっていった。

10月に種まきを行う時の保護者ボランティアでは、「先生、もうこっちは任せておいて」とショウタくんの母親がリードをとって、保護者たちの係分担をしてくれて、保護者同士伝え合いながら、「次、これ（土）みんなで運ぼう」など、準備や片づけも自然と手伝ってくれるようになった。

そんな中、活発に動き回る元気なタカシくんと一緒に苗植えをしたアミちゃんの母親が、「先生、楽しかった！　タカシくんって元気で、楽しいし、かわいい」と嬉しそうに保育者に話した。そのアミちゃんの母親は、以前にタカシくんの言動がわが子に対して良い影響を与えていないのではないかと心配し相談に来たことがあったが、こんな風にわが子だけではなく、いろいろな子と関わる機会が保護者にとっても子どもにとっても、貴重な機会になるのだと感じた。

次年度の４月初旬、明日は入園式という日。５歳児年長組の保護者の数名が園から依頼したわけではないのに、自主的にプランターや花壇の花を美しく保つために手入れをしてくれている。保護者同士で「明日は入園式ですものね、私たちの子が入園した時のことを思い出しますね」と朗らかに笑ったり話したりしながら作業している。緊張している親子を美しく華やかに迎え入れてあげたいという思いが会話から伝わってくる。

次第に他児との関わりをもったり、自主的に活動を進めたりと保護者の様子が変化していったボランティア活動について、あなたは保護者に対する園のどのような思いがあったと考えますか？

事例③を読み解く　保護者を保育に巻き込んでいくことの意味

園が保護者の力を借りて保育を展開していく意図は、子どもの活動を円滑に進めていくためのお手伝いということもあるが、保護者に園での保育内容や子どもの姿を実際に体感し、理解してほしいということもある。この事例のように、初めは自分の子どものことが気がかりで一緒に関わろうとする保護者も、次第に他児の様子や子ども同士の関わりに目を向けるようになり、保育の営みの中で個々の子どもの違いや育ちのプロセスの違いを感じられるようになっていくのである。保育の内容についても、実際の手伝いを通して子どもたちの意欲的な姿に出会うことや、子どもの活動を通して子どもの経験していることを理解する機会が生まれてくるのである。園が大切にしている保育観や保育内容が保護者に浸透していくと、事例の入園式の花壇の整備の時のように、保護者が自主的に環境を整えたり行事に必要な物を準備したりするようになっていく。保護者が、園の考えている乳幼児期に大切にしたいことをわかり、ふさわしい環境づくりに自ら取り組むようになるのである。このような取り組みを広げていくことにより、園と保護者とが同じ方向を向いて共に子育てをし、子どもの成長を喜び合うという良い連携の形が生まれてくる。

事例④　「飛行機ごっこに関わる人々」　５歳

５歳児のリョウくんが積み木で飛行機を作り、仲の良いテルオくんと共に飛行機ごっこを始める。するとマサトくんが興味を示し、保育者と共に飛行機らしく見えるように大きな段ボールを立てて穴を開け、椅子を座席として並べた。次の日、キミちゃんとアイちゃんがキャビンアテンダントになると言い、首に巻くスカーフを保育者に要求してくる。ミサキちゃんは食事を運ぶワゴンを作り、カナちゃんは廃材でジュースを作っている。トモコちゃんとチカちゃんは飛行機に乗る搭乗口の自動改札を作ることに凝っていた。ユイちゃんはチケットを大量に作り、２歳児クラスや３歳児クラスに渡す。すると、保育者と共に２、３歳児が飛行機に乗りにやってきて、ハワイ行きが繁盛する。

飛行機ごっこで遊びがクラス内で盛り上がったことから、保育者はキャビンアテンダン

トをしている卒園児の保護者に、仕事内容を子どもたちに伝えてほしいと依頼した。引き受けてくれた保護者は休暇の日に来園し、上空ではお客様の安全を守っていることなどを子どもたちにお話してくれた。また、多くの子どもが飛行機の整備に興味をもっていたので、保育者が航空会社に資料を頂けないかと問い合わせると、航空会社からコックピットの絵葉書と貨物運搬車両のポスターを郵送してもらえた。クラスの子の何人かは保護者と交渉し、休日に空港まで遊びに（リサーチに）出掛けたという。

クラスの大勢が関わったこの遊びの経験を基にして、地域のお祭りで園を開放した際に、年長組は飛行機ごっこのブースを作り、クラスの子どもたちが交替で保護者や地域の親子、お年寄りなど多くの人々をもてなした。参加者はその本物らしさや効果音、窓の絵を差し替えて景色が変わるなどの工夫のおもしろさを感じて、園での遊びについて理解を示しつつ園児に声をかけてもらえた。

年長組の子どもたちは飛行機ごっこを通して、どのような人々と関わりをもったか挙げてみましょう。

事例④を読み解く　いろいろな人が関わる環境の大切さ

２人で始まった飛行機ごっこは、保育者の関わりから子どもたちの興味・関心を引き、クラス全体に広がった。加えて資料をそろえるなどの援助をすることで、子どもたちは自ら見学に行くなど遊びは大きく展開し、お祭りで自分たちの工夫によってもてなすなど多くの人が楽しむ魅力的な活動に発展していった。

年長児の遊びは、“飛行機ごっこ”でも見られたように、それぞれの興味・関心によって役割を分担し、組織化されて遊びが構成されていくようになる。このような遊びでは、協働によって年長児同士のやりとりが多様に生まれるだけでなく、年齢の違うクラスの子どもとの関わりも自然と生まれてくることが多い。

大人との関わりにおいても、キャビンアテンダントなどの当事者に実際に話を伺うことにより、子どもたちは社会でも重要な役割を果たしている“飛行機に関わる仕事”についてより深く、そして身近に理解するようになる。そして、“飛行機の遊び”を本物らしくするように、子ども同士で考えて遊びが展開していくのである。

お祭りの行事を通して、子どもたちは遊びを園外の人と共有したり保護者に遊びの姿を実際に伝えたりすることによっていろいろな人と関わりをもつことができ、それらの人々は子どもたちに多くの賞賛と賛美を与えてくれる。このようなお祭りなどの行事は、園に関わる保護者や地域の方など多くの人々に対し、園が大切にしている“遊びを通して育つ経験”や“子どもを中心に展開していく保育”の考え方を伝える良い機会となっているのである。

3節のまとめ

（1）自然と関わる環境づくり

現代の子どもたちの生活は、自然との関わりが極端に少なくなっていることが指摘されている。都市化の進行や拡大により空き地や野山などの自然は減少し、都市部において戸外の遊び場といえば公園しかなくなってきているのが現状である。公園であっても、近年は安全性の理由や財政的に維持が難しいためという理由で遊具を撤去したり、不審者や衛生面を気にして保護者がなかなか遊びに行かせられなかったりするということが起きている。加えて、猛暑や豪雨などの気象条件の変化も相まって、子育てをしている保護者も子どもを戸外で遊ばせたくてもなかなか遊ばせられないという状況がある。

最近では、大型スーパーや複合商業施設内において子どもの遊び場としてアスレチックや大型遊具、砂場などを設備として整えている店舗が増えてきている。保護者には費用がかかるものの、家庭内ではできないダイナミックな活動が、安全・安心であり、かつ衛生的であるとして人気がある。しかし、動植物などの自然と関わることを抜きにして育っていくことが、はたして幼児期にとって健全な育ちなのであろうか。

私たちの生活は自然の影響を大きく受けており、生活していくことすべては自然と密接に関わっている。にもかかわらず、現代の生活環境では自然との関わりを感じないままに生活を送ることがある。冷暖房の整った空間、車での送迎、室内での生活、外食やスーパーマーケットの惣菜など加工済み食品での食事などばかりで、自然と共生しているという感覚で生活を営んでいない子どもの存在が危ぶまれている。

乳幼児期の子どもにとって自然の意味は大きく、その偉大さや美しさ、不思議さなどに直接関わる経験を通して、子どもの心が安らぎ、感性が育まれる。それだけでなく、自然との関わりによって豊かな感情がわき、好奇心、探究心、思考力、表現力が培われていくのである。なぜなら、自然現象や自然物は、日々変化に富んでいて、四季を巡り一年経つとまた変わらない姿を見せる安心感や、動じない雄大さや繊細さもあり、人に感動や驚きを与える存在であるからである。子どもたちはこのように偉大な自然環境を享受することにより、心揺さぶられる多様な体験をし、幼児期に培われることが大切な心情・意欲・態度が育まれていくのである。

（2）いろいろな人と出会う環境づくり

近年、少子化や核家族化、都市化などの影響により、子育ての孤立化が問題となっている。少子化による子育て家庭の減少、３世代の同居家庭の減少、地域社会のつながりの希薄化などにより、子どもを抱えた保護者がほかの人々と交わることなく子育てに四苦八苦していくという現代的な問題がある。

子どもの側から見ても、愛着関係をもつ保護者との親密な関係は欠かせないものである一方で、保護者との関わりしかない人間関係は子どもの育ちにとって経験豊かだとは言い難い。園においても子どもがいろいろな他者と関わりをもつことができる環境を用意することが求

められている。また乳幼児期だけでなく世代を超えた課題として、人と上手くコミュニケーションが取れないことや他者性が欠如していることがある。このような点からも、多くの仲間と協働することや、様々な人々と関わり合う場が必要であり、保育場面においてもそのような環境を子どもに用意することが重要である。

(3) 子どもたちに経験させたい保育内容を実現するための環境づくり

情報化社会の現代において、私たちは「間接体験」や「疑似体験」から知識や経験を得る機会が圧倒的に多くなってきている。このことにより、子どもたちの「直接体験」の減少が問題となっている。たとえば、モルモットを抱いた子どもが「スイッチはどこ」とたずねたといった類の事例は近年では珍しいことではない。このような環境の中で育つ子どもたちにとって、事例②のようにウサギの赤ちゃんを抱いて「あったかい」と直接感じることが大切な経験であることがわかる。このように乳幼児期には、触る、嗅ぐ、味わう、見る、聞くといった五感でものごとを知覚することが重要であり、園で保育内容を考えるにあたっては、どのような「直接体験」ができる環境を創るのかという視点が欠かせないのである。

園により子どもに経験させたい内容は変わってくる。これは園の立地環境や地域との関係などによって子どもの経験が異なってくるからであるが、保育者は地域の環境や子どもの実態から、子どもに経験させたい内容を考えて保育を計画し創造していくことが求められるのである。また、近年では幼稚園、保育園問わず、長い時間園内で過ごす子どもが増えてきている。保育者には常に子どもの生活する園環境が子どもの側から見て過ごしやすく魅力的な場所となっているのかという問い直しが求められる。

(4) 保護者や地域と共に子どもの世界を味わう環境づくり

保育者は保護者に対して、日々園での子どもの様子や育ちを伝えることなどを通して、園と家庭との連携を図っているが、近年では加えて園行事やボランティアなど様々な形で、保護者が保育に関わる機会を用意することも求められている。このことが重視される理由は、地域社会において多様な体験をすることが難しい状況にある親子に対して、保育者が保護者に対し直接わが子や他児と関わる環境を用意することにより、保護者が遊びを通して子どもが育つことを理解したり、子どもの目線からものごとをみるということを経験したりすることにつながるからである。園で子どもが育つということに保護者が関わることにより、保護者と保育者とが共に子どものおもしろさに触れて、子どもの世界を味わい、子ども観や保育観を共有するのである。

また、子どもを取り巻く環境は地域社会と通じており、園での生活と園の外の実社会はつながっている。子どもの遊びは実社会の営みと密接な関係があり、保育者は、園で行われている子どもの遊びの内容と、商店や美術館訪問などのような園外の文化的な実践とを結びつけたり、関係を感じたりしつつ、子どもが本物に触れていく体験を創っていく必要がある。保育者は地域の自然、人材、行事、公共施設などとのつながりをもち、価値あるものとして人々が大切にしている地域の実践を保育に活かしていくことにより、子どもの豊かな体験を保障していくのである。

現代において子どもの育ちを充実したものにするために、園は地域社会で育っていく子どもを支えていく拠点となり、保護者や地域と共に子どもの世界を味わう関係づくりをすることが重要である。そこから子どもが育つことや子どもを育てていくことの原点となる“子どもを中心に据えた考え方”を発信し、地域社会に浸透させていくことが求められるのである。

4 子どもと遊び

保育において、子どもたちにとっての遊びは、最も重要なものと考えられている。幼稚園教育要領や保育所保育指針等においても、子どもの自発的な活動としての遊びを通して総合的な指導・保育を行っていくことの重要性が明記されている。

子どもの遊びを見ていると同じ遊びを繰り返ししている子どもがいる。大人からすると「よく同じことを飽きもしないで…」と思いがちだが、実はここに遊びに対する大人と子どもの捉え方の違いがある。子どもの遊びを丁寧に観察してみると、同じ遊びであっても時間の経過とともに内容が変化していることに気がつく。この変化に気がつけるかどうかで、子どもの世界を適切に読み取れるかどうかが決まってくる。

保育者は、その遊びがどのように変化し、どこに学びの方向性が向かっているかを、子どもの姿から読み取っていかなくてはならない。言い換えるならば、保育者が子どもの遊びの変化に対応していくことで、結果として子どもの心身の成長・発達を促していくことにつながるのである。そして遊びを通して垣間見る子どもの本質を手がかりに、保育内容を考えたり、関わりを整理したりするのである。

では、子どもは遊びの中でどのような経験をしているのか、また保育者はどのように関わっていけばよいのかを事例から探っていきたい。

事例① 「じっくりと遊びに向かう」 3歳

マユちゃんは、比較的おとなしく、自分からやりたい遊びが見つけられないで保育室をうろうろとしていることが多い子どもであった。ある日、年長児が泥団子に白砂をかけながら腕のつるつるした部分を使って磨いている姿に興味を示し、自分も泥団子作りを始めた。年長児の真似をして砂場用のバケツをもって白砂のある場所に出かけ、じっくりと団子作りに取り組んでいた。マユちゃんが泥団子作りを始めて一週間後、関わりがなかったユウちゃんがマユちゃんの隣にしゃがみ込み泥団子を作り出した。２人の間には特に会話はなく、互いに黙々と手を動かし団子に向き合って磨いていた。

ある日、マユちゃんは大きくてピカピカした泥団子を満足そうに自分の靴箱にしまいながら、ユウちゃんに「こんなに大きな団子にしちゃった」と話した。ユウちゃんは、「ねっ」と笑顔でこたえた。

互いに接点がなかったマユとユウ。しかし、泥団子作りを通して２人は仲を深めていきました。あなたは、保育者が間に入ることなく、関係を築いていった２人から何を学びますか？

事例①を読み解く　共に過ごすことは、関係を深めるはじめの一歩

３歳児後半になると、自分の気持ちや考えを相手に出して遊べるようになる。また、仲の良い特定の友達と遊んだり、それまでに見られなかった大きな集団で遊んだりすることができるようになる。ここでポイントになるのは、大人数で遊ぶことを「人間関係の発達」と捉えないことである。どうしても保育者は、「たくさんの友達と遊べることが良いこと」と考えがちだが、はたしてそう単純であろうか。もしかしたら、大人数で遊んでいる子どもの中に自分の意見を言えず、友達の意見にただ流されているだけの子どもがいるかもしれない。もしかしたら、その子どもの集団が固定的な関係になっていて、特定の子どもの意見しか通らない閉鎖性がある集団かもしれない。この場合では、保育本来の目的である“主体性を大切にすること”とは、ほど遠くなってしまうのではないだろうか。

子どもは、大人が入れない２人だけの濃密な時間を体験したり、一緒に場を共有しながら黙々とそれぞれの作業に向かう時間を体験したりすることも必要なのである。大きな集団をめざしていくことに終始せず、マユとユウのように、他者と生活を共にして、「人との関わりは様々な方法があること」を体感していくことも必要なのである。保育者は、人との関係が広がる方向とともに人との関係が深まるように、環境を整えていくことが求められる。

事例②　「息を合わせて、“オオカミさん…きゃー！”」　3歳

たんぽぽ組（３歳児）はティーム保育で２人の保育者が担当している。たんぽぽ組では、「オオカミさん、いま何時？」が流行っていた。１人の保育者がオオカミになり、もう１人の保育者が子どもたちを先導していく形で遊びが進む。１人の保育者が「じゃあ、みんな言うよ！」という声ではじまり、子どもたちの「オオカミさん、オオカミさんいま何時？」の大きな声が園庭に響く。オオカミ役の保育者の「いま○○時」のところでは、オオカミの合図を期待する緊張感が漂う。何回か繰り返したあと、一瞬の緊張の間を置き、保育者が「いま、夜中の12時！」と叫んだ。「キャー」と一斉に逃げる子どもたち。本気で怖がって保育者の手を握りしめる子どもや、オオカミ役の保育者にわざと捕まえて欲しくてニコニコして近寄っていく子どももいる。

保育者も仲間に入り、声のリズムを重ねながらダイナミックに遊んでいるたんぽぽ組の子どもたち。あなたは、子どもの心の内に“みんなで遊ぶと楽しい”を芽生えさせるためにどう関わっていきますか？

事例②を読み解く　遊びが育む一体感

集団の中でそれぞれが安定し、自分なりの動きが出せるようになってくると、遊びの中で友達との多様な関わりが生じてくる。友達と同じ場で一人ひとりが自分のしたいことをして遊ぶ関係から、ものや場所を同じくして友達とのつながりを感じて遊ぶという関係に変化していく。つまり、子ども自身で集団を形成していくのである。

この事例では、保育者が主になって遊びを引っ張っている。しかし、子どもたちも一緒に動きながら、楽しい雰囲気を生み出し、遊びのルールが浸透している。この遊びのように伝承遊びには、一体感を生む要素が含まれていることが多い。「声のリズムを合わせる」「次の合図を期待して一瞬の緊張を共有する」といった要素が子どもたちをつなげ、遊び集団が育まれていくのである。

３歳児には、「みんなで息を合わせる」といった「みんなで一緒」に遊ぶことが心地良いという身体的体験が極めて大切である。この「みんなで一緒」が人間関係を広げていく要素にもなる。したがって３歳児の保育者は、シンプルでかつ一体感を生む遊びを保育に積極的に導入していくとよいだろう。そしてこのような遊びが基盤となって、４、５歳児におけるグループやクラスでの協同の活動へとつながっていくのである。

事例③　「まだちょっぴりしか遊んでいない」　4歳

園庭にあるオシロイバナの葉をミニすり鉢ですり潰し、搾り汁をペットボトルに入れ〈おくすり〉を作っていたレイナちゃん、リクくん。そこへ、ミカちゃんが後からやってきて仲間に入った。

レイナちゃんに葉っぱのある場所やすり鉢を教えてもらい、嬉しそうに薬づくりを始めたミカちゃんである。しかし、遊び始めてすぐに片づけの時間になってしまった。レイナちゃんとリクくんは長い時間取り組んでいたため、できた薬も小さいペットボトルに半分以上入っている。レイナちゃんとリクくんは片づけの合図で「また明日も続きしよう」と言い、すぐに片づけ始め、できた薬を保管場所に持っていった。しかし、ミカちゃんは「まだちょっぴりしか遊んでいない…」としょんぼりした顔でつぶやき、なかなか片づけようとしなかった。

ミカは遊び始めた途端「片づけ」の時間になってしまった。保育者は、ミカのように遊び始めたばかりで満足感を味わえないと感じる子どもにも「片づけ」を促す必要があります。あなたは、ミカにどのように声をかけますか？

事例③を読み解く　片づけを促すタイミングの難しさ

多くの子どもは、園生活に慣れていくと、「今日はあの遊びをしよう」と期待をもって登園してくるようになる。しかし、考えていた遊びに十分な時間がとれるとは限らない。実際、レイナとリクは昨日から継続して取り組んでいた活動で、十分に時間があり、遊びこんだあとで片づけを促されたというタイミングのため、すぐに応じることができた。遊びに満足した子どもは、保育者の「片づけ」をスムーズに受け入れ、気持ちを切り替えることができる。

保育者は、子ども一人ひとりの遊びについて観察しながら、それぞれが満足感を抱いているかを見極めていくことが大切である。ミカは後から参加したため、遊びに満足がいくまでには至らないまま片づけになった。

遊びの満足感のピークは、活動の流れによっても違ってくる。たとえると浜辺の波が打ち寄せてくるタイミングが少しずつずれてくるように、集団の構成員や遊びの内容によっても変わってくる。また、保育者が関わった場合は、保育者がどのようにその遊びに関わったかによっても違ってくる。

では、ミカの満足感を得られなかった遊びは、はたして「薬づくり」だけなのだろうか。この場合、「薬づくり」以外にも目を向ける必要があるだろう。具体的にはミカが薬づくりをする前の遊びは何だったのか、さらに“何を体験していたのか”ということにも着目する必要がある。“別の場所で別の遊び”に満足して次の活動を探している時に「薬づくり」に気づいたのであれば、満足感がある状態で薬づくりに取り組んだことになる。しかし、魅力的な遊びを探してやっと参加したのであれば「“今日はまだ”遊んでいない」と感じていることになる。ミカの遊びの流れをつかんでから、片づけの言葉をかけたらミカの反応も違っていたのかもしれない。

保育者は、片づけのタイミングを「時間だから」と一方的に区切るのではなく、子どもが主体的に遊んでいる姿を読み取り、遊びの中で体験していることに共感しながら片づけを伝えるとよい。そして、子ども自らが遊びの終止符を打ち、気持ちの切り替えができるよう関わっていくことが大切となる。

事例④　「みんなでクレープ屋さんするって言ったのに」　4歳

トモコちゃんとユミちゃんとマキコちゃんの3人は、マキコちゃんの提案でクレープ屋さんを始めた。茶色の円形の半分の紙を見つけたことがきっかけとなった。半円形の紙を円錐状にたたんだ後に内側に様々な色の毛糸を詰めている。

ところがトモコちゃんが「私はのり巻きにする」と言い出した。ユミちゃんとマキコちゃんは「えっ、一緒にクレープ屋をするって言ったじゃん！」と強い口調で怒った。2人の思いもよらない剣幕にトモコちゃんは驚き、「だって…」と泣き出してしまった。

保育者が仲立ちとなり、3人で話を聞くがなかなかトモコちゃんは答えられない。保育者はもしかしてと考え、「トモコちゃん、クレープ食べたことあるかな？」とたずねた。トモコちゃんは「食べたことがない」と話した。

みんなが同じイメージで遊んでいるとは限らない。ごっこ遊びは特に表面だけでは楽しんでいるかどうかを捉えにくい。困惑しながらも参加していたトモコの気持ちについて考えてみましょう。

事例④を読み解く　体験が生み出す遊びのイメージ

子どもたちのごっこ遊びの出発点は、自分が見たり、聞いたり、体験したりしたことをベースとしている。たとえば保育中、前日に回転ずしを食べに行った子どもが「昨日食べたおすしを作って、まわるようにしたい」と保育者に訴えたり、母親そっくりの口調で「今日の夕飯は、カレーよ」と友達に伝えたりするなどの姿は、よく見られる。子どもの遊びの特徴の一つは、友達同士で「共通の目的・イメージ」をつくっていくプロセスにある。しかし、トモコはもともとクレープ屋さんに関する「共通の目的・イメージ」をまったくもてなかった。そのため、「折り合いをつける」「我慢する」「確認し合う」といった行為を通してクレープ屋さんごっこを展開していくことができなかった。そもそもクレープを食べたことがないトモコにとって、クレープの形や店員の動きなど、イメージすらわかなかった。保育者は、ごっこ遊びをしていると一つの「ごっこ遊び」としてまとめがちで、“ごっこ遊びをしている＝主体的に遊んでいる”と一方的に考え、安心感を抱きがちである。しかし保育者は、一人ひとりの経験やイメージを共有していく際に必要な言葉の有無などを捉えながら、ごっこ遊びを読み取っていかなければならない。

遊びとは、“自分の意見を出すこと”と“友達の意見を取り入れていくこと”の両方の側面を統合していく営みである。実際の遊ぶ場面では、いざこざもある。たとえば、「お姉さんをやりたい」と主張したのに、仲間に受け入れてもらえないこともある。その対立に折り合いをつけて解決していこうとする姿勢に向かわせるのが、〈楽しく遊んだ〉という経験である。解決方法は、保育者に見守られながら具体的・直接的な経験を重ね、身につけていくのである。

最後に子どもの特徴として、友達のまねをしたり、一緒に何かを作ったりしながらイメージを広げていく力がある。子どもがイメージすることを保育者が予測し、理解していくことも、保育者にとって遊びを理解する大切な側面となる。

事例⑤　「砂場でつながっていく」　4歳

ハルムくんとイブくんは、一緒に砂場で遊ぶ日が続いた。団子を作ったり、鍋に砂と水を入れてかき混ぜてみたり、互いに料理を作って楽しんでいた。保育者は、２人の近くでタツヤくんとプリンカップを使ってプリンを作り始めた。保育者がタツヤくんに作って見せるとタツヤくんも真似をしてカップで型を取り始めた。それを見ていたハルムくんとイブくんは、真似を始めた。４人は、それぞれできたプリンをアピールし合い、顔を見合わせてみては笑い合っていた。

次の日砂場では、互いに誘い合って遊ぶ３人の姿があった。それに気づいた保育者は器を用意したところ、３人は料理を作り始めた。保育者は、３人の料理を時々“いただきながら”、互いを意識できるような言葉かけをした。

ハルムとイブの関係にタツヤが加わり、砂場遊びに広がりが出ました。保育者が子どもの遊びに入る意味は深い。あなたは、媒介として機能した保育者の動きをどう感じましたか？

事例⑤を読み解く　保育者がつなげる環境（ひと・もの・こと）

子ども一人ひとりが主体的に意欲をもって遊びを充実させていくということはどういうことであろうか。まずは、子どもが興味・関心を抱いた遊びがあり、「こうしたい！」という気持ちを具現化できるように保育者が援助していくことである。具体的には、遊びの実態に即した保育者による環境づくりが求められる。

保育者が環境を工夫することで、保育者や友達と一緒に遊ぶことの楽しさを味わい、また遊びの中で友達との接点が生まれ、遊びが深まっていく。この事例では、保育者が間に入り媒介するという人的環境を作り出したことで、ハルムとイブとタツヤとの接点が生まれた。さらに保育者は、一緒に遊びを楽しむ中でもっと遊びを楽しめるように配慮し、３人が結びつくように声をかけるなど仲立ちをした。

このように、保育者には、一緒に遊ぶことで子どもたちの関わりを広げ、深めていくような援助が求められる。また、保育者は、子どもたちが互いに仲間として意識できるように落ち着いた環境を整えていくことも求められるのである。

事例⑥　「作戦を考える」　5歳

クラスで宝鬼をすることになった。宝鬼は、園庭の真ん中の線を一本挟み、自分の陣地と相手の陣地に分かれ、自分の陣地にある宝も守りながら相手の陣地にある宝を取ったら勝ちというゲームである。そして相手の陣地で捕まえられると牢屋に入れられてしまう。反対に自分の陣地では、相手を捕まえることができる。牢屋に入れられた仲間は、味方がタッチをすれば再び逃げ出せる。宝鬼は、宝を狙いに攻めつつも守らなければならないところにおもしろさがある。

あか組とあお組のクラス対抗で宝鬼を行うと、いつもあお組が負けてしまう。保育者から見ていると、みんなが宝を取りに行こうと相手の陣地の方ばかりを見ていて、相手の〈侵入者〉に気づかないため、あっさり宝を取られてしまう。

保育者は、いつも負けるあお組の子どもたちが自分たちで考えられるように、クラスの作戦タイムを設けた。

A子：「攻めてばっかりいないで守ってよ」
B男：「だって宝取らないと勝てないんだよ」
A子：「宝を取る前に取られちゃったらおしまいなんだよ」
C子：「いっつも○○君に取られちゃうんだよ」
A子：「だから、宝も守らないと負けちゃうんだよ」

その場ではA子を中心として様々な意見が出される。保育者はA子の思いを取り上げて、みんなで考えてもらいたいと思い、帰りのつどいで話題にした。最初に保育者がホワイトボードを使いながらルールを改めて説明をした。みんながもう一度納得したところで、A子に“守ることも大切”という説明をしてもらった。保育者は、A子の説明をサポートしながら見守ることにした。他児は、A子の説明を真剣な表情で聞き入っていた。翌日、またしてもあお組は負けてしまった。しかし、誰の目にも明らかなほど接戦であった。

集団でのルールがある遊びでは、ルール理解をはじめ、それぞれの〈動き〉も勝敗を分ける重要な鍵となります。あなたは、話し合いによって少しずつ集団遊びが深まっていったあお組の姿から何を学びますか？

事例⑥を読み解く　話し合いを通して学び、遊びが深まっていく

なかなか勝てないあお組の〈敗因〉に気づいたA子。しかし当初、他児はこの敗因に気がついておらず、A子の“宝を守りながら攻めていく必要性”がスムーズに伝わっていかなかった。そこで保育者は、クラスによる話し合いが必要と考え、クラス全体に話題を投げかけ、話し合いを設けた。この事例のポイントは話し合いを設けたタイミングにある。

保育者は、A子の気づきを手がかりに「話し合い」を設けるタイミングと捉えた。5歳児の担任保育者にとって話し合いをする機会を投げかけるタイミングは、重要となる。

3、4歳児は、ルールが共有されていなくても遊びを続けてしまい自然と遊びが消滅してしまう。一方5歳児は、楽しくみんなで遊ぶためには遊びを中断してまでも話し合ってルールの共有を図ることが不可欠であることをこれまでの体験から学んでいる。このような5歳児の発達特性を踏まえた保育が求められるが、実は“話し合いを投げかけるタイミングを見定める”ことは、とても難しい。基本的にはケースバイケースと言えるが、遊びを続けていく上で子どもたちの共通認識が不可欠な状況になり、また子どもから的確な意見が聞こえ始めた時が、話し合いを設ける一つの目安となるだろう。実際には、5歳児といっても友達の様々な考えを同時に理解し、課題を解決することは難しい。そこで保育者は、子どもの発達

の特性をつかんで話し合いのポイントを絞っていき、考える内容を明確にしていくとよいだろう。

また５歳児の特性として、互いに関わりを深め、一緒に様々な活動をしていく経験を積み重ねていくことを通して、「やってみよう」という目的が生まれ、工夫したり、協力したりするようになっていく。この過程で、互いに自分の考えや思いを伝え合い、時にはぶつかり合いながら取り組んでいく。この事例のようにクラスで話し合ってみることでルールを再確認したり、新たな発想が生み出されたりする。もしかしたら、あお組の中で、“宝を守る”“捕まった友達を助ける”といった〈集団の中での自分の役割〉を考え、最後までやり遂げようとする子どもがいたかもしれない。

保育者は、集団の中でも、子ども一人ひとりの良さが発揮され、互いに影響し合いながら、決して１人ではできない困難なことも力を合わせれば可能になるという経験や、〈自分はクラスの一員〉と感じつつ、友達への信頼感を深められるような関わりをめざしたい。

５歳児後半になると、集団で長い時間や期間をかけて取り組む遊びも必要になる。時間がかかる遊びは、次々に課題が出てくるものである。それをみんなで乗り越え、目的を実現しようとすることによって学びや遊びが深まっていくのである。

事例⑦　「あやとりショー」　５歳

あやとりに夢中な子どもたち。そんな姿を何か豊かな経験につなげたいと考えた保育者が子どもたちに相談すると、シオンちゃんが「あやとりショーしたい！」と言う。「あやとりショー？どんな風にするんだろう？」と半信半疑の保育者。そんな心配をよそに、シオンちゃんが中心となり、子どもたちで見せる技を決めて、順番を決めて、音楽を決めて、マイクを差し出して技の紹介をする係を決めて…、と意外と形になっていった。誕生会のお祝いでみんなに見せて、やりきった満足感を見せる子どもたち。何でも自由自在に遊びにしてしまう、子どもってすごい！

シオンの思わぬ提案から“あやとりショー”まで発展していったあやとり遊び。あなたは、仲間で支え合いながら次々とアイデアを出していく子どもたちをどのように見守りますか？

事例⑦を読み解く　アイデアを出し合いながら展開していくために

集団で遊んでいると、仲間がいることで１人では出てこないような様々なアイデアがわき出てくることがある。仲間の存在は、遊びの展開に思わぬ化学反応を及ぼすのである。あなたはこの事例を通して、仲間のいろいろなアイデアが遊びの中で出てくることで、遊びが生き生きと躍動していく様子を垣間見たのではないだろうか。

この事例でも、シオンの突然の「あやとりショーしたい！」という発言が発端となり、友達を巻き込んで、技や順番をみんなで決めはじめ、現実味を帯びていった。目の前で形になっていく様子を見ていくシオンは、さぞかし嬉しかったに違いない。

仲間と遊ぶことは、仲間の出すアイデアによって、思いもよらない展開があり、そこに自分のアイデアも加えていくところにおもしろさがあるのかもしれない。保育者は、次々に出てくるアイデアが、場合によっては遊びが拡散して収拾がつかなくなることも理解しておきたい。そのような時は、再度他児に意見を求め、新たな展開の中で遊びが維持できるようなイメージを引き出していくとよいだろう。仲間との遊びは、遊びが拡散していく中で「この遊びを維持していくためには？」を考えたり工夫したりするよい機会を提供してくれる。

事例⑧　「ヘビに興味が向いてしまった」　5歳

保育者は、来月の秋の全園児遠足で動物園に行くことから、保育のテーマを動物園にしようと指導計画を立てた。「動物に関する絵本を読む」「動物の歌を歌う」といった子どもの関心が動物に向く要素を積極的に取り入れていった。さらに遠足後には壁面装飾として動物園を子どもたちと作ろうと考えていた。

遠足当日、子どもたちの関心先は、保育者が予想していた象やキリンといった動物ではなく、ヘビであった。遠足の翌日には、「アオダイショウの真似」といってクネクネと床を這うなどごっこ遊びに発展している子どももいる。壁面には、象やキリンなどを想像していた保育者は、ヘビに関連する装飾は全く準備していなかった。保育者は、自分の思いを一方的に子どもに押しつけていたことに気づき、反省をした。

時として子どもは、こちらが思っていることと違うことに興味を示すことがある。あなたは、子どもの遊びが指導計画に反して、予想しなかった方向に展開した時、どちらを優先させますか？

事例⑧を読み解く　子どもの実態を捉えた関わり

行事を保育に取り込み、指導計画を組み立てていくことはよくあることである。この事例のように、普段、園生活では体験できない行事を遊びに展開していく姿勢は大切である。

しかし、この事例の保育者のように、自分の願いや思い込みをそのまま指導計画に反映しようとすると実際の保育に生かされないままになってしまいかねない。この保育者のように、動物園での子どもの興味・関心を受け止めず、指導計画の下で子どもを動かそうとしたのでは子どもの自発的・主体的な遊びや活動は生まれてこない。さらにせっかくの特別な体験も連続性がもてず、その場限りの体験として子どもたちは受け止めてしまう。

もし、動物園で興味をもった対象をすぐに保育に取り入れていたら、子どもたちからこちらが想像もしなかった遊びや表現が生まれ、多様な方向に展開していったかもしれない。
このように保育者には、綿密な計画性とともに子どもの興味を的確に捉えて取り入れていく柔軟性も求められるのである。

4節のまとめ

(1) イメージを形にするために

子どもの遊びとは、自分が体験したイメージ（思い）を自分のまわりにあるものや人などを使って具体的な形で表現することである。保育者は、子どもが何を表現したいと思っているのかを把握し、それを形にできるような物を準備したり、作り方を示したり、時には作って与えたりする。また、一緒に動いて言葉で表現したり、表現したものを展示できるようにしたりして遊びの実現を援助していく。
あわせて、発達段階に沿った援助も必要となる。３歳児では、イメージしたものが短時間で移り変わりやすく、また保育者や友達に伝える表現スキルも未熟であるため「こんな感じ」がわかりやすく提示されていないと興味・関心が離れてしまう。しかし年齢が上がるに連れ、次第に本物志向の傾向が出てくるようになるため、保育者の援助は子どものイメージや欲求に合うように、また、見栄えが良くなるように工夫することが必要となっていく。保育者には、事例②や④のように子どもの発達段階やそれぞれの実態を踏まえた上で、イメージを確認しながら関わっていくことが求められる。そして、子ども自身が作ったものややりたいと思ったことに満足できずに、結局遊びへの意欲を失ってしまうことがないよう心がけたいものである。

(2) それぞれの楽しいを大切に

集団での遊びの要素として「この遊びのここが楽しい！」と子どもが感じるポイントはそれぞれ異なる。たとえばドッジボールの場合は、「投げて当てるのが楽しい」「ボールを取るのが楽しい」「逃げるのが楽しい」など実に様々な〈楽しい〉がある。この事例⑥では、「勝つことが楽しい」だけでなく「友達と一緒に走ることだけが楽しい」「勝ち負けよりも、宝を守ることが楽しい」など様々な〈楽しい〉があると考えられる。保育者は、それぞれの〈楽しい〉を把握しつつ、見守ることでそれぞれの〈楽しい〉を保障する姿勢を大切にしたい。

(3) 保育者との信頼関係を主軸として

子どもは、充実した遊びを通して人間関係を育んでいく。しかし子ども一人ひとりが、充実した遊びを見つけていくことは簡単ではない。保育者は、子どもが充実した遊びを見つけていく過程を押さえておかなければならない。
まずは、一人ひとりの子どもと保育者との信頼関係が主軸となる。子どもは、保育者に見守られているという安心感がある信頼関係のもとで、落ち着いて遊び始めることを理解したい。事例⑤の保育者は、まずはタツヤと遊んでいる。これが「ほら、ハルムくんとイブくんが遊んでいるよ。タツヤくんも混ざっておいで」と表面のみの“一緒”を促していたらどうだったであろうか。タツヤは2人との接点を見いだせずに遊びが終わっていたかもしれない。しかしこの事例の保育者は、自分がタツヤとハルムやイブの媒介となって楽しみを共有していった。この遊びがタツヤたちにとって楽しかったことは、次の日の彼らの姿が証明している。

保育者から肯定的に受け入れられている安心感を糧に子どもは自ら取り組む。安定した情緒のもとで好きな遊びを楽しみ、周囲に関心が向き、少しずつ行動範囲が広がっていく。そして、遊びを楽しんでいく中で友達の存在を意識し、友達と場を共有していくのである。そして真似をしたり、真似をされたりしながら関係を広げていく。保育者には、まずはその子どもが十分に遊びを堪能し、充実しているかどうかを読み取っていくことが求められる。

(4) 遊びを捉えていくということ

事例⑧では、保育者が予想していた動物園の興味の対象と実際の子どもたちの対象とでは、ズレが生じていた。子どもの興味・関心を理解しないと援助の方向性が見えてこないことはこれまで述べてきた。みなさんは、目の前の子どもの実態を押さえた上で、指導計画を考える必要があることをこの事例から学んでくれたことと思う。

では、子どもの主体的な遊びの中で適切な援助をしていくことは簡単なことなのだろうか。実際の保育では、「この遊びにはこの援助の仕方」という決まった方法はない。したがって、現実的にはとても難しい。まずは、子どもの姿を適切に理解し、どう関わっていけばよいのか、どのような援助ができるのか、とポイントを絞って考えていくとよい。次頁の図1は、遊びの展開のプロセスである。このプロセスを理解した上で、援助の方法を模索してもらいたい。

① 子どもたちは遊びの何（人・モノ・その他）におもしろさを感じているのか、内的動機を読み取る。
② そこでモノや他者とどのような関係を結んでいるのかを理解し、子どもが抱えている課題を見いだす。
③ 課題を乗り越えるのに必要な経験は何かを、長期的展望の中で導き出す。
④ ③に基づき、具体的な援助としての環境を構成する。
⑤ ①～④を常に実践の中で省察し、実践に戻していく。

（河邉貴子『遊びを中心とした保育』萌文書林、2005、p21より引用）

【図１】遊びの展開のプロセス

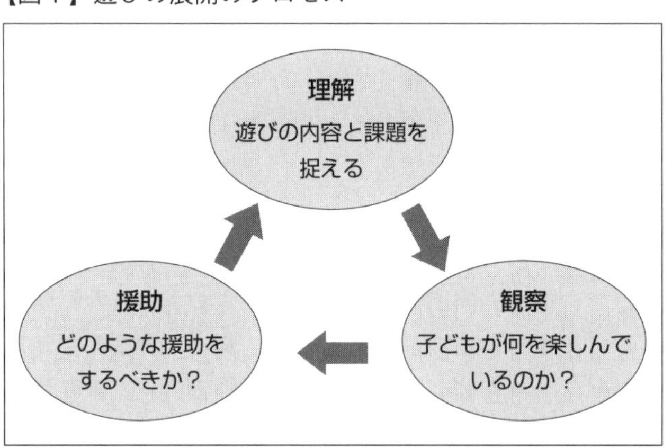

重要なことは、子どもの遊びに対する姿を適切に読み取ることである。事例⑧において、保育者は一方的な枠組み（動物園＝象・キリン）に子どもを当てはめた（象・キリンなどの製作）結果、子どもの遊び（ヘビごっこ）を読み取れなかった。したがって遊びへの援助を見失う形となった。自発的な遊びを充実させ保障してあげたいと願うならば、“ヘビに関心がある”という実態を把握した上で、子どもへの関わり方や環境構成を考えていくことが重要である。

第4章

領域と保育内容

子どもは、園生活を通して５領域に示されているねらいや内容をバランスよく身につけていくことが望まれる。しかし、５領域は保育内容として欠かせないものであるが、保育者が保育を構想する際には、５領域以外の理解も求められる。保育というと「砂遊び」「製作活動」「当番活動」などをイメージするかもしれないが、“(子どもの）いざこざの仲裁に入る・食事の援助をする”など、多様な関わり方が保育に含まれる。

すなわち、子どもの実態に応じて保育を組み立てていくことは、領域のねらいや内容を理解することから、環境を通して行う保育の考え方や子ども理解を根底とした保育展開についての理解まで必要となる。

この章では、領域という視点から子どもを捉えていくとともに、保育を展開するにあたって理解が求められる各領域の基本的事項について、事例を通して解説していく。

1 「健康」と保育内容

保育において健康とは、単に病気ではなく元気であるという意味だけではなく、自然や社会の中で安定した情緒で生活を送ることや、心身ともに調和のとれた状態で環境や人に関わりをもつことができることを意味している。近年、子どもを取り巻く環境の変化によって生活習慣が乱れ、子どもの健康が危ぶまれている。そのため保育園や幼稚園においても、心と体を育て、子ども自身が健康で安全な生活をつくり出すという観点からの保育計画が必要となっている。この節では、領域「健康」の視点から具体的な事例を考えることによって、乳幼児期の子どもにふさわしい保育内容について探っていく。

事例① 「おかあさんがいいー！」　3歳

入園当初、ユリコちゃんは、母親の上着の裾をギュッと握り、「おかあさんも一緒がいい」と言って涙目になっていた。母親と一緒に遊び、水槽の金魚に餌をあげているうちに、徐々に緊張が解け表情がやわらかくなった。母親はユリコちゃんが握っていた母親の上着の裾を放した時に、保育者に目配せをして素早く園を出て行った。ユリコちゃんは母親がいなくなったことに気づくと「おかあさんがいいー」と泣き叫んだ。保育者はユリコちゃんを抱えて園庭を歩いたり、ダンゴムシを探したりしながら、ユリコちゃんの悲しさを受け止めつつ一緒に過ごした。次第にユリコちゃんは泣き叫ぶのではなく保育者に抱かれながら周囲の様子に目を向けるようになった。そして腕の力が抜けて、保育者に身体を預けてくるようになり、ユリコちゃんから「チョウチョが飛んでるよ」「ブランコに行きたい」などと笑顔で保育者に話しかけるようになった。

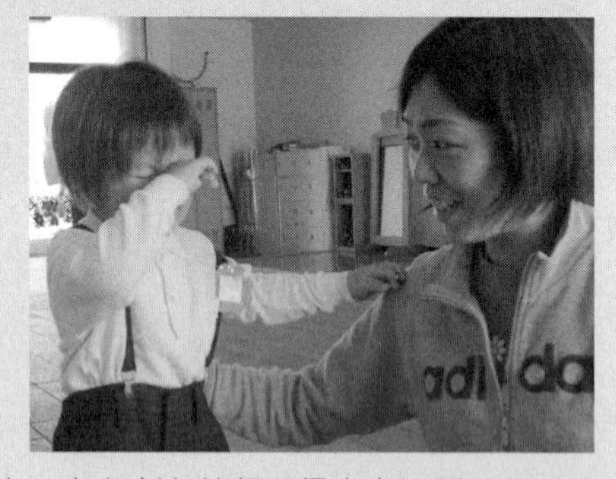

入園当初は新しい生活への不安が大きかったのか、保育者の近くから離れなかったり、弁当もあまり食べなかったりしたが、5月の下旬ごろから好きな生き物に関心を示したり、大きな声で話をするようになったり、弁当を全部食べられるようになったりと大きな変化がみられるようになった。

ユリコに限らず、入園当初に不安のある子どもは多くみられます。あなたが担任保育者だとしたら、子どもに安心を促すためにどのような関わり方を大切にしますか？

事例①を読み解く　子どもが安定感をもって生活を送るために

事例のように保育者は、保護者と離れることに不安がある子どもに対して、その不安な気持ちに寄り添う姿勢をもつことが大切である。そのことが、保育者が子どもにとって心のよりどころとなることにつながるのである。保育者に抱かれ落ち着いてくると、周囲の様々なものに目が向き、興味・関心を示したり、おもしろがったり驚いたりするようになり、保育者と一層心を通わせるようになる。

このように保育者は子どもの気持ちに共感し安心感を与える存在として触れ合いながら、子どもの興味・関心を捉えて、子どもが主体的に環境に関わることを支えていくのである。子どもにとって保育者が、保護者以外で頼りになる存在として位置づいていくこと、つまり信頼関係を築いていくことが、家庭以外の場所で子どもが安定感をもって生活するために重要である。

事例② 「生活習慣も楽しんで」 4歳

4歳児に進級したヒロミくんは、朝の仕度や降園準備、弁当の準備・片づけ、着替えなどの生活習慣はほとんど身についていて自分でできる。進級当初は張り切っていたが、慣れてきた5月後半頃から、ヒロミくんが降園準備をしたがらなくなった。保育者は、その理由を明確にはわからなかったが、どうしたら楽しんでできるかを考えることにした。

ある日の降園準備の時、ヒロミくんに買い物かごを渡して「このかごでタオルとコップと連絡帳をお買い物に行ってきて」と誘ってみた。すると、お買い物のイメージで、通園カバンの中に入れる物を3つかごに入れて戻ってきた。保育者がタオルやコップなど1つひとつを手に取り、「ピッ」とレジを通す真似をしてもう一度ヒロミくんに渡すと、受け取ったヒロミくんが通園カバンの中に入れた。最後に「○○円です」と言うとヒロミくんがお金を渡す振りをして、楽しんで降園準備ができた。その後数日間、お買い物に見立てた降園準備を繰り返し、数日後、再び自然な生活の流れの中で降園準備ができるようになった。

保育者が買い物かごを渡したことで、ヒロミは降園準備を楽しんでできるようになりました。あなたは、保育者が買い物かごを渡した意図は何だったと考えますか？

事例②を読み解く　生活に必要な活動を自分から進んでするために

事例を通してヒロミが降園準備をしたがらない理由は様々に推測することはできるが、保育を行っていく中では、“その理由”が明確にわからないことも多い。保育者はいつでも明確にその子の思いを理解して、援助の方法を決め、関われる訳ではないのである。このような場面でどのような援助を行うかは、保育者の保育観によるところが大きくなる。

もし、みなさんが保育者として事例のような場面に遭遇したとしたら、ヒロミに対して様々な援助が思い浮かぶことだろう。事例中の保育者は様々な方法の中から“買い物かごを渡す”という援助を選んだ。その理由は、ヒロミ自身が意欲的に降園準備をしてほしいという思いがあったからであろう。保育者は、ヒロミには生活習慣が身についていて降園準備をする意味をわかっていること、また必要も感じていることを理解している。その上でヒロミが、意欲的に生活に必要な行動をすることを支えるために、日常生活で経験している買い物ごっこに見立てて、いつもと違う雰囲気で楽しめる内容を提案したのだと考えられる。つまり子どもの実態を捉え、興味・関心に即して、主体性を大切にした援助をしているのである。

このように、基本的な生活習慣の形成には、保育者が指示的にやらせたりさせたりするのではなく、自分から進んでできるように援助することが大切であり、そのような主体的な活動の展開により子どもの自立心が育っていくのである。

事例③　「うまいぞ！」　5歳

野菜嫌いのケンスケくん。給食の野菜炒めはお肉だけを器用に食べるほどの野菜嫌いである。しかし園の畑で夏野菜を育てることはずっと楽しんでいて、収穫できる日を楽しみにしている。

いよいよ収穫できる大きさになる。ケンスケくんの親友のフウヤくんがピーマンを採り、ガブリと一口食べる。するとフウヤくんが「ケンスケも食べてみろよ、うまいぞ」と渡す。急なことで戸惑っていたケンスケくんだが、“親友のフウヤくんと同じことをしてみたい…”という思いがあったのか“ガブリ!!”一瞬、眉間にシワをよせたが、次の瞬間晴れやかな顔で「うまい!!」。野菜が好きになる第一歩を経験した。

野菜嫌いのケンスケは、なぜピーマンにかぶりつくことができたのでしょうか？
その理由を推測し考えてみましょう。

事例③を読み解く　食べたいものや好きなものが増えていくために

現代において、乳幼児期に子どもが食に対する関心をもつということは重要な保育内容である。事例にもあるように、園では栽培や調理など、食べるということに関して様々な内容が展開されている。

ケンスケが思わずピーマンを口にし、しかも「うまい」と晴れやかに言った背景には、食べたピーマンが収穫を楽しみにし、愛情をもって大切に育ててきた野菜であるということがある。また、親友であるフウヤが美味しそうに食べる姿を見て、自分も思わず同じ行動をとってしまうという状況性も要因である。園で収穫したり調理活動をしたりすると、今まで全く食べようとしなかったものが食べられるという事例はよくある。これは友達と過ごしている生活の中での雰囲気や特別感のある状況がそうさせていると考えられる。

食に関して乳幼児期においては、いろいろな食べ物に親しむことにより、食べたいものや

好きなものが増えていくことが大切である。つまり、事例のような直接体験を通した保育内容によって子どもが自ら栽培に関わったり、収穫や調理を友達と共に楽しみにしたりする能動的な姿が重要である。このような保育者や友達と共に意欲的に取り組んだ経験が、“食べることが楽しく”、また“楽しく食べること”につながり、子ども自身が自分の健康への関心を高めていくことになるのである。

事例④　「少しくらい我慢することにした」　5歳

過ごしやすい気候となり、年長児としての生活を伸び伸びと送るようになってきた6月。大縄跳びや鉄棒、砂場遊びなど、戸外で思い切り体を動かして遊ぶ姿が見られるようになってきた。ある日、最近よくみんなで楽しんでいる“鬼ごっこ”をしている最中に、トオルくんが突然泣き出した。トモキくんに捕まえられた時のタッチが痛かったようである。トモキくんは「ぶってないよ。捕まえただけだよ。だからごめんねって言ったよ」と、自分の気持ちを少し怒りながらも伝えていた。保育者はトオルくんの様子から、きっと捕まえられた口惜しさもあったのだろうと考えた。

翌日、トオルくんは友達と誘い合って鬼ごっこを始めていた。通りがかった保育者に「先生。少しくらいのこと我慢することにした。だって鬼ごっこ楽しいもん」と言って駆け去った。捕まらないように隠れたり、捕まった友達を助けに行ったりと、いろいろと作戦を考えて鬼ごっこの楽しさを味わっていた。

鬼ごっこという簡単なルールのある遊びで、伸び伸びと体を動かすことを通してトオルの心が育っていることが感じ取れます。このような育ちを支えるためには、遊びの中でどのような要素が必要だと考えられますか？

事例④を読み解く　心と体の育ちは、遊びの質が支えている

トオルは鬼のタッチが痛かったことで泣き出し、鬼ごっこを中断した。しかし、翌日は落ち込んだ気持ちを立て直し、友達を誘って率先して鬼ごっこを始めていた。トオルの発言から、トオルが再び鬼ごっこを始めた理由は、鬼ごっこが“楽しいから”だということがわかる。このように、子どもにとって遊びがおもしろく、やりたいという意欲がわき出ている時は、今までなら不快に思っていたことも、些細なこととして乗り越えられる心情へと変化することがある。つまり、子どもがその遊びのおもしろさにひかれ、遊びに没頭している状態であると、体の育ちだけではなく心の育ちにも影響を及ぼすのである。したがって、子どもの心身の育ちには、子どもの発達の状況に即した、熱中することができる遊びが必要なのである。

また、事例の保育者は、この時期に戸外で伸び伸びと自分の体を思い切り動かして遊んで

ほしいと願っていたと思われる。そのような保育者の意図をもった関わりが、トオルと友達との触れ合いとその中での充実感を支え、鬼ごっこという全身を使った活動を通じての、心身の育ちを支えたのである。

事例⑤　「ドッジボールできなくなってもいいのか！」　5歳

　ドッジボールのゲームの楽しさがわかり始めてきた12月のある日。仲良しのタカヤくんとケントくんが食事のために園庭から帰ってきた。保育者は感染症が流行する季節でもあり、手洗いとうがいをよくするように声をかけていた。トイレを済ませた後、早く食事に行きたいタカヤくんが手洗いをせずにトイレを出ようとした時、ケントくんが「ちゃんとバイキン落とさないと、幼稚園に来れなくなるぞ。ドッジボールできなくなってもいいのか」とタカヤくんを諭すように言った。タカヤくんは「あ、そっかぁ」と言い、普段になく念入りに手洗いとうがいをしていた。ケントくんは先日までインフルエンザで長期間休んでいた。保育者が何度言っても適当な手洗いだったタカヤくんだったが、この日の友達の一言で自分の健康への意識が変わっていった。

子どもは、友達の影響を受けて、健康な生活に必要な態度を身につけていくことがあります。子どもたちが集団生活の中で友達の様子を見て自分からやろうとする姿勢を育むためには、あなたはどのような配慮や援助を行いますか？

事例⑤を読み解く　園生活に必要な態度を身につけるために

　子どもが、自分の体が健康であることに関心をもち、身のまわりを清潔にしたり、手洗いやうがいなどの病気の予防に必要なことを自分でしたりすることは、幼児期に獲得したい必要な態度である。子どもが生活の中で、これらのことに関心をもつためには、まず保育者が機会を捉えて、健康な生活の仕方を気づかせていくことが重要である。事例の保育者も、感染症の流行する時期であることから手洗いやうがいをよくするように声をかけていた。夏であれば水分補給や衣服の調節、日差しの強い日の着帽など、健康な生活のための術をその時に保育者が伝えていくのである。

　また、事例のように子ども同士が伝え合うことにより、生活に必要な行動の意味や大切さに気づくことも保育場面においては重要な姿である。子ども同士は関わりを通して育ち合う存在であり、友達の姿を見たり、発言を聞いたりすることを通して、ものごとがわかることがよくあるのである。事例での手洗いやうがい以外にも、こぼさず食べる食事の仕方、洋服やタオルのたたみ方、ジャンパーのファスナーの締め方、積み木の片づけ方、靴の履き方など、友達のしている姿に影響を受け、自分もやってみようとすることで、能動的に“園生活

に必要な態度”を身につけていくのである。

１節のまとめ

（1）安心・安定できる環境

子どもが心身ともに健康な生活を送るためには、安心・安定した情緒で過ごすことが必要である。特に入園・進級当初の子どもは、生活環境の違いや人間関係の変化から、不安感を抱くことが多い。入園の場合は、それまで保護者と一緒に過ごしてきた家庭生活から、多くの他者と共に過ごす集団生活へと劇的に変化する。進級の場合でも、保育室が変わることで生活の仕方が変化したり、担任保育者や友達が変化したりするなど、環境の変化から緊張や不安を感じる子どもは少なくない。このため保育者は、安定感のある生活を実現していくために、子どもの気持ちに寄り添い、信頼関係を築くように心掛けていかなければならない。

保育者は、園生活を集団生活でありながらも、家庭のぬくもりを感じさせる空間になるように工夫したり、緊張を和らげるために遊びを誘発するコーナーを用意しておいたりするとよい。このように、子どもが安心・安定して生活を送れることに配慮した環境構成を考えていく必要がある。

（2）子どもが主体的に園生活を送るために

保育園や幼稚園は、子どもが主体的に生活を送る場であり、保育者は子どもが能動的に生活を進めていくことができるように配慮する必要がある。たとえば、食事、片づけ、排泄、着替えなどの生活習慣における動作で、子どもが張り切って取り組み始めたことも、手順が複雑すぎたり、物の位置がわかりにくかったりすることで、気持ちが萎えて落ち込んでしまうことがある。子どもの主体的な行動が達成感をもって終結できるように、保育者は子どもの姿に応じ、身の丈に合った環境を工夫する必要がある。そのことにより、子どもが園での生活に慣れ、自信をもって行動できるようになっていくのである。

また、保育園や幼稚園は多くの友達と共に生活を進めていく場であるという特徴をもっている。そのため、一人ひとりの子どもが自分の好き勝手に行動できるわけではない。年齢など子どもの発達の状況に応じて、自分たちの場を自分たちでどのように整えて、いかに過ごしやすくしていくかということを、保育者は子どもと共に考えていく姿勢をもつことが必要である。

（3）体を動かして伸び伸び遊ぶ

現在、子どもが戸外で遊ぶ時間が昔に比べて減少している。その要因は様々考えられるが、一般的に、身のまわりの遊ぶ場所の減少、遊ぶ仲間の減少、ゲーム機などの普及による室内遊びの増加などが言われている。幼稚園や保育園において戸外で遊ぶことは、子どもにとって重要な経験であり、幼稚園教育要領、保育所保育指針の領域「健康」（３歳児以上）にも

「進んで戸外で遊ぶ」[1)]ことが明記されている。子どもが戸外で進んで体を動かそうとするためには、園庭環境が魅力的であることや、体を動かしてする遊びがおもしろく、熱中できることが大切である。保育者は、子どもの発達の状況や興味・関心を捉えて、魅力的な環境を用意したり遊びを提案したりする役割がある。同時に、保育者が率先して戸外で遊ぶことにより、子どもが保育者やほかの友達と関わりをもちながら、体を動かして遊ぶことの充実感を味わうことにつながるのである。

また、最近では習い事などで、乳幼児期から一つのスポーツを集中して行わせ、早期からスペシャリストをめざそうとする保護者の姿も見られる。しかし、園として乳幼児期に大切にしたいことは、様々な体の動きを楽しむことや、自分から体を動かすことが好きだという気持ちを育てることである。保育者は、園庭の遊具などの環境や園での遊びの内容が、どのような体の動きを誘発しているのかを捉えて、遊びの内容を計画していくことが必要である。

(4) 食を通して自分の体や生活の営みへ関心をもつ

2005年７月に食育基本法が施行され、生涯にわたって健全な食生活を実現することにより、心身の健康の増進と豊かな人間形成をすることがうたわれた。保育においても「食」に注目して、子どもの健全な育ちを進めていこうとする取り組みが推奨されている。

保育所における食育に関する指針では、期待する子ども像として、“お腹がすくリズムのもてる子ども”“食べたいもの、好きなものが増える子ども”“一緒に食べたい人がいる子ども”“食事づくり、準備にかかわる子ども”“食べものを話題にする子ども”を挙げている。いくつかの園での食事場面を観察していると、「好き嫌いがあるのはいけない」、「残さず食べられなければいけない」という保育者の価値観が強く、場合によっては半強制的に食べることを強いていたり、嫌いなものでも一口は食べることを義務づけていたりする姿もある。厚生労働省が2004年に提案したガイドでは「楽しく食べる子ども」の姿を期待している。無理に食べたり、我慢して食べたりするのではなく、いろいろな人と楽しく一緒に食べたり、食事づくりに関わったりすることなどを通して、次第に食べたいものや好きなものが増えるように保育を計画していくことが必要である。

子どもにとって食べることは身近であり、大切な営みであることから、「食」という観点から保育内容を考えていくと、様々な経験を子どもに提供することができる。行事を通して様々な食文化に触れたり、栽培や飼育など動植物との関わりをもったり、異年齢児や地域の人々などと関わったりと、「食」を切り口にして、子ども自身の健康な生活への気づきを支えるとともに、豊かな生活を創造することができるのである。

---

1) 保育所保育指針第２章３−(２) ア (イ) ③
幼稚園教育要領第２章「健康」２−(３)

（5）健康で安全な生活を送るために

子どもは自分の体を十分に使って環境に関わり、試行錯誤したりチャレンジしたりすることで育つのである。子どもが何かをやろうとする時には、ケガや事故と出合うリスクが生まれる。ケガや事故が起きないように禁止したり場所やものを限定したりと規制を増やせばケガは起きないかもしれないが、それでは子どもの主体性や豊かな環境への関わりは保障されない。加えてどのような行動が危ないのかを子ども自身では学ぶことが全くできない。保育において大切なことは、子どもに全くケガをさせないのではなく、取り返しのつかない重大なケガや事故を防ぐことであり、子どもが小さなケガから自分の身体感覚をつかむような経験をすることである。

大きなケガや事故を防ぐためには、保育者が子どもの様子をよく見ることと、保育者自身が危険を予測する力を身につけることにある。子どもの情緒が不安定な時や身体的に疲れている時などは注意が散漫になり、思わぬところでケガをすることがある。また、固定遊具での遊び方や、ものの置き場所や扱い方など、大きなケガにつながる可能性がある場所やもの、遊び方などについての危険を予測し、子どもの生活環境に合わせて整えることが求められる。そして、安全管理において一番重要なことは、保育者間が連携することである。子どもの状態や園内の危険因子を保育者間で共有し、共通意識をもって目を配る姿勢が重要となる。子どもの姿は日々異なり、それに応じて遊び方も変わり、保育者が用意する環境も変わってくる。計画や見通しをもって、日々子どもの生活の安全について園全体で意識し続けることが求められる。そのような保育者の姿勢が、子どもの健やかな成長を支えるだけでなく、保育者の姿から子ども自身が健康で安全な生活の仕方に気づき、実践していく自立心につながるのである。

2 「人間関係」と保育内容

乳幼児期は、子どもの生涯にわたる人格形成の基礎を培う重要な時期である。そのために必要な人と関わる力の基礎は、「自分が保護者や友達に温かく見守られている」という安定している気持ちから生じる相手に対する信頼感に支えられて自分自身の生活を確立していくことによって培われていく。そして、教育・保育の目標である「生きる力」及び「現在を最も良く生き、望ましい未来をつくり出す力」の基礎は、子ども同士の人間関係の中で、自分が体験したり、教えられたりすることによって身につけていくものだといえる。

乳幼児期は、周囲の人との温かく受容的な応答が必須である。たとえば、人を信頼することができず、自分に自信がもてない子どもが、友達やまわりの人々の気持ちを推し量れるだろうか？　近頃では、近所での子どもたちの仲間集団の衰退や少年犯罪の低年齢化などが目立ってきている。現代社会は、子どもたちを取り巻く人間関係の希薄さ、大人子ども問わず人間関係づくりの未熟さなど、問題がたくさんある。

そこで、ここでは子どもたちが“どのように人間関係を広げていくか”、また、子どもたちの人間関係を支える保育者が“子どもたちの人間関係づくりをどのように援助していくのか”を中心に事例から読み取っていきたい。

事例① 「サッカーしよう」　3歳

ユウタくんは入園当初、朝の身支度に時間がかかっていた。保育者は、ユウタくんを心配している母親から“ユウタくんは、ボールを蹴ることが好き”と聞き、登園後、サッカーに誘うことにした。すると、ユウタくんは、いつもは時間がかかっていた身支度を手早く済ませ、楽しそうに保育者とボールの蹴り合いを楽しんだ。その日から毎日のように朝の身支度を終えると、「せんせい、サッカーしよう」とユウタくんが誘ってくるようになる。

大好きな遊びを通して生活習慣を身につけたユウタだが、子どもによりそのきっかけはそれぞれ異なります。あなたならどのようなスタンスで子どもと接していきますか？

事例①を読み解く　大好きな遊びを通して

３歳児は、自我が芽生えた状態で、新しい場、新しい保育者、新しい友達と園生活がスタートする。したがって、程度の差はあるものの、どの子どもも不安と緊張を抱いていると考えられる。入園までの生活では、保護者がよりどころとなって、保護者との信頼関係に支

えられながら少しずつ外の世界と関わっていく。つまり入園までの子どもは、保護者の保護のもとで安心して過ごしながら、少しずつ世界を広げていく。しかし、園で出会う子どもたちは、それぞれの思いを実現することしか考えていないので、互いが不安と緊張を与え合う関係となる。これまで保護者によって守られていた世界から、緊張感がある世界へと一変するのである。

そこで保育者の出番である。この時期の保育者は、子どもが発達に必要な経験を積み重ねていけるように、子どものよりどころとしての役割を担うことが最優先の仕事になる。

では、保育者がよりどころとなるためには、どのような働きかけや関わりが必要なのだろうか。ユウタは、サッカーをきっかけに園の生活に慣れていった。ユウタはサッカーを通して保育者と“つながった”と感じたのだろう。実は保育者にとっては、この“つながった”という手応えは、クラスの子どもたち一人ひとりと接しているので、強く意識しづらい。しかし、子どもにしてみれば“僕と遊んでくれる先生”“私を見ていてくれる先生”と一対一の関係を望んでいるのである。この事例では、ユウタは保育者とサッカーをすることで保育者との関係を築いた。その関係を起点としてユウタの園生活は、安定した環境に変化していったのではないだろうか。

子どもにとって、自分のクラスの保育者は一人であるということを心にとめておきたい。子どもは、保育者との安定した関係のもとで、自分の遊びたい遊びを見つけ、少しずつ“僕（私）と保育者との関係”を中心にして、円を描くように世界を広げていくのである。

事例② 「隣同士のふたり」 3歳

ヒロヤくんとユウトくんはロッカーが隣同士である。ヒロヤくんはひょうきんで、身支度をしている時に靴下を被ろうとしたりくるくる回ったりしている。ユウトくんはヒロヤくんの行動を見て喜んだり、一緒に真似したりすることが多くなった。時々「ユウトくんがぶった（ぶつかった）」など言い合い、いざこざが起きることもあるが、自然と２人で過ごすようになり、一緒に遊んだりお弁当を食べたりするようになっていった。

たまたま隣同士のロッカーだったヒロヤとユウト。２人は、ぶつかり合いながらも関係を広げ、深めていきました。あなたは、子どもたちが互いの関係を広げていくために、どのように接点を見つけていきますか？

事例②を読み解く　近くの相手と出会う

入園当初に自分のロッカーや靴箱のそばで不安そうな表情を浮かべて周囲を見ている子どもは多い。そのような子どもたちは、自分の数少ない居場所を見つけ、そのそばで安定し、外の世界の様子を探っているのである。この場合の居場所とは、“自分のロッカー”“自分の靴箱”である。

保育室や園庭にある遊具やおもちゃは、みんなの物であることから誰の所有物かわからない。大人でも誰の物かわからない場合、もしその使用の許可があっても使うことに抵抗を感じるものである。ユウトは、所有者がはっきりわかる物（自分の物）が手がかりとなり、それが唯一の安心材料となっている。

この時期の子どもたちは、自分の物が置いてある場所を中心として、徐々に行動範囲を広げていく。ユウトは、この中心となる場所の近くに魅力的なヒロヤがいた。ユウトにとってヒロヤとの出会いは、外の世界を広げていくきっかけになったとともに、園生活を豊かにする促進材料となった。

保育者はこの素敵な出会いを嬉しく思い、時にはぶつかり合う２人を温かく見守りたい。

事例③　「ねえ、みんなでやらない？」　3歳

お弁当の時間の前にコウセイくんが、「先生、みんなで“おおかみさんいまなんじ”しようよ」と提案してきた。保育者が片づけをしているクラスの子どもたちにコウセイくんの提案を投げかけると、みんなは「いいよ！」と喜び、片づけのスピードが上がった。保育者は、子どもたちにとっての集団遊びの大切さや魅力を再認識した。

3歳児は、子どもたちが思い思いに遊んでいた状態から、みんなで遊ぶ楽しさに気づき始めて集団遊びを好む状態に変わっていきます。さらに集団遊びの楽しさを感じてもらうために、あなたなら子どもたちにどのように声をかけますか？

事例③を読み解く　友達の輪が広がっていく

３歳になり、様々な経験を積んでいくと子どもたちから集団遊びの提案や友達を意識した発言が増えていく。子どもから“友達”という言葉が会話の中に増えてくるのが特徴的である。３歳児の人間関係は、はじめは事例③のコウセイのように、身のまわりの環境から影響を受けることが多く、比較的与えられた環境の下で人間関係が形成されていく。

そしてその後、次第に自ら友達との接点を探していく姿に変わっていく。しかし、実はこの形成過程を予測することは難しい。「あれっ、この２人はいつから友達になったんだろう」と想像の結びつかない２人が遊んでいて驚く保育者は多い。また、それまで接点がなかったように思えた２人が突然「私たち、お友達だもんね～」と笑って肩を抱き合ったり、（表面的には）誘い合っていないのに常に一緒に過ごしていたりするのである。そこには互いにしかわからない、外からでは伝わりづらい関係性があるのだろう。保育者は、このような子どもの気持ちを受け止め、認め、寄り添っていきたいものである。

事例④ 「ちがうのそうじゃない」 4歳

トシオくんとユウジくんは6月から一緒に遊ぶことが多くなった。2人は工作が好きで、登園後工作コーナーでつくったものを持って遊びに出かけていた。

ある日、トシオくんもユウジくんも広告で剣を作って戦いごっこのようにして廊下に出ていくが、ユウジくんはトシオくんと戦おうとし、トシオくんはユウジくんと共に悪者を探して戦いに行こうとしていた。自分に襲いかかってくるユウジくんにトシオくんは、「ちがうのそうじゃないの」と言うが意図が伝わらず、「ユウジくんのばか、もう遊ばない」と言って保育室に入っていく。

互いに道具を使う目的についてのやりとりが十分にされていないことから2人はすれ違ってしまい、結局、互いにズレたままになってしまいました。あなたならこのズレをどう読み取り、この2人にどのように声をかけますか？

事例④を読み解く 思いの違い

4歳になると自分たちで互いの思いを伝えられるようになってくる。しかし、まだ思いついたことを相手に“わかるように”言葉にしていくことは難しく、一方的な場面が多い。この事例のように、遊びを新たに展開する際に、しばしばこのような思い違いが起こる。

登園後、トシオとユウジは剣作りをしていた。同じ広告で、剣を作るという同じ目的だった。しかし、2人の“剣の使い道”は同じではなかった。“剣を完成させたい”“これで遊びたい”という気持ちが先行してしまい、剣を使って遊ぶ内容を共有するまでに至っていなかった。

この時期は、物や場所の取り合いによるトラブルは減るものの、このような遊びのイメージの行き違いによるぶつかり合いが増えていく。しかし視点を変えて見てみると、その分だけ友達との関わりが活発になり、友達の考えや思い、動きを意識するようになったというあらわれである。保育者は、日々変化するトラブルの質の変化を感じ取ること、子どもの成長を読み取ることができる。4歳児は、まず自分の思いやイメージをもつこと、またそれを相手に伝えることが大切となる。保育者は、子どもの友達への思いや動きに気づいて遊びに取り入れていくことで、子どもにとってその遊びがより楽しく充実したものになっていく経験を積み重ねられるよう援助していきたい。

事例⑤ 「遊ぶ時間になると困る」 4歳

4歳時から転園してきたタケルくん。登園すると友達の遊びを眺めている。保育者が話しかけると自然にやりとりをするし、一斉活動では保育者の話をすぐに理解して何でも楽しく取り組んでいる。しかし、自由遊びの時間になると決まって保育者のところに来て「外に行ってもいい？」「これは使ってもいいやつ？」と不安な表情で聞いてくる。保育者は「何を使ってもいいのよ」と、廃材やブロックでの製作を見せたり、友達の遊びにも誘ったりするが、表情が固いままである。

聞き分けが良いと感じる面をもちながら、質問を重ねていく面があるタケル。あなたならタケルの姿から何を読み取り、どのようにして固い表情を和らげていきますか？

事例⑤を読み解く　確認という行動の裏側

ここで少し、タケルの心の中に思いをはせる前に、まずはタケルが置かれている環境を図1のように整理してみよう。

【図1】引っ越しによる人的・物的環境の変化

人的環境	物的環境
家庭 ・近所に知り合いがいなく、これまで遊んでいた友達がいない。 園 ・友達がいない。 ・クラスの人間関係がある程度固まっているクラスで遊ぶ。 ・知り合ったばかりの保育者との関わり方がわからない。	家庭 ・住んでいる家が変わった。 ・いつも使っていた店がない。 園 ・園が変わり、生活空間、遊具が見知らぬものになった。 ・保育室内・外の道具や備品が、何をどのように使ってよいかわからない。 ・園の生活のルールや文化がわからない。

タケルは、表のような環境の変化の下で園生活を送っていることになる。タケルの状況になったつもりで考えてみた場合、みなさんはどういう気持ちになっただろうか。

状況を理解した上で、保育者は、まずはタケルの環境の変化から生じる気持ちに寄り添うことからはじめたい。もしかしたらタケルは、「ちゃんと話を聞かなければ…」「(保育者に)受け入れてもらうためには良い子にしないと」という気持ちを強く抱いているのかもしれない。タケルが“わかっているはずであろうこと”を逐一質問、確認をする姿には、このような気持ちが背景にあるのではないだろうか。

ここで保育者として押さえておかなければならないポイントがある。それは、他児と比べ、環境の変化から強く緊張や不安を抱いているのにも関わらず、さらに“頑張る”という気持ちが加わるという二重の負担がかかっているタケルからの質問なのだという点である。

それを押さえれば、「タケルくんは保育者に逐一確認をとることで自らの情緒（気持ち）の安定を図っているのかもしれない」と考えるに至るだろう。確認をする、という行為で自

分の居場所を見つけて確保し、安定を保っているのではないだろうか。保育者の「何を使ってもいいのよ」という安心させるつもりの言葉は、遊びの手がかりを見いだせないタケルにとって逆に不安に導く言葉だったのかもしれない。

この場合、緊張や不安の軽減を促す保育者の関わりとしていくつか挙げられる。まず、タケルを積極的に遊びに誘って、遊びに入るきっかけをつくってあげることである。２点目は、おもちゃなどの使い方を具体的に説明したり、保育者が使い方の見本を示したりすることである。次に、鬼ごっこや積み木遊びなどをして身体を動かすなどして緊張を解き、みんなとの関係の橋渡しをすることである。これらの関わりを保育者が行うことで、緊張や不安を軽減させられるだろう。

保育者は、子どもの発する言葉のみにとらわれず、発せられた言葉の背景にある気持ちや意味を読み解いていく姿勢がその子どもを丁寧に「見る」ということだと、しっかり認識することが大切である。

事例⑥　「アキコちゃんのコマ回ったよ」　5歳

アキコちゃんが投げゴマに挑戦する。回せるようになった子も多くなり、一度回すのをあきらめた時期があったが、再びひもをコマに巻き始めた。しかし、何度も巻いて投げるがなかなか回らない。すでに回せるユカコちゃんは、応援しながら投げ方のコツをずっと教えている。挑戦し始めてから３日目に、ユカコちゃんが大声で「先生回った！　アキコちゃんのコマ回ったよ！」と保育者のところに走りながら言いに来た。廊下に出るとアキコちゃんは真剣な表情で、回っているコマを誰かに蹴られないように、覆いかぶさるようにして守っていた。回り終わるとユカコちゃんはアキコちゃんに抱き着いて、「やったねー、よかったねー」と本人以上に喜びを表現していた。

あきらめないで回し続けたアキコ、それを応援し続けたユカコ。あなたはこの２人の関係をどのように受け止め、今後の２人をどう見守っていきますか？

事例⑥を読み解く　協同性を育む

アキコは、ずっと回してみたかった投げゴマが成功し、嬉しかったに違いない。このアキコの気持ちにユカコも共感し、一緒に嬉しい気持ちを感じている。

ユカコはアキコに投げゴマを教える際に、アキコの気持ちや立場を考えて丁寧に教えていたのではないだろうか。アキコは、自分に対してずっとそばで教えてくれるユカコがいることで、“一度回すのをあきらめた”時期を乗り越え、気持ちを立て直し挑戦する気持ちがわいたと考えられる。もしかしたら、教えているユカコは、自分が一緒に回しているような気持ちになったのかもしれない。アキコは、ユカコが自分のことのように喜んでくれたことで、さらに強く喜びを感じることができたと思われる。

この事例に象徴されているように、５歳児は他者の立場や視点に立って他者の気持ちや考えていること、感じていることなどを理解できるようになっていく。つまり、これまでの友達との関わりを通して、友達の気持ちや立場を推測する力を獲得し、これまでの関わりから友達の性格などの特徴を絡めながら、友達を思いやり、尊重することができるようになっていくのである。

事例⑦　「お互いの言い分」　4歳

折り紙をして遊んでいたユカちゃんとメイちゃん。ユカちゃんはみんなの中でも、お姉さん的存在で、メイちゃんに作り方をやさしく教えている。そこへミキちゃんが「入れて」と言って仲間に入ってきた。「ユカちゃんに教えてもらうといいよ」とミキちゃんに伝えるメイちゃん。ミキちゃんは「大丈夫、ミキ自分でつくれるから」と言う。「ダメだよ。ミキちゃんは小さいんだからユカちゃんに教えてもらうの」とメイちゃん。「ミキは小さくないもん」「ダメ、小さいんだから」と言い合いになる。

保育者が「どうしたの？」と話を聞く。保育者は、メイちゃんには「自分でつくりたい」というミキちゃんの気持ちに気づけるように、そして、ミキちゃんには同じ遊びの仲間として「こうするといいよって教えてあげたい」というメイちゃんの気持ちに気づけるよう言葉をかけた。

“〇〇ちゃんは間違っている！”と一方を判断しにくいいざこざです。このように双方の意見に正当性がある場面での介入は、とても難しい。互いが納得するように解決したいあなたは、どちらの意見を優先させますか？

事例⑦を読み解く　いざこざから学ぶこと

メイとミキのようないざこざは、仲間意識が強くなる時期に多くなる。友達意識を大切にしようとする気持ちからいざこざに発展することが多くなるのである。２人が言い合いに発展したことには、見方を変えれば互いの意見があり、その意見をしっかり相手に伝えているという証でもあるといえるのではないだろうか。この“意見があること”と“しっかり伝えること”は、相手の感情や意見を受け入れる際に必要不可欠な要素となる。子どもたちは、この言い合いという経験を経て、次の段階として自分と相手の意見の折り合いをつけるという姿に変わっていくのである。

いざこざは、友達の考えや気持ちを知るための良い機会であり、自分と友達とは違う考え

をもっているということに気がつくことにつながっていく。
どうしても保育者は、いざこざをすぐに仲裁したくなる。しかしそこはぐっとこらえ、子どもの成長を信じ、危険がないことを判断した上で時には見守ってやり過ごすのも一つである。また、メイとミキの２人で解決しようとせず、まわりの友達も巻き込みながら、友達の意見も取り入れて話し合い、解決に向かってみるのもよいだろう。もしかしたら２人は、友達の意見を聞きながら、あれこれ考えを巡らせるかもしれない。そして自分の気持ちや考えに折り合いを見いだし、徐々に相手を思いやる気持ちが芽生えてくるかもしれない。
相手を思いやることは、まずは相手に思いを寄せることから始まる。つまり、思いを寄せるためには、相手が感じている思いを自分も自身の体験から味わっていることが前提となり、相手の感じていることを理解していないとわからない。したがって思いやりの気持ちを育むには、自分自身が様々な体験をしていることが前提となる。

2節のまとめ

ここまで読み進めて、あなたは何を感じただろうか？　年齢に応じた子どもたちの生き生きとした人間関係が読み取れたことと思う。そして、まさに友達や周囲の人たちとの関わりを学んでいる“今”を感じてくれたのではないだろうか。
ここで読み取れることがすべてではないが、ここまで学んできた乳幼児期の人間関係で重要なことを整理しておこう。

（1）集団づくりの大切さ

乳幼児期の人間関係は、決して“友達とうまくつき合うことができるかどうか”や“既存の集団に早く適応できるかどうか”といった性質のものではない。そうではなく保育者は、友達や保育者と深いところで思い合い、豊かな関わりがもてる（たとえば、互いに得意なところや苦手なところが出せるなど）集団づくりをめざす必要がある。まずは、子どもたちが豊かな人間関係が育めるような集団をつくることを優先的に考えていくとよいだろう。しかし「集団をつくる」という行為を「まとまりをつくる」という行為と短絡的に結びつけないでもらいたい。なぜなら“集団としてまとめたい”→“まとまって動いてほしい”→“みんなと同じように動いてもらいたい”というプロセスに変容してしまいがちになるからである。「まとまり」とは、「一人ひとりの発達を押さえて」「結果よりもプロセスが大切」など、これまでみなさんが学んできたことの対極にある言葉なのである。したがって、一人ひとりの良さが目立たず、まとまりのみの集団をめざすのではなく、子ども同士の関わりを強く、太くする糸を作るようなイメージで、子ども同士の関係性の育ちを援助していくことが大切である。

（2）友達と一緒、をさらに感じられるように

事例③の子どもたちは、集団の魅力を感じ始めている。保育者は、集団の魅力の芽を摘ま

ないためにもコウセイの提案を受け止めた上で、遊びにおいての工夫を設けるとよいだろう。たとえば、「○○くんを捕まえちゃうぞー」「○○ちゃんの次は○○くんを捕まえるぞー」など、子どもの名前を呼びながら楽しい雰囲気をクラス全体に伝わるように言葉かけをするのである。集団で遊んでいるのだが、自分との関わりを強く求めている3歳児には、一人ひとりと関わっていくというメッセージになるからである。さらに、「一緒」「仲間」「みんな」という複数の友達を意味する言葉を使い、みんなで遊ぶことで「おおかみさんいまなんじ」が成り立っていることに気づかせていくとよい。このことは、遊びを理解するだけでなく、仲間の存在を感じやすい環境に変える。

(3) 保護者と連携する

子どもの人間関係で大きく影響力のある存在として保護者が挙げられる。保育者にとって、子どもが豊かな園生活を送り、充実した人間関係を育むことをめざすためには、保護者との連携は欠かせない。つまり、保護者と連携をとることで園生活と家庭が連携することになり、相乗効果が望めるのである。

たとえば、事例⑤のタケルの緊張と不安を減らすためには、本人へのアプローチのほか、保護者へのアプローチも必要となる。この場合、保護者が「友達と仲良くやるのよ」「前の園とは色々違うからちゃんと先生に聞いてから使いなさい」など、子どもに“しっかりすること”を強く求めていることが多い。保育者は、園での様子を丁寧に伝え、園では緊張や不安があるので自宅ではなるべくリラックスした状態で過ごせるよう接してほしいことなどを保護者に伝え、協力体制をとっていくとよい。また、引っ越したことで保護者自身も不安を抱え緊張していると予想される。保育者は、タケルが落ち着くまでは、「タケルくんは元気に過ごしていました」「楽しく遊んでいました」という抽象的で園でのイメージがわかない伝え方ではなく、「ブロックを色別につなげて楽しんでいた」「登り棒に何度も挑戦していた」というような伝え方をして子どもの園生活の相互理解を図るなどし、保護者自身の情緒の安定を促すことを心がけたいものである。

保護者の心情が子どもの気持ちに影響を与えている場合は多い。保護者と連携をとるためには、保護者の置かれている状況、そしてそこから派生してくる心情を読み取りながら対応をしていくことが、より良い連携と呼べる。

3 「環境」と保育内容

子どもは園内外の環境に対して好奇心や探究心をもって主体的に関わることにより、育っていく。このような子どもの主体性や能動性を大切にした保育の考え方が「環境を通して行う保育」であり、遊びを中心とした保育の原点である。このような保育を展開するためには、子どもが環境との関わりにおいて豊かな体験ができるように、保育者は子ども一人ひとりを理解した上で、ねらいをもって魅力的な環境を構成することが大切になる。

また、保育後などに子どもの姿を捉えて、保育の内容や方法を振り返る時にも、「子どもの環境との関わり方はどうか」「子どもが関わる環境はどうか」といった領域「環境」の視点をもって省察することが大切である。

では、具体的にどのような環境的視点をもって保育者が子どもと関わっているのか、エピソードを基にして子どもの遊びをひもといていくことにする。

事例① 「遠足ごっこ」 3歳

さわやかな気候となる5月下旬。3歳児クラスの親子で近所の公園まで遠足に行った。子どもたちは園を出発してタンポポを摘んだり、芝生で走り回ったり、レジャーシートを広げてお弁当を食べたりして楽しんだ。降園後、保育者は翌日に備えて保育室のままごとコーナーに、いつも置いてある食材や食器などのほかに、レジャーシートやお弁当箱、リュックサックなどを用意しておいた。

次の日、登園してきたユイナちゃんは、すぐにままごとコーナーの新しい物に気づき、サキちゃんと一緒にお弁当箱にままごとの食べ物を入れ始める。保育者が「これからどこかに行くの？」と聞くと「うん！　遠足！」と楽しげに答えると、お弁当箱とフォークとスプーンをリュックに入れ、レジャーシートを片手にままごとコーナーを出ていく。保育者が「いってらっしゃい」と言うと「いってきます！」と元気いっぱい出かけていく。しばらくするとユイナちゃんは「ただいま」と大きな声で帰ってきて、保育者に「みんなでシートで食べたい」と言う。そこで午睡後に、園にあった大きなシートを保育室に広げて、みんなでおやつを食べることにした。

ユイナとサキは、前日の遠足で楽しんだことを保育園でも再現して、ごっこ遊びを楽しんでいます。この遊びを楽しむことができたのはなぜだと思いますか？

事例①を読み解く 子どもの興味・関心に応じた環境構成による遊びの展開

子どもは、そのものに“なってみる”ことでわかろうとしたり、経験したことを再現することを楽しんだりする。いわゆるごっこ遊びであるが、園でごっこ遊びが豊かに展開するためには、保育者による環境の構成が欠かせない。保育者は、遠足での経験を園でのごっこ遊びとして楽しめるように、レジャーシートや弁当箱などの新たな物を用意して配置していた。そのことによりユイナは前日の遠足の経験を基に、自らイメージを膨らませ遊びを進めていっていた。このような保育者の間接的な関わりが、環境に保育者の意図を込めて保育を展開していくということであり、子どもの主体性を尊重した保育内容を展開していく上では大切な点となる。もちろん、どのような“モノや場”を提供するのかは、子どもの興味・関心に応じる必要があり、日々の子どもたちの姿を理解することが根拠となる。

遠足などの共通の体験は、翌日にユイナとサキが一緒に遊んでいたことからもわかるように友達との間でイメージを共有しやすく、他者との関わりを深める場面となることが多い。それは、入園や進級当初の頃には、新たな友達関係をつくるきっかけとなることもある。このような視点をもち、子どもが経験した活動を遊びに取り入れようとする事例①の保育者の姿勢も学ぶべき点である。

また、保育者はユイナの「みんなでシートで食べたい」という発言を受けて、保育内容を変化させ、シートでおやつを食べるという変化を子どもたちと共に楽しんでいた。このように、日々同じような保育者の一方的な生活スタイルの押しつけではなく、子どもたちと共に生活を創り上げ、必要に応じて環境を変化させていくことによって、生活が豊かで潤いのあるものとなる。それは同時に、子どもたち自身が意欲的に生活を創っていこうとする能動性につながっていくのである。

事例② 「トマトのプランターでの発見」 4歳

4歳児クラスでは、植物の成長を子どもと共に直接体験できるように大きなプランターで4月からトマトを栽培している。土づくりから子どもたちと一緒にトマトの世話を始めると、トマトの生長だけではなく、イモムシ、ミミズ、ダンゴムシ、チョウなどのいろいろな生き物との出合いが生まれてくる。

秋の気配が感じられるようになってきた9月のある日、カホちゃんが当番活動でトマトに水やりをしていると、何か黒い影が動いたのを見つけ、「何かいた」と大きな声で叫んだ。トマトの植わったプランターの排水の穴からコオロギが飛び出してきたのだ。カホちゃんは素早くコオロギを捕まえると、「何か入れ物持ってきてよ」とみんなに叫ぶ。マサシくんとソウタくんは、保育室まで戻ると、いつでも使えるように置いてある飼育ケースをいくつか持ってきた。そして、次々と

見つかるコオロギを飼育ケースいっぱいに入れた。

当番活動後、保育室でコオロギを見ているカホちゃんが「ねぇねぇ見て、このコオロギしっぽがあるよ。おもしろい」と言う。マサシくんもソウタくんも一緒に「こっちにもいるよ」「こっちはシッポがないよ」と言い出し、２つの飼育ケースにしっぽがあるのと無いものでコオロギを分ける。ソウタくんが「いっつもしっぽがないのばっかり鳴くんだよ。しっぽがあるのはなんで鳴かないの？　なんでかな」と保育者にたずねる。

自然に親しむ中で、カホたちの遊びはコオロギの違いについて考えるということにまで広がっています。あなたはそのわけについて、事例のどのようなところが良かったと考えますか？

事例②を読み解く　身近な自然との関わりをもつ環境の構成

保育者はトマト栽培を通して、自分たちがよく食べている身近な食材がどのように生長しているのかという理解や、責任感をもって世話をし続けることの大変さを感じてほしいと思っている。しかし、そのためだけに栽培活動を行っているわけではない。一連の栽培活動を通して、身近な自然と触れ合いながら生活することで、様々なことに興味・関心をもつことや、自然環境に自ら関わって、自分で何かを発見したり考えたりしてほしいというねらいももっているのである。

事例での土づくりは、子どもたちにとってはトマトを植えるためにしていることであるが、イモムシやミミズなどと出合い、結果として多くの動植物と関わる機会となっている。また、当番活動で水やりをしていることも、子どもに長い期間にわたりトマトの様子やプランター周辺の自然環境との関わりをもてるように促している活動と捉えることができるのである。実際にカホは水やりに行った時にコオロギを発見し、進んでコオロギの生態に興味・関心を示し、自分からコオロギについて疑問をもつようになっていったのである。また、いつでも子どもたちが自由に使うことができる飼育ケースを常備しているということからも、子どもに対して自分から生き物への興味・関心を示し、関わりをもってほしいという保育者の姿勢がうかがえる。

保育の場では、子どもの育ちにとって身近な自然と関わりをもつことが重要なねらいの一つであり、そのような環境（場所やモノや時間）を意図的に保育者が準備しておくことが重要となってくるのである。

事例③　「ダンゴムシ集め」　4歳

　6月下旬、マサトくんは毎日ダンゴムシ集めに夢中である。保育者が用意したプリンカップにいっぱいダンゴムシを入れている。子どもたちが降園した後、保育者が靴箱の掃除をすると、靴箱からダンゴムシがいっぱいに入ったプリンカップがいくつも出てくる。もう何日も経っているようで、ほとんどのダンゴムシは死んでいる。

**　マサトは明日もまたダンゴムシ集めを楽しむでしょう。あなたなら今後マサトにどのように接していきますか？　また、死なせてしまったダンゴムシについて、どのようにマサトに伝えますか？**

事例③を読み解く　生き物との関わり方

　幼稚園教育要領、保育所保育指針共に、領域「環境」の内容には「身近な動植物に親しみをもって接し、生命の尊さに気付き、いたわったり、大切にしたりする」ということが示されている。死んでしまったダンゴムシを保育者が見つけたその時が、マサトに生命の尊さを伝えるタイミングであると言える。しかし、どのように伝えるのかはマサトの側に立ち、よく考えなければならない。なぜなら、マサトは身近な存在としてダンゴムシに親しみをもって接しており、きっと明日もダンゴムシを探して集めようと思っているからである。

　この事例でまず注目することは、なぜマサトは靴箱にダンゴムシを入れたのかということである。保育室にプリンカップのまま持ち込むのは良くないと思っていたのか、家に持ち帰ることもできないと思っていたのか、誰かに取られることが嫌だったのか、その理由を考えてみようとすることが大切である。靴箱を選んだことはマサトの何らかの思いがあったからであり、このマサトの思いをくみ取ろうとすることが、その後の援助を考えていく上で保育者として重要なヒントとなる。

　次に、“マサトが毎日ダンゴムシ集めに夢中になる理由は何なのか”ということを考える必要がある。ダンゴムシの動きがおもしろくて好きなのか、形なのか、たくさん見つかるからおもしろいのか、大きさの違いや色の違いに興味をもっているのかなど、子どもの様子をよく見ていると、同じ「ダンゴムシ探し」でも集める理由は子どもによって違うのである。また、友達と一緒に探したり、そのおもしろさを誰かと共有していたりするのかといった視点も重要となる。つまり、どのような保育の方法を援助として選ぶのかという時には、様々な視点を総合して考えていく必要があるということである。

　今回の事例の場合のように、愛着のあるダンゴムシが死んでしまっている状況に直面することは、4歳児のマサトにとって心揺り動かされる経験として残るものであろう。だからこそ、今後の遊びをどのようにしていくのかを保育者が共に考えていくということが大切になる。大事に飼育するために大きな飼育ケースで飼うこともあるだろう。その場合は、マサトの楽しんでいることがクラス全体に広がったり、他児が捕まえたものを一緒に飼うといった

展開が生まれたりする可能性がある。あるいは集めることが楽しく、飼うことにマサトが関心を示していない場合には、降園する前に逃がしてあげるということに決まるかもしれない。どのような方法になろうとも、まず保育者自身が〈命〉についてよく自分の考えを整理しておくことが重要であり、命あるものに触れる時にはその生き物に対してのいたわりや慈しみの思いを子どもにしっかりと伝える役割がある。

事例④　「サツマイモ掘りから焼き芋屋さんへ」　5歳

5月にサツマイモの苗を自分たちで植えた年長児が、10月に収穫を行った。長いツルと格闘しながらたくさんのお芋を力強く掘っていた。帰りのバスでそれぞれが本数を数え始めて、テッペイくんが「うちは4人家族だから10本も要らない」と言ったり、フウちゃんが「大きいお芋が2本あれば天ぷらとスイートポテトが作れるから十分だよ」と言ったりしていた。園に戻り、自分たちが収穫したお芋をみんなで確認し、家に持って帰らない分は幼稚園で焼き芋にして食べようということに決まる。昨年年長さんに焼き芋をご馳走してもらった経験から「たくさんとれたから小さい組にも分けたい」という声が上がり、焼き芋屋さんをすることに決まった。

女の子数人は園児の人数を各クラスの担任の先生に聞いて調べた後に、収穫したお芋の本数を数えていた。しかし、1人1本食べる訳ではないし、お芋の大きさも全然違うことに気づき、重さを量ってみようと思いついた。秤に1本ずつ乗せていったが、子どもがメモリを読むことは難しかったので、保育者は子どもたちと一緒に考えて、200g ごとにメモリに印をつけて、1人分、2人分、3人分とわかるようにした。

数人の男の子たちは「引き換えのチケットを作りたい」と言って、画用紙を切ってマーカーで“やきいも”と書いた。クラスごとに色やマークを変えて作っている。焼くことに興味のある子どもたちは、たくさんの薪が必要なことから隣の公園に枝を拾いに出かけて行ったり、園庭の落ち葉を集めたりしている。「草はダメ、枯れている枝じゃないと燃えないよ」「濡れた葉っぱはダメだよ」と言いながら数日間に渡って袋につめていた。

当日、年長児は自分の好きな役割を担当し、お芋洗い、包み、焼き、チケット配付、年少児・年中児へのお芋配りなど、焼き芋屋は大活躍であった。

サツマイモ掘りから焼き芋に至るまで、子どもたちは友達と一緒に自分たちで考えながら遊びを進める中で文字、数、量、物の性質に出合っています。事例の中から抜き出してみましょう。

事例④を読み解く　文字や物の性質や数量などに対する感覚を豊かにする

サツマイモの収穫から焼き芋への一連の活動を通して、子どもは数や量に関しての感覚がとても豊かであり、よく考えていることがわかる。

まずこの事例で注目したいのは、テッペイの「うちは４人家族だから10本も要らない」、フウの「大きいお芋が２本あれば天ぷらとスイートポテトが作れるから十分だよ」という発言である。子どもは自分の生活から必要な数量を推し量り、自分なりの論理でちょうどいい加減を見極める感覚をもっているということである。

焼き芋への準備の中では、クラスの人数を数えたり、芋の重さを量ったり、チケット作りで文字に触れたりなど、活動を進めるにあたって文字や数量というものの必要性を感じて使用している。このように、文字や数などを教えること自体を目的として子どもに与えるという保育内容ではなく、遊びや生活の中で必要と感じる事柄に対し、文字や数量と出合うような保育内容を大切にすることで、子どもは考えたり試したりと知的な営みを経験できる。

また、焼き芋に使う燃える枝や落ち葉を探している子どもたちは、枯れた枝や葉は燃えるという特徴や、生木は燃えないという性質を伝え合っていた。おそらく以前にいろいろな物を燃やした経験や、昨年の焼き芋の経験から理解しているのであろう。このように、遊びの中で子どもたちが様々な物の性質をわかったり特徴を理解したりする直接体験が乳幼児期においては特に大切な経験であり、小学校以降の生活や学習の基盤の育成につながるとされている。

事例⑤　「モグラが園全体をつなぐ」　園全体

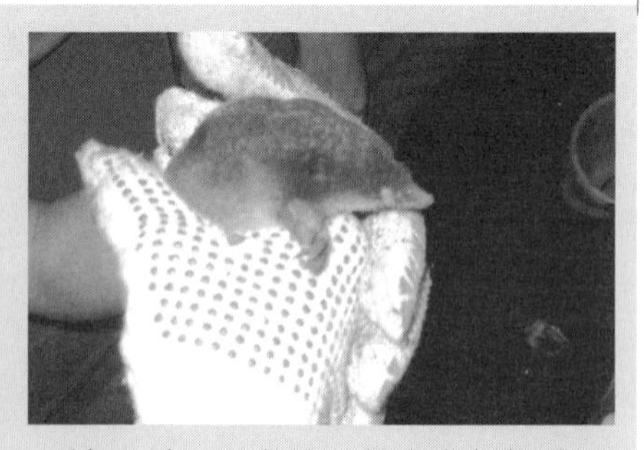

６月の夕方、職員が帰宅する際に駐車場で迷子になっているモグラを保護した。すぐに段ボールをつなげて土を入れ「モグラハウス」を作り、子どもたちにモグラを見せることになった。次の日、本物のモグラを見た子どもたちは、「爪が大きいね」「目はどこにあるの？　…あった！　小さいね～」「フワフワで気持ちいい！」など思い思いの言葉を発し、自分が今まで絵本や図鑑で見ていたイメージとの違いを友達や保育者と共感し合っていた。

その後もモグラは何を食べるのか調べ、餌がミミズだとわかると園庭でミミズを探したりと、園全体でモグラの世話をしていたところ、年中組のリュウタくんが、「モグラの名前を決めました！　モグちゃんです！」とその場の勢いで名前を決め、本格的に飼育が始まった。

数日たって、モグがモグラハウスから脱走してしまった。「どこに行っちゃったのかな」「また迷子になっているのかも」と子どもたちの落胆は大きかった。脱走から数日後、園庭でモグラの通った後にできる盛り土を数か所発見し、「なんだ！お庭に帰ってきたのか～」と子どもたちもほっとした様子だった。それからは、園庭にモグラの通り道ができると「モグちゃんがいるね」「モグちゃん探ししようか」と盛り土を掘るなどモグとの共存を楽

しむようになった。

モグラと出合うという日常の生活では経験できないようなことを子どもたちは経験し、園全体が関心を向けていることがわかります。あなたならモグとの出合いをどのように保育に取り入れていきますか。

事例⑤を読み解く　予期せぬことを子どもと共に楽しみ創造していく環境

モグラと出合うということは、園児にとっては稀な経験であろう。保育者もモグラとの出合いを計画していたわけではなく、突然に起こったできごとであった。保育者は、モグラと出合うことは子どもたちにとって大事な経験になると思い、「モグラハウス」を作成し子どもと一緒にモグラのいる生活を楽しんでいる。

子どもたちは、愛着をもったモグに直に触れることで、大きさや手触りや特徴を理解したり、何を食べるのかなどモグの身になって考え世話をしたりしていた。モグとの出合いを通して、モグラの生態に関心をもち、自分たちなりに探究し、いたわろうとしているのである。

モグが脱走した後も、「なんだ！　お庭に帰ってきたのか～」という発言からもわかるように、土の中のモグの生活をイメージし、モグと共にいる園生活を楽しんでいる。また、モグと出合うという共通の経験をしたことを通して、友達と一緒にイメージを共有して遊びを展開することにつながると考えられる。たとえば、子どもたちからモグを題材にした話が生まれるかもしれない。モグに実際になるという表現をする子どもも出てくるかもしれない。本当にモグ探しに大きな穴を掘る子どももいるかもしれない。どれもおもしろく、園の誰もが共感できる遊びとなっていく可能性がある。このように、日常の生活の中で起こる思いがけないできごとを自分たちで考え、相談し、共有していく経験が園生活を豊かなものにする。

3節のまとめ

(1) センス・オブ・ワンダー

幼稚園や保育園において園の保育内容を考える際には、子どもを取り巻く自然環境がどれほど存在し、子どもたちが直接的に関わる経験がどれほどできるのかということを考えなければならない。幼稚園教育要領や保育所保育指針の領域「環境」の内容にも、「自然に触れて生活し、その大きさ、美しさ、不思議さなどに気付く」[1)]と示されている。

レイチェル・カーソンの遺作である「センス・オブ・ワンダー」には、幼いロジャーと共に海岸や森を探索した経験が詩情豊かに書かれており、星空を眺め、鳥の声や風の音に耳を澄ませ、雨の日も嵐の日にも外へ出かけていったその情景と、それら自然に触れたロジャーの姿を記している。レイチェル・カーソンは、すべての子どもは生まれながらに「センス・オブ・ワンダー」、つまり「神秘さや不思議さに目を見はる感性」が備わっていると述べている。このような子どもの「神秘さや不思議さに目を見はる感性」を育んでいくために、保育者は子どもが自然と関わる機会を考え、園内外の環境を利用したり整えたりして、様々な動植物や自然事象に接することができるようにする必要がある。

またレイチェル・カーソンは、大人になるにつれて人工的なものに夢中になり失われつつある「センス・オブ・ワンダー」をいつまでも失わないでほしいと訴えており、そのために必要なことは、「わたしたちが住んでいる世界のよろこび、感激、神秘などを子どもといっしょに再発見し、感動を分かち合ってくれる大人が、すくなくともひとり、そばにいる」[2)]ことであると述べている。

このことから、保育者にとって、自らの感性を豊かに保ち、自然とその変化の素晴らしさに感動することや、子どもの示すささやかな自然への気づきや関わりに共感していく姿勢が大切であることがわかる。子どもと関わる保育者は、子どもに、動植物や土、砂、水や光などの自然に全身を介して直接触れ合う体験を保障するための“場所やモノや時間”を準備するとともに、“私たち人間の営みには自然環境との関わりが欠かせない”ということを日々の園生活の様々な場面において常に意識し、自然に敬意を払い生活を営んでいく姿勢でいることが大切である。

（2）動植物との関わり

自然との関わりの中でも、特に動物や植物との関わりは具体的な保育場面においてはその保育の内容が重要になる。幼稚園教育要領、保育所保育指針共に領域「環境」に「身近な動植物に親しみをもって接し、生命の尊さに気付き、いたわったり、大切にしたりする」という内容があるように、子どもは、小動物と一緒に遊んだり、草花を育てたり、興味をもってみたり、世話をしたりするといった関わりを通して、命あるものに対しての親しみや畏敬の念を感じ、生命を大切にする気持ちをもつのである。

園内で生活を共にしている生き物は、子どもにとって特別な意味をもってくる。子どもはその愛着をもった生き物を擬人的に理解しようとしたり、世話をしようとしたりすることがある。時にそれが残酷な場面を引き起こすこともあるが、体験を通して自分とは違うその生き物の特性がわかるようになり、その生き物が過ごしやすい飼い方にも目を向けられるようになっていくのである。生きている物への温かな感情が芽生え、自分と違う存在としての生命の意味を感じてくるのである。植物の栽培においても、みんなで世話をした植物が徐々に生長していくにつれて、生命のあるものを大切にしようとする気持ちが芽生え、みんなと一緒に育てたから大事にしたいという気持ちをもつようになる。

最近では、保育者が身近な生き物と触れ合わないままに大人になっている場合が多く、保育者を志す学生を見ていても、全体的に昆虫や幼虫など身近な生き物に対して抵抗感が強い。また、飼い方を知らずに安易に飼い始めたことにより、子どもにとって悲惨な結末を迎えてしまう事例も少なくない。生き物を飼う時には、その生き物の生態や飼うにあたっての配慮など、生き物を飼うことで起こってくるできごとすべてを受け止めていく覚悟や姿勢が必要であり、飼い始めたら最後まで世話をするという計画や責任をもつことが必要となる。

1）幼稚園教育要領第２章「環境」２－（1）、保育所保育指針第２章３－（2）ウ－(ｲ)①
2）レイチェル・カーソン著、上遠恵子訳『センス・オブ・ワンダー』新潮社、1996、pp23-24

(3) 考えたり試したりする環境

子どもが周囲の環境と関わることを通して知的好奇心を育んでいくためには、遊びや生活の中で起こってくる事柄に対する必要感に基づいて考えたり試行錯誤したりすることができる体験が必要となる。幼児期に大切にしたいことは、早期教育のように文字や数量などを特定の知識として獲得させていくための注入型の教育を行うことではなく、子どもさながらの生活の中で起こってくる必要感によって、自然と文字や数量の感覚を身につけていくことである。子どもの充実した遊びの中には実に知的で論理的な営みがあり、探究心をもって試行錯誤しながら遊んでいることがよくある。それは事例④の芋掘りや焼き芋での子どもたちの姿からうかがうことができる。「どのような木や葉が燃えやすいのか」というものの性質に関する探究は、机上や保育者主導で学ぶことではなく、芋を焼くという必要感から、友達と一緒に始まったものであった。同様に、子どもたちが日常的な生活の中でも物を数えたり、長さや重さを比べたり、熱いもの・冷たいもの、硬いもの・柔らかいもの、明るい場所・暗い場所などのモノの性質を比較したり、絵本や掲示物の文字表現に関心をもったりすることはよくあることである。幼児期における数量や文字に関する保育者の指導は、確実に数を数えられたり、文字を正確に読めたり、書けたりすることをめざすものではなく、探究心や好奇心をもって試行錯誤していく中で、数量や図形や文字の役割や意味を体感し、興味・関心をもつことである。このような子どもの姿を実現していくためには、子どもの遊びや生活の中で保育者が、文字や図形に関心をもったり、数や量を比べたり、様々な物と関わったりする子どもの姿を読み取ることが重要である。

(4) 子どもの興味や関心に応じて創り変えていく環境構成

保育環境を構成していく時には、保育者が子どもの姿からねらいを設け、子どもが主体的に遊びに取り組んでいけるように、環境に意図を込めて構成していく必要がある。言い換えると環境に意図を込めて構成するということは、保育者が“こう育ってほしい”という願いをもちつつ子どもの能動性や主体性を尊重した保育内容を展開していくということである。研修等で現役保育者と話していても、保育内容を考える時に園庭環境や室内環境をつくり変えるということにあまり考えが及んでいない人もいる。幼稚園教育要領第1章総則の第1節幼稚園教育の基本では、「教師は、幼児との信頼関係を十分に築き、幼児が身近な環境に主体的に関わり、環境との関わり方や意味に気付き、これらを取り込もうとして、試行錯誤したり、考えたりするようになる幼児期の教育における見方・考え方を生かし、幼児と共によりよい教育環境を創造するように努めるものとする。」とあり、環境は子どもと共に創り上げていくもので、その都度構成されていくものであることがわかる。

保育者には、子どもの思いや興味・関心を理解し、場所やモノや時間などの環境を必要に応じて変えていくことが求められている。保育者がその子にどのような経験をしてほしいのかというねらいをもって環境を構成し続けていくことにより、生活が豊かで潤いのあるものとなると同時に、子どもたち自身が意欲的に自分たちの生活を創っていこうとする能動性が生まれるのである。

4 「言葉」と保育内容

乳幼児期は、人間の言葉が初めて子どもの口から生まれ出てくる時期である。最初は泣き声を上げるだけだったのに、幼児期の終わりには友達と議論をし、本を読み、物語を聞いて感動し、思いを手紙にのせて書くことさえする。なんと高度で複雑な力を発揮し始めるのであろうか。保育者は、自らの関わりや言葉に子どもが一層反応するようになっていき、言葉が育っていく不思議な日々を、子どものそばでつぶさに見届けることができるという幸せを味わう。

しかし、子どもは言葉の発音、語彙、使用法などに注目して、技術的に習得していくだけではない。この章の始めから何度も繰り返しているが、乳幼児期は人間としての基礎を築く時期であり、まずは言葉を使おうとする人間、言葉を必要とする人間になる準備から始まる。幼児期後半、５～６歳になると、子ども同士の生活の場で、蓄え始めた言葉の力を駆使して考える、伝える、予測する、相談するなどのことをし始める。必ずしも気の合う同士でなくても、コミュニケーションを取りながら遊びを進めていけるようになったり、役割を分担するなどしてダイナミックな活動に取り組んだりもする。そしてそれらの経験によって周囲の事物への興味・関心を強めていく姿がある。高度な技術の段階には達していなくても、ここではすでに言葉の力が駆使されている。世界の探究を進めていくためにも、人とより良く一緒に生きていくためにも、言葉が様々な能力を統合して、より高次の機能を発揮できるようになる姿である。

幼児期の最終段階ではこのような姿が見られることを念頭に置き、乳幼児期の保育においてはまず、言葉を使うことが自分の表現の方法として取り入れられていくこと、そしてほかの人が発する言葉やその表現に注意・関心を向け、伝え合う喜びを味わうこと、言葉の文化財に親しむことなどがねらいとして挙げられる。実際にどのような子どもの姿があるのかを事例から見てみよう。

事例①　**「喜びの爆発」**　４か月

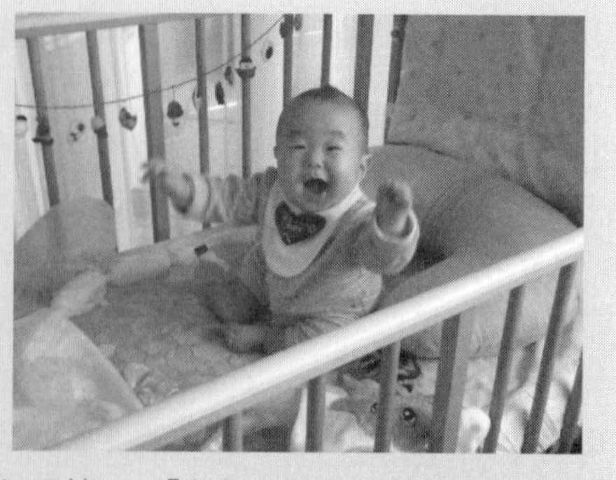

ミルクを飲んで満足したワタルくんは、ベビーベッドで機嫌良くしている。母親は今のうちに洗濯物を干そうとベビーベッドのそばを行ったり来たりして動き回る。ワタルくんはしばらくガラガラで遊んでいたが、洗濯物を干す母の姿を発見すると、ずっとその動きを目で追う。母もなんだか放っておけない気持ちになって、ベッドのそばに行きワタルくんの顔をのぞき込み名前を呼ぶ。すると、ワタルくんは首をすくめ顔をくしゃくしゃにして笑い、「あうーあうー」と声を出し

両手をぶんぶん振り、両足をつんつん突っ張って大喜びする。母は抱っこしないではいられなくなり、結局洗濯物干しはしばし中断となる。

あなたがもし乳児のように言葉を話せないとすると、どのように気持ちを伝えよう（表そう）としますか？　また、この時のワタルの喜びがどれくらいのものなのか考えてみましょう。

事例①を読み解く　呼ばれて応える

ワタルは近くで動き回る母親の姿を捉え、自分の方に来てほしい気持ちがあって動きを目で追っていたのであろう。母親は自分を見ているワタルの様子にその気持ちを感じ取り、つまり呼ばれたように思い、そばに行く。母親がワタルの顔をのぞき込んで名前を呼んだそのタイミングで、ワタルに爆発的な喜びの応答が起こっている。自分の名前という認識はまだないとしても、先ほどから待っていた母親からの応答があり、目が合い、声が自分に降り注がれる。この時、母親はまだワタルに触っていないのだが、ワタルはまるで母の手に触れられたかのように、全身で反応している。呼びかける声は単なる聴覚刺激としてではなく、相手と触れ合ったと同様の経験になっている。両者の間で“呼ぶ・応える”の原型的な経験といえるだろう。

事例②　「必死の指さし」　11か月

ケイは姉におもちゃのお面をとられてしまい、近くで兄と遊んでいた祖父に必死でそれを訴えようとする。片方の人差し指でそのお面をつけて平然としている姉を指さし、もう片方の人差し指で祖父を指さして姉を見たり祖父を見たりしながら一生懸命泣く。祖父はそんなケイの様子をおもしろがりながらも、一生懸命ケイの顔を見てうなずきながら「そうなの、とられちゃったの、ミオちゃん（姉）がとっちゃったの、やだねぇ」と答えている。

あなたは、もしケイが言葉をしゃべっていたら、何を言ったと思いますか？

事例②を読み解く　言葉の代わり

この事例でもまだ言葉は使われていないが、この子どもはとてもはっきりとした指さしを使っている。大人の指さしは何かを指し示すもので、何を示しているかがわかれば役目は完了するが、言葉が出てくる前に使われる子どもの指さしは、しばしば言葉の代わりである。片方の人差し指が指し示しているのは姉（あるいはお面）だが、姉を示しているということがわかればよいのではなく、“とられちゃった！”というショックや、“あのお面がほしい！”と訴えている指先である。もう片方の人差し指は、“聞いて！　助けて！　何とかして！”という訴えを祖父に向けて発している。祖父は、ケイの人差し指があまりに雄弁に語るのをおもしろがりながら、まるでケイが言葉で訴えているのを聞いているかのように相づちを打つ（うなずく）など、自然に会話で応じているところが興味深い。実際に言葉が使いこなされるようになる以前には、言葉の代替をする視線や声、指さしを使いまわして、子どもは会話を行おうとする。

事例③　「最初の言葉」　1歳0か月

生後6か月よりイタリア在住のユウキくん。近所のおじいさんにかわいがられ仲良しになった。おじいさんがユウキくんに水を飲ませてくれながら「アックア（水）」と繰り返し言って聞かせている。その時ユウキくんは水を飲んでいてあまり聞いている様子もなかったが、後で母が水を飲ませる時「おじいさん、アックアって言ってたね」というと、母を見て「アックア」と繰り返す。それ以来水がほしいと「アックア！」とはっきり言う。

身近な人の言葉かけから水という言葉を覚えて使うようになったユウキ。あなたならまだ言葉を話さない乳児にどのような声かけをしますか？

事例③を読み解く　一語文に込められた思い

ユウキにとって「アックア」という語は、それまでたっぷりしゃべっていた喃語（なんご）にも似ていて発音しやすく、なおかつ大人との間で明確に意味を伝え合えるアイテムとして、スムーズに取り入れられたと考えられる。この後まもなくユウキは、飲む水だけでなく、水道の蛇口から出る水も、湖や川の水も、雨も「アックア」であることを知っていく。

このように乳児の発する最初の語には発音のしやすさと、それが指し示すものと子どもとの日常的な接触があり、子ども自身の経験の中ではすでによく知っている、あるいは関心が高い事物であるという特徴がある。

また一つの語の獲得が一語文と呼ばれるのは、たとえば「まんま」であれば、その一語に「お腹すいた」「これ好き」「これ食べたい」などの意味を込めるからである。そして乳児の語彙が増え、一語文でのコミュニケーションを大人との間で重ね、語と語のつながりを経験していくことを通して、より明確に自分の意思を表そうと二語、三語と連ねて使用していくようになる。

事例④ 「おはな　さいてる」 2歳

カナちゃんは近所のお友達ユミちゃんと一緒に公園に出かける。カナちゃんの方が前を歩いているが、時々ユミちゃんの方を振り返っては「こっちよー」「はやく　おいで」と手を振りながら声をかける。道端の花に気がつくと「おはな　さいてる」とそばにしゃがみ込んでじっと見つめている。

二語文を話すようになった子どもとの会話は、一語文の時とどのような違いがありますか？

事例④を読み解く　二語文で自分の気持ちを表す

２歳になると語彙が急速に増えていく。「これなに？」「なんていうの？」「なんで？」などの質問が一日中続くということもよく報告されている。また「だめ！」「いや！」などの拒否の言葉を積極的に使うようになり、反抗期などと言われることもあるほど、２歳の自己主張はエネルギッシュである。

語彙が増えていくということは、世界の中でわかること・知っていることが増えていくということであり、自分の生活する世界のあれこれにどんどん焦点が合ってきて、周囲がより鮮明に見えてきているのであろう。いろいろなことがわかってきた２歳児は自信にあふれ、自分からまわりに声をかけたり、近寄って行ったりするようになる。そして新たな発見や出合いを重ねていく。その時子どもたちが様々な意味を込めて伝えてくる短い言葉での表現を、保育者は、しっかりと受け止め、こちらも豊かな表現で応じて子どもと真摯に向き合い、共感し合えるとよい。

事例⑤ 「おにいちゃんたちと遊びたい」 2歳6か月

お昼前、マンションの公園でゴロウくんが母と妹（0歳）と遊んでいるところへ幼稚園バスが到着。年長児と思われる子どもたち４～５人が降りてきてお迎えのお母さんたちと合流する様子を、ゴロウくんはじっと見ている。その子どもたちは荷物をお母さんたちに渡すと、公園の中を走り回って遊び始める。立ち止まってじっと見ていたゴロウくんは「おにいちゃんたちとあそびたい」とはっきりつぶやく。母は、

"園児たち親子と全くの初対面だし…"、と一瞬戸惑い、「そうね～」と生返事。すると、ゴロウくんはおにいちゃんたちの方へと小走りに近づいていく。母は慌ててバギーを押して後を追う。その間に、園児たちはいつの間にか家へと引き上げて行っている。ゴロウくんはお兄ちゃんたちがいなくなってしまったことに気がつくと呆然とした表情になり、「あそびたいぃ！」と大きな声で言いながら母を振り返り、泣き出す。

泣き出したゴロウに声をかけるとしたら、あなたなら何と言いますか？

事例⑤を読み解く　心の表現

幼稚園バスから降りてきて、元気いっぱいに公園を走り回る年長児たちの姿を見て、ゴロウの中に強い憧れの気持ちが生じたのだろう。その憧れの思いが、"あのひとたちの中に自分も加わりたい"という思いになり、「おにいちゃんたちとあそびたい」という言葉になって表現されている。

この頃から、子どもたちは言葉で自分の気持ちを表現し始める。それもこの時のゴロウのように、自分でも初めて意識するような心の奥深くの気持ちである。言葉の力がそれをつかまえることができるくらいに育ってきているともいえよう。この場面ではゴロウの願いはかなわず、強く願った分悲しかったであろう。もしも母親がゴロウの願いの深さに気がついて、次のチャンスに期待を抱けるよう、励ましたり支えたりしたらどうだろう。ゴロウの憧れはしぼまずにいられるかもしれない。

２歳を越え、語彙への関心も引き続き高く、子どもたちは雨や風、陽射し、虹などの自然の様子も表現できるようになり、自分の心の中で起きているいろいろな感動を身近な人と分かち合うことができるようになる。また、様々な感情が自分の中にあることを意識しては、表現するようになる。身近な大人と心の動きを分かち合うことで、大人から返ってきた言葉を受け止めて、子どもはさらに身のまわりの世界に対する感受性を研ぎ澄ませていく。

事例⑥　「スパゲティどうぞ」　３歳

年少組の４月。砂場でコウタくんがお皿に砂を盛って「はい、スパゲティ」と保育者に差し出してくる。保育者がそれをいただいて食べるまねをし、「ごちそうさま」とお皿をコウタくんに返すと、次に「はい、チャーハン」と言って同じように皿に砂を盛って差し出した。同じようなやりとりでお皿をコウタくんに返すと、「はい、たまご焼き」「はい、アイス」「はい、大盛り」と、お皿に盛った砂のご飯を次々に保育者に差し出し、やりとりを楽しんだ。

保育者のそばを離れなかったヒナコちゃんも一緒に食事をいただいていたが、そのうちに自分から「カ

レーライスがいい」とコウタくんに向かって注文するようになった。近くにいたマユちゃんもやって来て、使っていたカップに砂を入れて「コーヒーどうぞ」と保育者に差し出した。

２人で遊んでいたレストランごっこは、言葉を媒介にみんなの遊びに広がっていきました。あなたならどのようなやりとりを楽しみますか？

事例⑥を読み解く　テンポのよいやりとり

事例のようなレストランごっこは、年少に始まり年長に至るまでよくみんなで楽しむ遊びの一つである。もちろんやりとりされるものの作り方や、状況の設定、役割の分担などは学年によって変化があるが、ここでは料理は皿に盛った砂の１種類のみ、厨房やカウンターなどの設定も特になく、役割分担も店員１名対先生のお客さんという、最もシンプルな形で展開している。このような場合、遊びの楽しさは子どもたちが親しんでいる言葉（好きな物の名前など）がテンポよくポンポンとやりとりされることで膨らんでくる。保育者もこの段階では遊びのシンプルさを大切にして、コウタとやりとりのテンポを合わせていくことに徹している。

年少組の４月ではまだ保育者の傍にいることで安心している子ども、他児の遊びに加わっていく方法を知らない子どもなど、多様な姿がある。しかし、「スパゲティ、チャーハン、たまご焼き、アイス」という言葉は誰もが楽しい気持ちで同じものをイメージできる言葉である。ここでは、むしろこの言葉のやりとりをみんなが聴いて楽しんでいるとも考えられる。そのうちに「大盛り！」などの言葉も飛び出してくると、（そしておそらく保育者のリアクションも加わって）そのユーモラスなイメージにふっと誘われて、保育者の傍で緊張していた子どもも「カレーライスがいい！」と声を上げる。コーヒーを入れてくれる子どもも参加してくる。このように、子どもたちが日頃からよく親しんでいて、共通のイメージをもてる言葉を使ってのやりとりを、保育者がほかの子どもたちのことも意識しながら楽しく演出していくことで、劇場のような一体感が生まれている。

事例⑦　「言葉の音に耳を澄ます」　5歳

年長児に言葉遊びの歌の読み聞かせをする。「あめりかうまれの　ありのありすさんが　あるあきの　あかるいあめのあさ…」とゆっくり読み始めると、年長児たちは最初は意味がつかめないのかぽかんとしている。保育者は構わず、しかし「あ」の音には意識しながら「あいにく　あしもとにあながあいていた。『あっ、あぶない！』とあわてて　あともどりしようとしたが　もうまにあわぬ。」と読み進めていくと、次第に「あ」の音が出てくるたびに「またぁ！」と笑い声が上がり始める。子どもたちが知らないだろうと思う言葉もあるが、今回は意味よりも語感の

おもしろさを味わってもらうためなので、特にいちいち説明せずに読み進める。最後の「それ、ほんと？」までくると子ども同士顔を見合わせて笑っている。

あなたは言葉遊びの楽しさを経験したことがありますか？　また、言葉遊びに親しむとどのような感性が育まれると思いますか？

事例⑦を読み解く　意味だけではない楽しみ

言葉は音声で語られ、音声を発するのは身体運動による。言葉は自分の身体から離れ、声に乗って相手に届き、相手の身体で受け止められる。身体の感覚で経験されていく言葉は基本である。

保育者は言葉を語の音や語られるテンポ、イントネーション、また身体の動きによる表現などと合わせて楽しむことを通して、言葉に対する子どもたちの感受性を高めていきたいものである。

また保育者は、子どもたちの前で声を発し、子どもたちに語りかける存在である。自分の身体がどのように音声を発し、自分の声はどのように相手に届くのか確かめてみよう。そして自分の声が自分らしく、相手に確かに届くものとなるように心がけていこう。言葉遊びは、子どもたちと一緒に楽しむうちに私たちの声がいっそう伸びやかに、表現力をもって発せられていくのを助けてくれる。

4節のまとめ

今日のように多言語・多文化共生の時代であるからこそ、乳幼児期に始まる言葉の獲得の時期に、いっそう人間として言葉の基盤を深く確かに築いていきたい。乳児は自分の生命のために、人の助けが必要であるから、声を上げる。そこから人を信頼し、関わることに喜びを感じ、声をたくさん使うようになり、笑う、呼びかける、答えるなどの行為が始まる。子どもたちと日々共に過ごす生活の中で、見過ごしてしまいそうな当たり前の、しかし無数のやりとりを重ねていくことで、健やかで力強い言葉が育まれていくことを、私たち保育者の大切な役割として意識していきたい。

以下、幼稚園教育要領・保育所保育指針で領域「言葉」（3歳児以上）のねらいとして挙げられている点を押さえつつまとめておきたい。

（1）自分の気持ちを言葉で表現する楽しさを味わう

言葉を使うことで、自分の心の中にある見えないものを取り出して相手に渡すことには感動もあるが、リスクもある。ちゃんと受け取ってもらえれば分かち合う喜びを経験できるが、大切に受け取られなかったり、誤解されたりしたら、むしろ表現したことで辛い思いをする。保育者は、言葉以外でも表現される子どもの気持ちを受け取る力をいっそう磨いていこう。事例でも見たように、言葉になる前から子どもたちは表現し、伝えている。正確に、共感をもって受け取り、子どもたちと分かち合う力を様々な方法で向上させていこう。

(2) 人の言葉や話などをよく聞き、自分の経験したことや考えたことを話し、伝え合う喜びを味わう

耳を澄ます、目を凝らす、という機会が少なくなっている。聞こうとしなくても聞こえてくる、見ようとしなくても見えてしまう、そんな情報過多の時代である。人がしっかり受け取れる情報の量は限られている。特に乳幼児に無選別に大量の情報や刺激を与える弊害は明らかである。保育者の言葉自体が無用に多くなっていないか、振り返ってみよう。“耳を澄ます”は、自分で自分の聴力を全開にして相手に向かうことである。“全身で聴く”、“全身で相手に向かう”、そうしないと相手を受け取り損ね、伝え合いが楽しいものにはならないだろう。

子どもたちが互いに聴き、語り合うことから深い満足を得られるように、集いの時間などを活用したい。子どもたちと味わい深い交わりができるように、どのような工夫ができるか考え、学んでいこう。

(3) 日常生活に必要な言葉がわかるようになるとともに、絵本や物語などに親しみまわりの大人や友達と心を通わせる

保育者は言葉の文化財をただ鑑賞し楽しむだけではなく、自分でも語ったり、演じたりしていこう。そうすることで保育者の身体から発せられた生の音声を通して、子どもたちが言葉の文化財の数々を受け取れる。保育者の身体を通すことによって過剰な刺激や情報量になることを防ぐこともできる。

保育内容はすべての領域において同様であるが、「言葉」の領域もやはり保育者自身の言葉の使い方、言葉を使う人としてのありようが、子どもたちに吸収されていく。私たち自身の言葉の根っこをもう一度掘り起こし、栄養を注ぎ、子どもたちにその実を分かち合えるように育てておこう。

保育者をめざす学びの中で、手に取るのはつい絵本が多くなりがちかもしれない。しかし、絵本しか知らないのでは、絵本の真の価値はわからない。学生の時にこそ、文学でも、演劇でも、言葉の文化財を幅広く、たっぷりと味わっておいてほしい。

5 「表現」と保育内容

大半の人が「表現」と聞くと絵を描く、ものを作る、歌を歌う、楽器で演奏するなどを思い浮かべる。保育者や教師をめざす学生の中には、“自分は絵が下手だから…”“歌うのはどうも不得手で…”などと、「表現」すること自体に苦手意識をもつ人が少なくない。では、あなたはどうであろうか。中には得意な人もいるが、一方で、苦手意識があり、子どもたちにどう表現をさせていくのか不安に思っている学生もいる。つまりこの節で取り上げる保育内容「表現」は、得手、不得手で捉えられやすい領域なのである。

しかし、本来「表現」の領域で子どもたちに育もうとしていることは、上手にできたか、立派な作品に仕上がったかなどの結果を重視するものではない。その子らしさや表現する過程を重視することで、豊かな感性や表現する力を養い、創造性を豊かにすることなどをねらいとしているものである。

そこで、ここでは事例を通して、「表現」の領域がねらいとしていること、生活や遊びの中で子どもの表現力が自然にかつ豊かに養われていく様子、保育者自身の表現力などについて考えていく。「健康」「人間関係」「環境」「言葉」など、ほかの領域とも様々に絡み合いながら展開されていく保育内容「表現」について学んでいこう。

事例①　「アキトくん、上手！　上手！」　1歳1か月

最近アキトくんは、保育者の歌に合わせて、よく手遊びを披露してくれる。昔から歌い継がれているものが多い。“かいぐりかいぐりトットの目”や“おつむテンテン”などだ。家族に祖母がいて、よくアキトくんと遊んでいるという。

その日は、昼寝から覚めて、保育者が「かいぐりかいぐり～」と歌い出すと、ご機嫌斜めだったアキトくんが、リズムを取るように膝を上下にし、嬉しそうに両手をグルグル回し出した。保育者が、「トットの目」と歌いながらした仕草を真似ている。この日は“おつむテンテン”もとても楽しそうにできた。保育者が思わず「アキトくん、上手！　上手！」と褒めると、何度も何度も楽しそうに繰り返していた。

昼寝から覚め、ご機嫌斜めだったアキトが、何度も繰り返して遊びを楽しんでいます。あなたは、アキトのこの姿や保育者の援助をどう思いますか？

事例①を読み解く　繰り返し表現する楽しさ

乳幼児期は、手遊びに限らず、事例のアキトのように多くの遊びで同じことを繰り返し楽しむ姿がよく見られる。乳幼児期の子どもたちが“繰り返し楽しむ”ことには大切な意義が

ある。乳幼児期は、親や保育者など親しみをもっている大人の言動を模倣し、素朴にやってみようとすることが多い。子どもは、楽しいと感じる、おもしろそうと思う、不思議だなと捉えるなどして心を動かされると、すぐに模倣したり、表現したりするものである。そして何度でも繰り返す姿を見せる。繰り返し楽しむことが子どもたちに、興味や関心をもったものを表現する喜びや満足感を与える。信頼できる大人に「上手！　上手！」と認めてもらうことで情緒の安定も図られる。昼寝から覚めて、アキトはボーッとしていたであろう。ご機嫌斜めだったアキトに、保育者が“かいぐりかいぐりトットの目”と歌いかけた時のアキトの目の輝きが見えるようである。また、この事例では、家庭に居る祖母の存在も素敵だ。

事例② 「わっ、おもしろそう！」 3歳

隣のクラスでテンポの良い音楽に合わせて、スズランテープ製のポンポンをもって子どもたちが思い思いに踊っている。マミコちゃんは保育室の棚にあるポンポンを持って隣のクラスに踊りに出かけた。すぐに保育者や友達の動きを真似てマミコちゃんも嬉しそうに体を動かし始めた。その途端、曲が終わってしまう。ほかの子の声が響く。「先生、もう１回、今と同じのかけて！」。その声に合わせて、マミコちゃんも、「もう１回、もう１回」と声を上げる。

自分から隣のクラスに出かけて行き、すぐに仲間に加わって踊りを楽しむマミコ。あなたは、マミコがどのような思いで隣のクラスの遊びに加わったと思いますか？ また、踊りを楽しむ中でどのような経験をしていると思いますか？

事例②を読み解く　表現する意欲

マミコに限らず、子どもたちは、曲に合わせて歌ったり体を動かしたりすることをとても好む。マミコも隣のクラスから聞こえてくるテンポの良い音楽に自分も踊りたいという意欲を掻き立てられている。この園には、子どもたちの自主的・自発的な欲求を叶えてくれる環境が十分に整えられている。そこで次に、適切な環境の要素を整理してみよう。

○おもしろそう、やってみたいなど、子どもの感じる心をくすぐる雰囲気がある
○いつでも取り出せる場所にポンポンなどの教材が用意されている
○隣のクラスとの往来が自由にでき、保育者同士の連携も図られている
○みんなで一緒に楽しめるよう誰もが受け入れてもらえる雰囲気がある

これらを実現するためには、園の保育・教育の方針が土台となった環境づくりがあって、初めてマミコの自主的な欲求が叶えられる。マミコにとって、ほかのクラスで踊りを楽しむ

というのは初めての体験ではなかったのであろう。「あっ、今日もやってる、私もやりたい！」とまずは子どもが心を動かしたり、感じたりする環境があるということが大切である。マミコの心を動かした環境が、自分から進んで行動を起こすことにつながっている。

３歳の頃は、園生活に慣れてくると所属意識をもつようになり、自分たちのクラスに他人が入るのを拒む姿が出てくる。それも発達の一つの表れであるが、まず保育者は誰でも気持ちよく受け入れられる保育の方向性をもつことも大切である。そのためには、クラス間、あるいは園全体で、保育者同士の連携・協力が欠かせない。この事例では、保育者の連携や、受け入れ合う人間関係が育っていることなどから、マミコに限らず子どもたちの“表現したい”という欲求が引き出されている。表現することを楽しむためには、園全体の環境づくりが欠かせないのである。

事例③　「やりたくない」　４歳

１学期のトモキくんは様々なことに興味をもち、ダンス、製作、お絵かき、砂場、虫取り、鬼ごっこなどを張り切って行っていた。しかし２学期になると、みんなで一緒に運動会の絵を描いたり、ダンスを踊ったりするときに表情を曇らせるようになった。時には泣いて、「やりたくない」と訴えることも多くなった。ある日、トモキくんに理由をたずねると、みんなのようにうまくできないから嫌だという。

保育では、自分に自信をもてず、上手にできないからと活動を嫌がる子どもに結構出会います。あなたは、このような子どもにどのように声をかけていきますか？

事例③を読み解く　トモキくんのも素敵

トモキはこれまでの自己中心的な世界から、まわりに目が向くようになったと考えられる。また、この時期は認識力や色彩感覚も発達を見せる。従ってトモキのように自分と相手とを比較し、一見退行したかのような姿を見せることは、発達の過程でしばしば起こる。

もし保育者が、わがままと捉えてトモキを叱ったらどうなるであろうか？　トモキの気持ちを無視することで互いの関係が築かれず、良い結果をもたらさないことは明白であろう。お絵かきやダンスなどの表現は、本来、自分なりに楽しむものである。子どもの内なる感性が、お絵かきやダンスという表現の形をもってあふれ出てくるものである。トモキのような子に出会ったら、保育者は、みんな違っていてよいこと、トモキの作品もとても素敵なことなどを丁寧に関わりながら伝えたい。また、保育者自身が子どもに結果を求めていないか、子どもの本当の気持ちに気づき、受け止めているか、困っていることに共感し具体的に手を差し伸べているかを考える必要がある。その上で、トモキはトモキでよいのだというメッ

セージを、まわりの子どもたちにも送り、安心して自分を表現し行動できるようきめ細かに、焦らずに接していきたい。その子らしさを認めていく保育者の姿勢がまわりの子どもたちにも良い影響をもたらすのである。

事例④ 「変なの〜！」 4歳

ミチルちゃんは、自分でティッシュの箱に犬の顔をつけ、紙テープをひもにして、「ワンちゃんのお散歩」と言いながら部屋中を楽しそうに歩いていた。ダンボールで作った犬小屋にワンちゃんを入れた時、アミちゃんがきて突然「変なの〜！」と大きな声でミチルちゃんに言う。ミチルちゃんは大声で泣き出した。ミチルちゃんの泣き声を聞き保育者が近づく。訳を聞くと「アミちゃんが変なのって言う！」と訴えた。アミちゃんに訳を尋ねると「だってしっぽがないし足もないもん」と話す。それを聞き、泣いていたミチルちゃんはパタッと泣き止み、「エッ？」という顔を向ける。

こんな時大人は、ついついアミをたしなめてしまうことが多いのではないでしょうか。もしあなたが保育者としてこの場にいたら、どのように対応しますか？

事例④を読み解く　双方の率直な思いを引き出す

この時期の子どもはほかの子の作品や行動をよく批判する。しかし、大人から見て批判と思えることも、よく聞いてみればその子の率直な思いの表現であることが多い。保育者が、「どこが変？　教えてくれる？」と訳を聞くと、アミのように、「だってしっぽがないし足もないもん」と単純に答えてくれることも多い。こうしたやりとりから、ミチルは犬にはしっぽがあり、足があることに初めて気づくのかもしれない。そして、「そっか、しっぽね。それと足。ミチルちゃん一緒につけてみようか？　アミちゃん教えてくれる？」などの保育者の援助が２人の関係を密なものにしていくであろう。「変なの〜！」というアミの言葉から始まった子どもたち同士のささやかなトラブルが、保育者の援助で、双方の率直な思いを引き出し、自分の思いを相手に言葉で表現することにつながっていく。さらに保育者は、子どもたちの素直な思いに驚かされ、多くの学びを得ることになるのである。

事例⑤ 「きもちいいね〜！」 4歳

発表会に子どもたちの好きな曲で合奏をしようと計画を立てる。カスタネットやタンバリンや鈴などの打楽器で、パートに分かれて叩く。遊びの中で８人ほどの子どもたちが曲に合わせ好きなリズムで叩いている。するとアヤカちゃんが「ねえ、ここ鈴だけにしよう」「合わせて叩こうよ」などの提案をする。ほかの子どもたちはそうした合奏の様子を見聞きしながら遊んでいる。「入れて！」と自由に入ったり出たりする姿も見られる。発表会では、25名のクラス全員ですることになった。数日にわたり、子どもたちの意見も取り入れながら発表会に向けて合奏を楽しんでいるうちに、保育者は、音を合わせようとする子どもたちの意識をはっきりと感じるようになった。そして発表会の前日、曲の終わりが「パン、パン、パン」と、きれいに音が揃った瞬間を捉えて、サトシくんがタイミング良く「きもちいいね〜！」と叫んだ。クラス全員から温かい笑いが起こった。

このクラスの子どもたちのように合奏の楽しさを十分に味わうには、あなたは、保育の中で何を大切にしたらよいと考えますか？

事例⑤を読み解く　保育を構想する保育者の専門性

読んでいて笑みを誘う事例である。サトシの「きもちいいね〜！」の一言でクラス中に温かい笑いが起こった様子を想像するだけで楽しくもなる。本来、乳児も幼児も心地良い音や音楽に触れることを好む。まして、4歳にもなれば、リズム、メロディー、歌詞などに関する感性が豊かになり、簡単な楽器であれば正しく楽しく扱えるようになる。

しかし、ここで保育者は留意しなければならない。発表会に向けて計画を立て、でき栄えや結果を求めすぎると、時として子どもたちの表現の楽しさを奪いかねないからである。上手にできないからとクラス全員を前に保育者が叱る光景は決して無いことではない。

この事例では、子どもたちの興味・関心を大切にし、自由な時間の中で自分なりの楽しみ方ができる環境を整えている。アヤカのように、より楽しくするための工夫や提案もなされている。ほかの子どもたちにもさりげなく楽しさが伝わる環境もある。そうした時間や場の保障があって、子どもたちの気持ちは自然と発表会でみんなで演奏したいという方向へ進んだのではないだろうか。子どもたちの気持ちに寄り添い、子どもと共に創り上げ、発表の場へとつなげるなど、保育を構想している保育者としての専門性が見事である。

事例⑥　「ここはピラミッドにしようよ！」　5歳

2学期末の発表会。そら組では「さるかに合戦」の劇をすることになった。昔話を基盤にしながらも随所で子どもたちのアイデアを取り入れながら劇づくりが進む。蒔いた柿の種がグングン伸びるところで、コウスケから思いもかけないアイデアが出され保育者は驚く。「ねえ、ここはグングン伸びるんだからピラミッドにしようよ！」と言ったのである。一瞬

クラスに「えっ！」という雰囲気が流れた。しかし、すぐにユウタが「それいいねえ、運動会でやったもんね」と答え、みんなも、「おもしろそう！」と大いに乗り気になった。
　子どもたちからは、カニのお母さんを死なせるのはかわいそうだからと、携帯で救急車を呼びお医者さんが注射をして治すなどのアイデアも出され、当日は拍手喝采となった。

年長児の劇づくり。子どもたちのアイデアが随所で生かされています。この練習風景では、運動会の組体操の経験が生きています。体験や経験を積み重ねることと表現とは、どのような関連性をもつか考えてみましょう。

事例⑥を読み解く　演じて楽しむ

　事例には続きがある。このあと、誰が柿の木のてっぺんに立つかという話になり、みんながヒロシを推薦した。はじめ戸惑ったものの、「運動会の時上手だった」「軽いし背が高いから」という友達の声に押されて、ヒロシもやる気になったという。練習でヒロシが落ちそうになったことがあった。その時子どもたちから、「１段目と２段目の人はもっと強く頑張ろうよ。ヒロシくんが落ちちゃうから」と声が上がる。保育者は、この機を捉えて改めて一人ひとりの頑張りや互いに助け合い協力する大切さを伝えた。子どもたち自身も役割を担う大切さに気づいたという。
　運動会で行った組体操の経験は劇の一場面を飾った。しかし、子どもたちの経験や体験の積み重ねは、そこにとどまらず、その後の園生活や遊びの中で、それぞれが自分のイメージを膨らませたり、友達と共感し合ったり、共に行動したりする機会をもつことにつながった。“演じて楽しむ”という表現としての行動が、友達関係や自然との触れ合い、生活や遊びの中での助け合い等、多くの経験を生んでいる。

5節のまとめ

　この節のはじめで、保育内容「表現」は、得手、不得手で捉えられやすい領域であると記した。ここまで読み進めて、苦手意識をもつのは学生のみなさんや大人ばかりでなく、幼児にも既にそうした意識が芽生えることに気づいたであろう。事例③「やりたくない」のトモキ、事例④「変なの～！」と言われたミチルなどの例からもわかる通りである。
　一方で、これらの事例からは、上手にできない、変なのと言われて遊びが中断されるなどの子どものつまずきが、その後の保育者の適切な関わりや友達の支えを得て、心の不安を解き、遊びをさらに充実させていくものであることも理解したことと思う。
　ここでは次に、表現することを楽しむために大切にしたいことを補足しておきたい。事例や「事例を読み解く」と合わせて参考にされたい。

（1）感じる心

　あなたは、子どもたちが表現するための原動力となることは何だと考えるだろうか。真っ先に挙げたいのは、〈感じる心〉である。“おもしろそう”“何だろう”“綺麗だな”“不思議だな”等、心を揺らし、感性を刺激するできごとを、子どもたちがキャッチするところから〈感じる心〉が動き出す。

では、子どもたちの〈感じる心〉が動き出すために必要なことは何だと考えるだろうか。

よく見る・聞く、実際に触れてみる等、五感を十分に働かせることが、〈感じる心〉の原動力となる。幼稚園や保育園、こども園等で子どもを取り巻く環境の重要性が問われるのはこうしたところに理由の一つがある。事例②に挙げたマミコは、まさしく保育者が構成した環境に刺激され、心を動かし、表現したと捉えられる。〈感じる心〉を育んでいくことが子どもたちの表現する力を豊かにしていくのである。

（2）内面の動き

あなたは、〈感じる心〉が動き出したあとに、子どもたちにはどのような変化があると考えるだろうか。

筆者は、おもしろそう、何だろう、綺麗だな、不思議だな等、〈感じる心〉を全開にした子どもたちを待っているのは、子どもたちの〈内面の動き〉であると考えている。事例①のアキトが、昼寝から覚めた場面を思い出してみよう。機嫌の悪かったアキトがすぐに手遊びを楽しみ笑顔になった。**起こされちゃった→やだな→でも何だかおもしろそう→やってみたい**。言葉では伝えられないが、アキトの内面にこうした心の動きがあったことは容易に想像できる。事例⑤では、アヤカが「ねえ、ここ鈴だけにしよう」「合わせて叩こうよ」などと提案をする場面がある。友達と合奏をし、楽しいと感じる一方で、アヤカの内面に、**合奏はとても楽しい→こうしたらもっと楽しくなる→みんなに伝えてみよう**等、楽しいと感じる一方で考えたり、言葉で伝えようとしたりする〈内面の動き〉が見られるのである。

こうした〈内面の動き〉に保育者が気づき、寄り添い、具体的な援助や指導をすることが子どもたちの表現をより豊かなものしていく。

（3）行動する力

〈感じる心〉が出発点となり〈内面の動き〉を心にもったあと、表現するに至る大切なことをあなたは何だと考えるであろうか。

事例⑥では、子どもたちが〈行動する力〉を存分に発揮している。年長であるなら、みんなで劇を成功させたい、力を合わせたいという気持ちも働いたであろう。友達や保育者とアイデアを出し合いながら進めている姿に不自然さはなく、より前向きに表現を楽しむ姿がうかがえる。

こうした〈行動する力〉を支えるのは子どもの身体（性）である。考えたこと、感じたことを〈行動する力〉へと転化していくための子どもの身体（性）に注目することはとても大切である。組体操のピラミッドのような大きな動きは目に見えやすい。では、言葉や動きにならないちょっとした表情、何気ない仕草、外面につながらない身体である内面の動きはどうだろうか。子どもの身体（性）を表現という視点から多様に読み取り、率直に〈行動する力〉を養っていくことも大切である。

6　保育者の専門性

「保育者の専門性」は、保育士と幼稚園教諭とで若干求められるニュアンスが異なる。

保育所保育指針解説によれば、保育士の専門性を、『①これからの社会に求められる資質を踏まえながら、乳幼児期の子どもの発達に関する専門的知識を基に子どもの育ちを見通し、一人一人の子どもの発達を援助する知識及び技術、②子どもの発達過程や意欲を踏まえ、子ども自らが生活していく力を細やかに助ける生活援助の知識及び技術、（〜中略〜）、⑥保護者等への相談、助言に関する知識及び技術』[1] とし、６項目のいずれも、知識や技術を重視し、加えて倫理観に裏づけられた「判断」が求められるとしている。

一方、幼稚園教育要領及び同解説では、教師の役割として『幼児の主体的な活動を促すためには、教師が多様な関わりをもつことが重要であることを踏まえ、教師は、理解者、共同作業者など様々な役割を果たし、幼児の発達に必要な豊かな体験が得られるよう、活動の場面に応じて、適切な指導を行うようにすること』[2] とし、教師の役割を果たすために、幼稚園教育の専門性を磨くこととしている。専門性とは、『幼稚園教育の内容を理解し、これらの役割を教師自らが責任をもって日々主体的に果たすこと』[3] としている。

多少のニュアンスの違いはあるものの、保育士にも幼稚園教諭にもさらには保育教諭にも共通することとして、保育者としてそれぞれの専門性の向上を図ることが求められている。この節では、こうした前提を踏まえつつ、日々の保育の中で、保育者が子どもや保護者と接する具体的な事例から、保育者の専門性を捉えていく。

事例①　「手足をパタパタさせて」　4か月

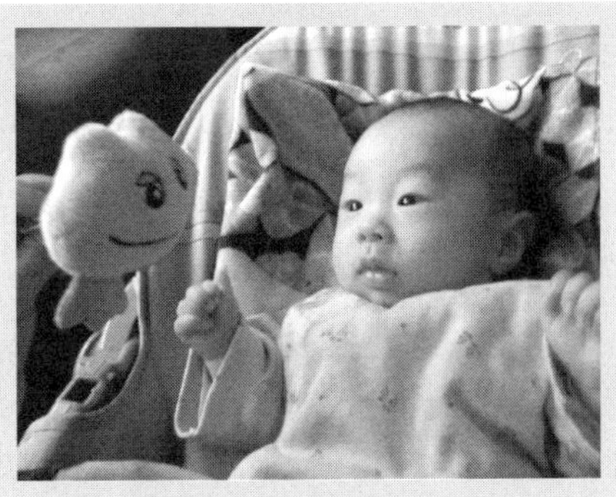

ユウヤくんは、保育者が近づくと手足をパタパタとさせて、喜ぶ様子を見せる。

保育者が人形を差し出すとジッと見つめる。「ユウヤく〜ん、こ〜んにちは〜。今日もご機嫌ですね〜」。

ユウヤくんは、保育者の言葉に再び手足をパタパタと活発に動かす。動かしては、また人形を見つめる。そしてまた、保育者が言葉をかける。「きょうは、カエルさんが、お外から遊びに来ましたよ〜」。

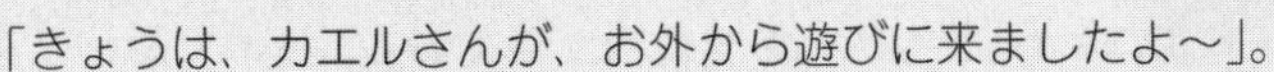

あなたは、人形を媒介にした、保育者とユウヤの関わりから何を思いますか？

1）『保育所保育指針解説』厚生労働省、2018、p17
2）幼稚園教育要領第１章第４－３－(7)
3）『幼稚園教育要領解説』文部科学省、2018、p41

事例①を読み解く　ひとりの人間として向き合う

この時期の子どもは、首がすわり手足の動きが活発になる。視覚や聴覚が発達し、まわりの人やものをジッと見たり、保育者など大人の話し声の方に目を向けたりするようになる。ユウヤも首がすわり、まわりのものを自分の力で捉えることができるようになった。保育者が近づく様子に自分で気づいている。差し出された人形に興味を示し、ジッと見るなどの反応を示している。保育者が優しくゆったりと接していることが、ユウヤにとっては心地良い。そして安心して興味のあるものに関わることができる空間を生んでいる。生まれてまだ4か月。赤ちゃんの育つ力や発達する姿に畏敬の念を覚える。どんなに幼い子どもでもひとりの人間として向き合い、成長を支えていく保育者の確かな自覚こそが専門性であろう。

事例②　「チョウチョになりたい」　2歳

マユちゃんが「マユもチョウチョになりたい」と保育者に言ってくる。保育者は、マユちゃんと一緒に、背中に大きな羽をつけることにした。広告紙を羽の形に切り、テープでマユちゃんの背中につけた。マユちゃんは早速手をひらひらとさせながら台に乗ったり廊下やテラスを飛び回ったりする。

それを見ていたカナコちゃんやマナミちゃんも「カナもつけたい」、「マナミも！　チョウチョになる」と保育者に言ってきた。3人は同じように背中に羽をつけ、連なって、飛ぶように遊び始めた。

こうした場面は遊びの中でよく見られます。あなたは、今後この遊びを支えるために、どのように援助していきますか？

事例②を読み解く　自分から進んですることの意味

マユがつけていた背中の大きな羽は、カナコやマナミにとっても、とても魅力的だったに違いない。子どもは、遊びの中で興味や関心をもつと、自分から進んでしてほしいことを伝えてくるようになる。自分がしたいと思ったことを十分にすることで、子どもたちは、満足感を得たり情緒が安定したりし、さらにまた、まわりに目が向くようになる。自分のしたいことを叶え共に楽しむ保育者との信頼関係も深さを増していく。自分から進んで遊ぼうとする子どもたちを支えることは、保育者にとって大変重要な役割なのである。

保育者は、マユたちの動きを予想して、広告紙やセロハンテープ、クレヨンなど、いつでも、「チョウチョになりたい」という子どもたちの欲求が叶えられるよう、教材を用意していたに違いない。子どもたちが気づくよう、保育者自身がチョウの羽を背中につけていたのかもしれない。そうだとしたら、一見さりげないように見えながら、子どもたちの実態を的確に捉え、活動を予測し、憧れを形成するモデルとしての環境をも整えている保育者の専門性が光る事例である。

事例③ 「最終電車の時間になりました」 3歳

いつもプラレールで遊んでいるタケルくんとコウセイくん。「片づけにしよう！」と保育者が声をかけてもいつも片づけることができず、ほかの友達がレールを片づけ出すと、2人とも「止めろよ」と怒ったり泣き出したりする。

今日は保育者も2人と一緒にプラレールで遊び、レールをたくさんつなげ、積み木やブロックで駅や車庫をつくる。片づけの時間になり、保育者が「最終電車の時間になりました。電車は車庫に入ります」と言うと、2人ともそのまま電車を車庫に入れる。さらに保育者が「お弁当のあとはまた出発です」と言葉をかけると、レールも片づけ出す。

あなたは、3歳児が片づけをどの程度理解していると思いますか？　また、この事例の保育者の援助をどう考えますか？

事例③を読み解く 「お弁当のあとはまた出発です」

この事例のタケルやコウセイが、「片づけ」をどの程度理解していたかが気になるところである。年齢や発達、遊びの事情などで違いはあるが、子どもたちがどの程度片づけの必要性や意味を理解しているか、考えてみることは大切である。仮に、タケルもコウセイも、2人ともが全く片づけに意識がなかったとしたらどうか。楽しく遊んでいるさなかに片づけと言われているのである。遊びが楽しければ楽しいほど、素直になれない気持ちは容易に推測できる。

この日は、保育者が一緒に遊び、「最終電車の時間になりました」と言う言葉だけで、2人はスンナリ片づけ始めた。何がいつもと異なるのか。子どもたちは、「片づけ」という抽象的な言葉はわからなくても、ストーリーには乗れるのである。保育者は続けて、電車は車庫に入ること、弁当のあとはまた出発することを伝えている。タケルとコウセイが喜んで電車を車庫に入れ、レールさえも片づける様子が微笑ましい。このあとの保育者の「ああ、お片づけして気持ちいいね。2人とも今日はお片づけしてかっこよかったよ。お弁当食べたらまた遊ぼうね」という声が聞こえるようである。

園では生活でも遊びでも必ず「片づけ」が伴う。保育者として、日々生じる「片づけ」を真剣に捉え、年齢や発達等に応じて援助できるよう考えておくことが大切である。「片づけ」をどう保育に位置づけるのか？ 子どもたちに何を育てるのか？ これらを自分の言葉で語れるようにしておくとよい。片づけは、身近なところで保育者の専門性が要求される保育の営みなのである。

事例④　「発表会のドレス」　3歳

マミちゃんやエリちゃんたち女児が廊下をホールへと向かう。翌々日に控えた本番前に初めて着るドレス姿だ。どの子もどこか恥ずかしそうな、それでいて得意げな表情を浮かべている。リョウくんたち男児の、タキシードもどきの装いも晴れやかに見える。

翌々日、発表会の日。カーテンが開いた瞬間、観客席から大きな歓声が起きた。「まあ、可愛い！」舞台の上に、60人が勢ぞろい。赤い水玉模様と、シックな黒がマッチして、いつもとは異空間を演出している。

カスタネット、タンバリン、鈴の音が会場に響く。その後は、グループごとに出てきて歌を歌う。3歳児らしい率直な歌いっぷりとドレスとのマッチングの妙が、時々会場からの温かい笑いを誘っている。

ドレスは、裁縫が得意な保育者のお手製である。

園によって発表会や子ども会への取り組みは様々ですが、あなたは、この園のドレスを着た子どもたちはどのような気持ちで舞台に立ったと思いますか？

事例④を読み解く　得意分野をもつということ

“母さんが夜なべをして手袋編んでくれた”という歌をご存知だろうか。

裁縫が得意なこの保育者は、夜なべをするわけではないが、発表会の時期になると、毎年違ったドレスを全員分縫い続けているという。初めから得意だったわけではない。3歳児が初めての舞台で緊張する様子を見て、少しでも緊張を和らげ、楽しく舞台に立ってほしいと願い、思い立ったという。数年続けるうちに、裁縫が得意と人に言われ、自分でも楽しむようになったという。

保育者の役割は、子どもの気持ちを理解し寄り添うことから、運動的な遊び、自然への探究心、絵画や製作の心得や技能、音楽的素養、そして保護者支援等、多岐にわたる。しかし、多岐にわたり、広い分野で役割を果たす一方で、どの分野も広く浅くになりがちである。得意分野をもっているとしっかり挙手できる人は少ない。この事例の裁縫に限らず、たとえば、「動物も昆虫も大好き。私は自称生き物係です」「パソコンの操作なら任せてください。得意です」「お手紙のイラスト画は引き受けますよ」「自然体験活動の資格を持っています。今度の遠足でやりませんか」などと言えるよう、保育者も得意分野をもつとよい。互いが得意分野をオープンにし、刺激し合い、補完し合うことによって保育が豊かになる。幅広い知識や技能も大切だが、これだけは任せてと言える得意分野をもつことも保育者の専門性の一つでありうる。

事例⑤ 「ころころジェットコースター」 4歳

ジュンペイくんはいつも保育者と一緒にいることが多い。他児との関わりには消極的である。この日は牛乳パックで坂道を作り、メタセコイアの実を転がすという遊びを思いつき、保育者と楽しんでいる。「ジェットコースターみたいだね」とジュンペイくんが保育者に言い、保育者はうなずく。

その様子を見ていたリュウくんとヒロくんが「すごいねー」と言って寄って来る。「ジェットコースターなんだよ」とジュンペイくんが説明する。リュウくんが下から「ガタンガタン」と言いながら、メタセコイアの実を登らせてくる。「キャ～！」と言いながら頂上で手を離す。

一方、ヒロくんはラップの空箱をジェットコースターに見立てて「ガタンガタン」と登らせてくる。ジュンペイくんは、ヒロくんの動かし方を真似て、自分もラップの空箱を手に取って走らせる。

いつの間にか保育者の元を離れ、友達と一緒に遊ぶジュンペイくんと保育者の顔が合う。保育者はニコッと笑い、その場を離れる。

保育者がジュンペイにしたと思われる援助をいくつか挙げてみましょう。また、その中で保育者の専門性として特に大切なことを一つ挙げてみましょう。

事例⑤を読み解く　子どもの気持ちに気づき、受け止め、実践する

まずは、ジュンペイに友達と遊べるこんな素敵な日が訪れたことを喜びたい。

保育者がこれまで決して性急にならずに、ジュンペイの内なる心の不安や願いに寄り添ってきた成果である。ジュンペイの気持ちに寄り添ってきた保育者の援助をいくつか挙げてみる。下記を参考に、この場合の保育者の専門性を考えてみよう。

○他児との関わりに消極的な姿から、ジュンペイには園生活への不安があり、自信がもてないのではないかと考え、気持ちの安定を図ることを優先した。
○遊び出す時や不安そうな時は、できるだけそばにいて遊びを共に楽しむようにした。
○保護者には園での様子を伝え、家庭の様子も聞きながら連携を図り、指導に生かした。
○ジュンペイが好きな遊びができるよう、教材準備等、日々の保育室の環境を工夫した。
○同時に、ジュンペイとリュウやヒロがつながるきっかけができるようにと、他児にとっても魅力的な環境となるように努めた。

子どもは時に、大人から見れば些細なことで不安を覚え自信を無くすことがある。保育者がいかにそこに気づき、受け止め、そして保育の中でどのように実践に移すかが問われる。

事例⑥　「家が壊れた！」　4・5歳

２月下旬、ホールで年長の男児６人が大型ウレタン積み木を使って家づくりを始める。年中児のタケくんは、年長児が家をつくるのをジッと見ている。年長児は家をつくり終わると家を戦いごっこの基地にしていたが、家の中で騒いだので家が壊れてしまう。見ていたタケくんはとても驚いていたが、保育者が「オオカミに吹き飛ばされたみたいだね」と言うとタケくんは大笑いする。保育者が、「フーッ！」と家を吹き飛ばす真似をするとタケくんも真似をする。それを見た年長児は「ちょっと待って」と言うと、ほかにも家を２つつくり、３匹の子ブタごっこが始まる。

あなたは、もし保育者が、家が壊れたことで戦いごっこをしていた年長児を非難していたとしたら、このあとの遊びはどうなったと思いますか？
また、タケはどのような気持ちを抱いたと思いますか？

事例⑥を読み解く　子どもはおもしろいことが大好き

一瞬ドキっとして、ホッとして、次にニヤッとして、大いに楽しくなるできごとである。子どもはおもしろいことが大好き。お兄さんたちの暴れ具合を傍らでジッと見ていたタケは、家が壊れてしまった時ドキっとしたに違いない。呆然としたか、嫌な気持ちになったか、いずれにしても大変だという思いを抱いたと考えられる。しかし、緊張が走った雰囲気の中で、直後に「オオカミに吹き飛ばされたみたいだね」と言った保育者の言葉に空気は一新された。ホッとして大笑いするタケの姿がそれを物語る。

保育者はよく、“清く・正しく・美しく”あることを求められる。人格形成の土台となる子どもたちの育成には重要な資質である。当然、これらは保育者の資質として必要なことであろう。一方で、保育者自身が、ユーモアの精神や楽しさを演出する感性をもつことが、どれだけ子どもたちの日々を豊かに彩るかをこの事例は教えている。年長児が、「ちょっと待って」と始めた３匹の子ブタごっこの続きを知りたいものである。

事例⑦　「すげーっ！」「２匹いる。なにこれ？」　5歳

９月。タカシくんは、散歩で拾い牛乳パックに入れてきたイモムシをヒロくんと見せ合っている。「どれどれ？　ウワッ、すげー！」、「２匹いる。なにこれ？」とほかにも興味をもった数人がまわりを囲んでのぞき込む。「うわー」と誰もが驚く。「見えないよーっ！」、「ずるいよ自分たちだけで！」、「見せてよ！」と、だんだん大騒ぎになる。近くにいた女児の１人が「これ、なんて虫？」とタカシくんに聞いた。タカシくんは走っていき、本棚か

ら図鑑を持ってきた。今度は図鑑のまわりが賑やかになる。この日は一日、このイモムシでもちきりだった。結局名前はわからず、子どもたちは、牛乳パックに入れたまま、ロッカーに置いて降園した。

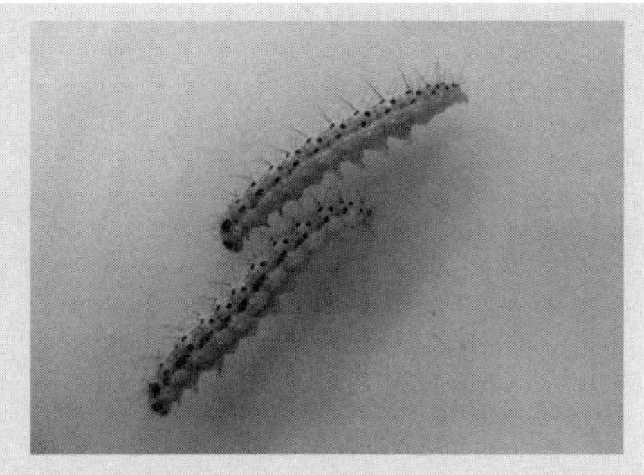

保育者はずっと子どもたちを遠巻きにしていたが、子どもたちが居なくなったあとの保育室で、こわごわ牛乳パックをのぞき込む。イモムシは動かない。保育者は、牛乳パックをゴミ袋に入れ、ほかのゴミと一緒に捨ててしまった。

次の日、「イモムシがいない！」と、タカシくん、ヒロくんをはじめ数人が探し回る。

あなたは、こうした虫を見た時どのように感じますか？　子どもたちの前でどうふるまいますか？

また、子どもたちには虫に対して何を大切にしてほしいと考えますか？

事例⑦を読み解く　保育者の苦手意識

事例の保育者はムシ、とりわけイモムシや毛虫が苦手であった。小学校の頃に触って皮膚炎を起こしたことがあったという。それ以来、どうしても苦手意識が消えず、動かなくなっていたイモムシを死んだことにして、子どもたちには捨てたと話した。

みなさんは、こうした行為を保育者としてどう捉えるであろうか。「子どもに黙って捨ててしまうなんてとんでもない！」、そう考える人がいる一方で、本当にムシが苦手な人は、「う～ん、私も捨ててしまうかもしれない。少なくとも気持ちはわかる」と、ある部分で共感をもつかもしれない。

しかし、筆者は残念に思う。何故なら、子どもたちの育ちに欠かせないまたとない数々のチャンスを奪っているからである。好奇心、探究心、行動力、友達関係等々。そして何よりも生命への神秘や不思議、命と向き合うチャンスだったからである。

ところで、入園以来２年にわたり、みんなで世話をし、ミミタンと名前で呼び、一生懸命当番活動をし、可愛がっていたウサギが、命尽きる日を迎えた園がある。そう、飼っていた動物が死んでしまったのである。もしあなただったらどうするであろうか。

子どもたちに“死”は見せられないとわからないように処分しようと考えるであろうか。それとも、“死”の現実に向き合わせ、“命”を感じる機会にしたいと考えるであろうか。

その園では、以前は前者の考えを取り、子どもたちには知らせずに、また見せないように処分していた。保健所等と連絡を取り、保育者だけで弔っていたのである。が、その後、それは本当に子どもたちを思ってのことになるのかと議論になり、後者の考えに変わっていった。そのような折、ミミタンが死んだのである。降園後のことであった。今度は子どもたちに知らせずに処分する方法はとらなかった。翌朝、ダンボールに白い布を敷き、子どもたちとミミタンとを対面させる機会をもったのである。

「あれっ！　硬いよ」、「冷たいね」、「動かない」、「静かだね」、「死んじゃったの？」

子どもたちが次々に思いを口に出す。沈黙している子。泣きじゃくる子。泣く子を不思議そうにみる子。キョトンとしている子。子どもたちは様々な姿を見せる。保育者が「ミミタン葉っぱが好きだったから入れてあげようか」と声をかける。葉っぱを取りに園庭に散った子どもたちの手には、葉っぱだけでなく色とりどりの花も握られていた。葉っぱや花で飾られたミミタンに子どもたちはさよならを告げた。

さて、イモムシを捨ててしまった保育者に話を戻そう。

このあと、保育者は同僚にこのことを話した。自分でも子どもたちに済まないことをしたという気持ちがあったという。時には自分の苦手意識を克服し、“なぜ飼育するのか？”、“死から何を学ぶのか？”を意識していくことも、保育者の専門性を高めるために欠かせない。

事例⑧　「ガムテープ、上手にちぎれるよ！」　5歳

年長組でブームになった海賊船づくり。

各クラス試行錯誤してオリジナルの海賊船をめざしていた。毎日コツコツとトイレやキッチン、風呂場を作り、本体には紙を貼り装飾していく。

しかし、本体にはのりやセロハンテープでつくものとつかないものがある。教師はガムテープを用意した。ガムテープだと何でもよくついた。最初はちぎって渡していたが、そのうち子どもたちが自分たちで行うようになった。

ちぎった後、ガムテープがうまく手から離れずにグチャグチャに丸まってしまい、「あ〜！　もうっ！なんで上手くできないのかな〜！」とイライラしていたソウくんだったが、次第に、勢いよく切ると上手くできるというコツをつかみ、ほかの活動でも、みんなに「思い切りビリッとするといいよ」と教えている。ソウくんのアドバイスを聞いてハルくんもできるようになった。海賊船づくりとガムテープちぎりが年長組のブームになった。

ソウがガムテープを上手にちぎれるようなったのはなぜでしょうか？　上手になったソウが、ハルなどまわりの友達に教える姿からあなたは何を読み取りますか？

事例⑧を読み解く　ガムテープちぎるのが上手だね

実は、ソウが苦労して上手になったという経緯を知らなかった園長が、通りがかりに、何気なく「ソウくん、ガムテープちぎるのが上手だね」と声をかけた。ソウは認められたことがとても嬉しかったようで、家に帰ってから、母親に「今日は園長先生にガムテープちぎるのが上手って褒められた！」と自信満々に語ったそうである。

５・６歳頃の子どもたちは、手先の器用さが増し、思い通りに手先を動かすようになる。手先や材料・用具の扱いなどの微細運動だけではない。鬼遊び、縄跳び、跳び箱、ボール遊

びなど、全身の動きを伴う粗大運動でも力をつけ、体全体の動きがなめらかになる。同時に、考える力、目的に向かって頑張る態度、好奇心や意欲、失敗を恐れず立ち向かう強さ、友達関係を大切にする姿、人の役に立つ自己有用感など、心の育ちも目覚しい。

こうした望ましい姿は、周囲の人との望ましい関わりによって育まれる。ガムテープが切れるようになるまで諦めなかったソウを保育者は励ましたであろうし、上手になって切り方を教えたハルができるようなったことで、自分も人の役に立ったと、ソウは嬉しかったに違いない。通りがかりの園長からも認められ自信を深めたこともわかる。

保育者は、子どもの様子によく目や耳を傾け、認め励ますことを大切にしたい。乳幼児期はそうした大人の言動を素直に受け止め、伸びていく力に変換していく大事な時期なのである。

6節のまとめ

節のはじめに、保育士にも幼稚園教諭にも、さらには保育教諭にも共通することとして、保育者としてそれぞれの専門性の向上を図ることが求められていると記した。専門性の向上を図るためには多様なアプローチがあると考えられるが、ここでは次の３点を述べてまとめとする。

(1) 子どもの気持ちになってみよう

あなたは、多分子どもが好きで保育者を志しているのであろう。しかし、子どもが好きなだけで保育者としての専門性が十分に発揮できるわけではない。まず必要なことは、その時々の子どもの気持ちに気づくことである。気づくためにはわかることが前提になる。わかるためには、自分自身が子どもの目線になって多様な体験をし、子どもの気持ちにできるだけ近づいてみることが必要である。

次の学生の感想文は、それを教えている。

○（小麦粉粘土を作ってみて）…自分ではイメージ通りにできないなあと思っていたのに、「それ、素敵だね」と友達が褒めてくれました。とたんに嬉しくなりました。子どもも同じなのだと思います。保育者になったら良い所を見てどんどん褒めたいです。

○（学生同士でお店屋さんごっこをして）…品物を作って売り買いするのはとても楽しかったです。「いらっしゃいませ」、「どれがいいですか」など言葉をかけ、売れた時は、はしゃいでしまいました。学生の自分が嬉しいのだから、子どもはもっと嬉しさを感じるだろうと思いました。

○（実習先で）…いつも私に「先生遊ぼう」と言ってくる子どもがいました。その日はほかの子と約束をしてしまったので、「今ダメなの、後でね」と言いました。その子からは「先生なんか嫌い！」と言われ、ショックを受けました。人の一言の大きさに気づきました。これからは自分自身も相手を思い気をつけていきたいと思いました。

○（３枚の折り紙でコマを作って）…３パーツを作って組み合わせるのは意外と手応えを感じました。幼い子どもたちに教えながらやるとしたら、ゆっくり時間をかけ丁寧に、様子を見なければと感じました。しかしその分、できた時の喜びが大きかった。

（2）好奇心をもとう

乳幼児期の子どもたちは〈好奇心〉のかたまりである。だからこそ目覚しい成長を遂げる。ある４歳の女児が、摘んだ花を水とともにビニール袋に入れ、じっと見ている。透明な水が花の色に染められていく様子に目を凝らす。女児は、次に違う色の花を同様にビニール袋に入れ、また目を凝らしている。そして、３度目に、異なる花で同じことをした時、水が花と違う色になったことを偶然発見する。女児の様子を見ていた保育者も驚く。調べたところ、ブルーセージの花は、水に漬けてしばらくすると、青がオレンジに変わることがわかった。子どもの好奇心のなせる技であった。

ところで、みなさんも子どもたち同様に〈好奇心〉をもっているはずである。いつの間にかどこかに置き忘れてはいないだろうか。「なぜ？ なに？」、「どうなってるの？ もっと知りたい」を大切にしたいものである。〈好奇心〉は、冒険心や探究心の源になる。失敗さえも乗り超える力となろう。何よりも〈好奇心〉のかたまりである子どもたちに少しでも近づくことができる。

（3）考える保育者になろう

初めて保育者として園に就職した時、誰もがその園のこれまでの保育・教育方法を踏襲することで精一杯になることであろう。しかし、それがずっと続き、いつまでも同じ保育が繰り返されたらどうなるであろうか。

保育・教育には〈不易〉と〈流行〉という二面性が求められる。〈不易〉とは、いつの時代になっても、世の中がどんなに変化しても変わらずに大切にしたい側面である。たとえば、信頼できる特定の大人との愛着の形成などがそれである。〈流行〉とは、時代の変化や社会のニーズによって実態に即した対応が求められる側面である。たとえば、急速に普及したスマートフォンが子どもに与える影響への対応等である。

〈不易〉という側面にしても、〈流行〉という側面にしても、十年一日の如き保育・教育をする考えることのない保育者になってはならない。目の前にいる子どもたちは、誰ひとりとして同じではないからである。また、常に課題や問題意識をもち、考えていくことは保育者自身の主体性を促す。自分から進んですることほど、保育者としての専門性を高めてくれるものはない。

7　保育内容の総合的な展開

1.保育内容の総合性

　子どもは、保育環境で「関わる物」「関わる人」「出合う遊びや活動」など、すべてから影響を受ける。つまり、子どもにとって保育の場におけるすべてが教育的な環境となる。目に見えるものばかりではなく、子どもたちや保育者が醸し出す雰囲気までも教育的な環境となる。このような全体性という特徴をもっているのが保育なのである。

(1) 総合的な援助

　幼稚園教育要領や保育所保育指針に示されている保育の内容（3歳以上児）には、「健康」「人間関係」「環境」「言葉」「表現」という5つの領域が示されている。これは、1歳以上3歳未満児についても同様である。また、乳児保育においても、5領域と明確に分けられるものではないが、「健やかに伸び伸びと育つ」「身近な人と気持ちが通じ合う」「身近なものと関わり感性が育つ」と、保育所保育指針、幼保連携型認定こども園教育・保育要領に3つの視点として示されている。この、保育の内容は、「ねらい」と「内容」から成り立っている。
　幼稚園教育要領では、幼稚園の教育は、義務教育及びその後の教育の基礎を培うものとして心身の発達を促すことを目的とし、生きる力である「心情・意欲・態度」の基礎を育てることがめざされている。保育所保育指針では、保育所での保育は、養護及び教育を一体的に行うことを特性とし、望ましい未来をつくり出す力の基礎を培うことがめざされている。
　そしてこれらの目標を達成するために、「ねらい」及び「内容」がそれぞれ記されている。「ねらい」は、保育の目標を具体化したものであり、子どもが身につけることをめざす資質・能力が示されている。また「内容」とは、「ねらい」を達成するため、保育者の指導や援助のもと、子どもが身につけることである。
　保育者は、これらの内容を具現化し、日々子どもの育ちを援助するために、発達の側面から先に述べた5つの領域で整理していくのである。まずは、考え方を整理しておきたい。
　実際の保育現場では、5領域を区別して子どもに経験を促したり、指導をしたりしているわけではない。言い換えれば、一つの遊びや活動には様々な要素が総合的に含まれているため、意識はするものの、単独で単純に分断して教え込むのは、現実的に不可能なのである。
　では、ここで登園してからの子どもたちの姿を想像してもらいたい。登園した時から友達の遊びを見て「何をしているのかな？」「何して遊ぼう」と興味・関心のアンテナを立てて周囲の情報を受信し始め、自分のやりたい遊びや一緒に遊びたい友達を見つけて遊んでいく。その子どもなりの興味・関心やイメージが連続して動き始め、行動して、様々な友達（保育者）や物との関わりを通して遊びが展開されていく。つまり、5領域が相互に関連していくことで次第に達成され、子どもは発達していくものなのである。

（2）領域という視点

幼児期における保育では、子どもたちが園生活を展開する中で、子どもの今後の人格形成の基礎となる体験を積み重ねていけるようになることを大切にしている。そしてわが国では、人格形成の基礎として欠かすことができない大切な体験を幼稚園教育要領や保育所保育指針で保育内容の基準として示している。そして、保育内容を発達の側面からまとめて理解しやすくしたのが、領域である。

言うまでもなく、子どもにとって遊びは生活そのものであり、子どもは遊びからすべてを学んでいく。その遊びをいかに見取っていくかで保育の質が決まると言ってもよい。しかし、ただ漠然と子どもたちの遊びを見ていては何も見取ることができない。そこで領域の登場である。領域という一人ひとりの子どもの育ちを見る視点を設け、子どもの内面にある思いや願いを見取るのである。

【図1】子どもを捉える視点

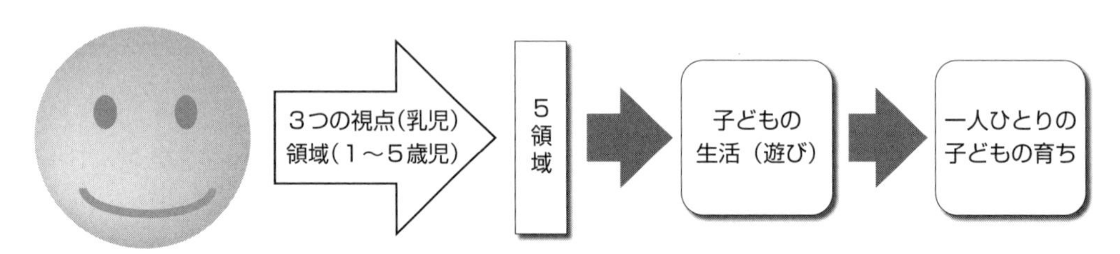

保育は、もともとは「保護・育成」の略で、近年では「保護・養育」という意味ともされ、これまで述べてきた領域に養護という領域が加えられて設定されている。また、保育は養護と教育の要素をもち、この2つは相関関係にある。「養護」とは、子どもの生命の保持及び情緒の安定を図るために保育士等が行う援助や関わりである。この「養護」の領域は、「生命の保持・情緒の安定」が家庭を補完するという保育所保育の特性に沿った保育内容となっている。

「養護」と「教育」が一体となって展開する保育のイメージは、次頁の図2のとおりである。

【図2】養護と教育が一体となって展開する保育

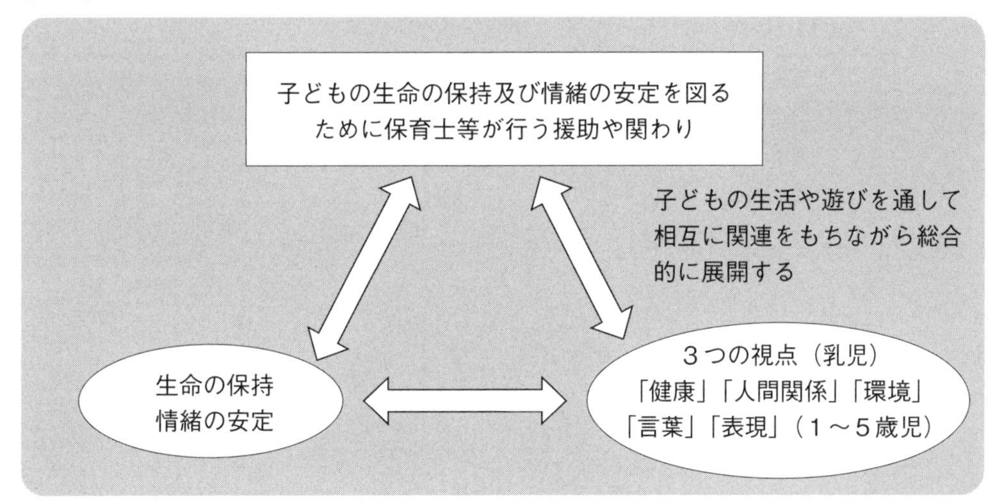

「教育」とは、子どもが健やかに成長し、その活動がより豊かに展開されるための発達の援助であり、5領域から構成されている。

(3) 就学以降の教科

これまで述べてきた「領域」は、それぞれが独立した授業として展開されている小学校の「教科」とは異なり、領域別に教育課程や全体的な計画を編成したり、特定の遊び（活動）と結びつけて援助したりするわけではない。一方、小学校の「教科」は、効果的・効率的にその知識や技能を身につけるために、体系的にわかりやすく整理した教科書があり、いろいろな展開方法はあるが、多くの場合、各教科の基になっている知識や技能を教師が教授し、児童が学習していく。つまり、乳幼児は、主体的に過ごす園生活や興味・関心に基づいた遊びを通して展開している「保育内容」の中で、また、児童は「教科内容」を学習する中で、それぞれの心身の成長・発達を成し遂げていくのである。

2. 保育者の専門性を高めるために

保育は、様々な手立てを使いながら、総合的に目標が達成できるよう計画的・組織的に行われていく。保育内容を考える際には、これまで述べてきた総合性という性格を常に視野に入れておかなければならない。そのためには、保育者の高度なスキルが必要となる。なぜなら、保育者の専門性が高くないと部分的な読み取りしかできなくなってしまうからである。保育者は、子どもの育ちを支え、今後の子どもたちの人との関わりの基礎を培う重要な役割を担う。では、ここで専門性について整理する前に次の質問を考えてもらいたい。

あなたは、保育者です。保育室の片づけを終え、園庭に出てきました。そこで1人の男の子が転んでしまい、泣き出しました。あなたはどのように対応しますか？

①走っていって助け起こす。

②あえて言葉をかけず、見て見ぬふりをする。

③１人で立ち上がるのを待ち、立ち上がったらケガがないか確認する。
④１人で立ち上がれば褒め、１人で立ち上がらなければ励ます。

この４つの選択肢を読んで、「自分はどのタイプか？」とすぐに結論づけないでもらいたい。なぜならどの選択肢が正解で、どの選択肢が不正解か、といったことではないからである。つまり、この男の子の「年齢」「性格」「園生活の姿」「これまでの体験」「今日の様子」「体調」によって対応の仕方が変わってくるからである。“一人一人に丁寧に関わる”ということは、このように多面的に子どもの“今の姿”を捉えていく営みといえる。

しかし、保育者の場面ごとの決断には、「子ども側の情報」のみではなく、「保育者側」の情報も含まれてくる。具体的には、保育者の子ども観や保育観などによって一人の子どもへの見方が変わってくる。保育者が育ってきた環境や人間関係は、捉えるのが難しくわかりづらいため意識することは難しいが、実は具体的な生活場面で常にその保育者の判断材料となって、様々なことを決定していると考えられる。

保育者が子どもを援助するという営みは、実は一人の人間対人間の関係から成り立っているのである。転んだ男の子への対応も、子どもの姿をそこにいる保育者の価値観によって決定し、解決をしていくのである。したがって、保育者の専門性を高めるためには、まずは、一人の人間として自律するとともに自立し、自分の価値観を明確にする必要がある。たとえば、他者に自分の価値観をしっかり伝えることができることや、自分が経験してきたことを自覚的に受け止めるなどを整理しておくのである。

しかしそれでも、保育現場ではわからないことばかりである。このことは、保育に「これが正解」というものは存在しないからではないだろうか。つまり、保育に絶対はないということである。目の前のＡくんやＢちゃんは、一人だけである。ＡくんらしさやＢちゃんらしさは、ＡくんやＢちゃんだけのものでほかには存在しない。したがって、それぞれの関わりは、必然的にオーダーメイドの関わりとなる。そのため保育者は、日々悩み、迷いながら保育をするのだが、それこそが尊いといえる。「悩み、迷う」ばかりでは疲れる、と短絡的に敬遠しないでもらいたい。見方を変えると、答えがないからこそ深く、楽しいと考えられないだろうか。新学期を迎え「さて、今年の年長さんはどういう子どもたちかな」と胸を躍らせたり、これまでの経験から得られた手立てが役に立たず「手強いけどおもしろい」と情熱を燃やしたりなど、子どもたちとの素敵な出会いを心から楽しみ、喜んでもらいたい。

楽しみながら子どもたちとの時間を共有していく中で、悩み、迷いながらより良い保育をめざしていくことが、保育者の専門性を高める最短の道なのかもしれない。

第5章

保育者の役割と保育内容

保育者に求められる一般的な役割を整理してみよう。まず、子どもの主体的、対話的な活動に関わる保育者の役割が挙げられる。子どもの主体的、対話的な遊びを生み出すために物的・人的・空間的環境を構成し、その環境の下で子どもと適切な関わりをする役割である。次に、集団生活と保育者の役割である。子ども同士で個人の良さが活かされるように、子ども同士が関わり合うことのできる環境を構成していくことが必要である。次に、保育者間の協力体制が挙げられる。子どもの興味・関心は多様であるため、様々な活動をしている子どもを同時に見ていく必要性から、打ち合わせなどを通した保育者同士の日頃からの協力体制の構築が大切である。最後に、多様な価値観の増加や社会構造の変化などから社会的に求められている保護者への相談・助言を行う役割である。適切な相談・援助を行うための知識・技術の習得が求められよう。

そこで本章では、「気になる子ども」「保護者」「連携」というキーワードから、今日の保育者に求められる役割を考えていきたい。

1　気になる子どもの支援

この章では、気になる子どもの支援の実際について、現場での事例を取り上げながら進めていく。クラスの中には、様々な子どもがいる。元気な子ども、あまりしゃべらない子ども、すぐ泣く子ども。しかし、その中に集団の中になかなか入れない子どもや切り換えに時間がかかって取り組みが遅い子どもがいる。このような子どもたちは、保育者にとって「気になる子ども」と感じる。このような気になる子どもにどのように接すればよいか対応に困っている保育者は、多いのではないだろうか。

しかし、対応に困っている保育者は、子どもの表面上の様子だけを捉えていることが多いのではないだろうか？　では、気になる子どもたちの姿を違う視点から捉えてみたい。集団の中になかなか入れない子どもは、「いろいろなことに興味があって、みんなと一緒に過ごす楽しさを味わう経験が少なかった子ども」として受け止められないだろうか。取り組みが遅い子どもは、「落ち着いており、じっくり考えたい子ども」として受け止められないだろうか。

ここでは、このように多様な視点から気になる子どもやその保護者を捉え、具体的な場面を基に対応のヒントや基本的な考え方を示していく。

事例①　「食事が口に合わない」　2歳

両親とも外国籍であり、日本語を話すことができないアイシャちゃん。言葉は理解していないものの、何に対しても積極的で、遊びにも何でも参加をする。しかし、給食の時間になると途端に言葉を発せず、給食を食べようとしない。保育者が食べるのを援助し、「美味しいよ」と伝えながら美味しそうに食べるのを見せたり、口元に運んだりすると一口は食べるが、すぐに吐き出してしまう。アイシャちゃんは保育時間が長い為、食事をとらずに夕方まで過ごすことは健康上問題が大きいと判断し、園長を交えて保護者に主食だけ家で食べている物を持ってきてもらうことにした。保育者は、焦っていた自分に気がつき、笑顔で接することを心がけるようにした。それからというもの、毎日持ってきている主食だけは食べるようになり、さらに少しずつ笑顔が見られるようになっていった。

両親が外国籍で、日本の文化と異なる背景をもつアイシャ。あなたはアイシャの笑顔を大切にするために、今後どのように援助していきますか？

事例①を読み解く　文化を異にする子どもと生活するために

想像してみてほしい。たとえば、あなたがある集団に入って、遊ぶことになったとする。その集団は、あなたの発する言葉を理解できず、あなたも彼らが話している言葉を理解できない。そして給食では、これまで見たことも食べたこともない食べ物が出てくる。あなたは今、どのような心境だろうか。こう考えると、もしかしたらアイシャの気持ちに少し近づけるかもしれない。

近年、園ではアイシャのように文化が異なる子どもを受け入れることが多くなってきている。しかし、文化が異なる者同士が共に生活をするということは、とても難しいことである。したがって、保育者は子どもの姿からヒントをもらいながら、型にはまらず、その都度対応を変えていく柔軟さや余裕が求められる。その上で、保護者をはじめ、ほかの保育者など周囲の人的資源を有効に活用しながら保育を組み立てていくとよいだろう。そして、文化が異なる者同士が生活を共にするということは、スムーズにいかなくて当たり前、というおおらかさが必要となる。さらにこの事例では、保育者の配慮として、アイシャがどの程度言葉を理解できているのか観察をした上で、ゆっくりはっきり、繰り返し話すように心がけると彼女にとっての過ごしやすい環境になると予想される。

では、次に子ども同士の人間関係にはどのような配慮が求められるだろうか。実は子どもの世界は、大人が考えている以上に言葉がなくても通じ合うことができ、あっという間に仲良くなってしまうことが多い。

子ども同士のコミュニケーションを促すのに有効なことは、〈遊び〉である。楽しく遊ぶことで、言葉に頼らずに行動して、気持ちを重ね、イメージの世界を共有する。この営みを通して育まれる人間関係は、子どもの特権といえるだろう。魅力的な遊びがあり、満足感や充実感を味わうような園生活を送ることで、子どもたちは言葉によるコミュニケーション以上のコミュニケーションを繰り広げてくれるに違いない。

事例②　「外国籍の子と…」　3歳

二人担任制のクラスにはジョンくんが在籍していた。リーダーの保育者は、保育をすすめ、サブの保育者が主にジョンくんに英語でコミュニケーションをとっていた。サブの保育者は、英語というより、ジェスチャーや簡単な日本語で会話をしていた。

ある日、登園したジョンくんの大好きな友達のケンくんが欠席をした。欠席をすることを聞いたジョンくんは、「ケンいない、いやだー」と大泣きをする。リーダーの保育者も一生懸命「大丈夫、大丈夫、ジョンくんの好きな電車して遊ぼう」と慰めるが、伝わっていない様子であった。リーダーの保育者はジョンくんにとってのケンくんの存在の大きさを知っていたので、気が引ける思いでジョンくんに接していた。リーダーの保育者は、ジョンくんに伝えた欠席に関する詳細な説明が足りないかもしれないと思い、サブの保育者に英語で細かいニュアンスを伝えてもらおうと思った。ジョンくんのそばを離れようとすると、「いやだー先生、いかないでー」と言うジョンくん。そこでリーダーの保育者は、はっとした。言葉はなくても、自分の気持ちは伝わっているんだ。ジョンくんの寂しい気持ちをきちんと受け止めなきゃ、と思ってそばにいることにした。

母国語がクラスでは伝わりづらいジョン。彼にとってケンの存在の大きさを再確認した保育者。保育者は、ジョンから言葉によるコミュニケーションに頼っていることを教えてもらいました。あなたはジョンから何を学び、何を感じましたか？

事例②を読み解く　子どもが安心できる環境をつくるために

（1）大好きな友達ができた喜び

ジョンは、環境に馴染みづらい状況でも大好きな友達を見つけられた。これだけでも彼の素敵な一面と考えられる。入園当初からジョンは、他者に関心を寄せていく気持ちがあったのだろう。ジョンの“他者と関わりたい”という気持ちがベースとなって、彼の園生活が広がりをみせていった。関わりたいという気持ちがケンとの出会いを促し、ケンという居場所を確保したと予想される。この事例を読むと他者と関わりたい気持ちは、園生活に適応するための不可欠な要素なのだと教えてくれる。

（2）２人の関係を見守りつつ、保育者との接点を

保育者は、ジョンとケンの関係を丁寧に見守るとともに保育者との安定した関係の中で遊びや生活が展開されるような関わりが求められる。

具体的には、安心感を抱くために、スキンシップがとれる遊びを中心に考えるとよいだろう。保育者の温もりが感じられるような遊びである。鬼ごっこをして、一人ひとりを捕まえるということを生かして、一人ひとり抱きしめてあげる。そうした身体の触れ合いを心がける保育を展開するのである。子どもたちが保育者に抱きしめられる心地良さや嬉しさを感じることは、子どもと保育者との信頼関係をさらに深めることにつながる。言葉が通じないジョンにとっては、なおさらストレートでかつ理解しやすい保育者とのスキンシップといえよう。

ジョンのように不安をもって生活をしている子どもも（最初は戸惑うかもしれないが）保育者に抱きしめられたい思いから仲間に入ってくるかもしれない。まずは、捕まえられるスリル感よりも、大好きな保育者が自分を抱きしめにくるという感覚で子どもが遊びを楽しめるようにするとよい。このような配慮を基に、焦らず丁寧に関わっていくことで子どもに安心が促され、少しずつジョンとの距離も近づいていくのではないだろうか。

事例③ 「どうしてしなくていいの？」 3歳

発育面で全体的に遅れがあり、入園から友達と遊ぶことがほとんどなかったミナちゃん。保育者は、ミナちゃんの言葉を理解する力が弱いことを気にしていた。そのため片づけの場面では、声かけをするものの、いつもどこまでミナちゃんに片づけをさせたらよいか迷っていた。片づける時もあれば、片づけない時もあり、日によってとてもムラがあるミナちゃんであった。

ある日、いつものように保育者が「片づけですよ。みんな片づけをしましょう」と声をかけた。保育者も一緒に片づけをしていたところ、トモミちゃんが保育者の顔をのぞきこみながら「先生、どうしていつもミナちゃんはお片づけ、しなくていいの？　ずるい！」と言った。保育者は、どう答えてよいかわからず困ってしまい、トモミちゃんに何も答えることができなかった。

保育者は、その時々で集団と個のバランスをとりながら、声かけに変化をもたせます。ミナに疑問を感じて質問をしたトモミは、前から疑問を感じていたのでしょう。あなたならトモミの疑問をどのように受け止めますか？

事例③を読み解く　特別な存在にしないために

子どもは、自分ができることは友達も当然できるものと考えている。そのため、友達が自分でできることをできなかったり、やろうとしなかったりすることに対して素直に疑問を感じる。加えてミナの場合は、保育者が“注意すべき場面”において注意していないので、「なぜ許されているのか」と強い疑問が生じている。

ではこの場合、保育者が「ミナちゃんはやらなくていいんです」と伝えたらどうなるだろうか。おそらくトモミは、理解できる説明がないため、“ミナはなぜか特別な存在なのだ”と感じるだろう。そして、トモミにとってミナという存在は、これまでと違い“特別な存在”となる。するとトモミは、特別な存在のミナに他児と同じ関わりをしないようになるだろう。ミナが特別な人であるため、無意識でミナの存在をクラスの一員としての存在から切り離して捉えてしまうのである。

そうならないためにも、“ミナちゃんは、今は練習している”ところであることを伝え、決してやらなくてもよいわけではないことを伝えるとよいだろう。そして、トモミに見守ってくれるよう正直に頼むのである。正直に保育者の思いを聞いたトモミは、素直に受け入れてくれるのではないだろうか。

特別な配慮を必要としているミナに異を唱えたトモミ。特別な配慮を必要とする子どもへの不公平感を抱く子どももまた、特別な配慮を必要としていることが多い。この場合保育者は、トモミにも園生活で何か困っていないか再度観察するとよい。そしてトモミにもミナ同様の手厚い関わりをして、十分にスキンシップをとっていくとよい。

事例④　「すぐ叩いてしまう」　3歳

ケイスケくんは、入園当初から近くにいる友達を叩いたり、友達にぶつかっていったりするなど、落ち着きがなく、常に動いているといった感じの子どもであった。ブロック遊びでは、自分の物と友達の物の区別がつかず、友達が近くに落ちているブロックを取ろうとすると「あっ、ケイスケの！」と言って奪い取り、髪の毛を引っ張ったりブロックで叩いたりと、ちょっとした行動でもすぐに興奮する。また、一度興奮すると落ち着くまで時間がかかり、保育者がつきっきりで話をするといった状況であった。

保育者はトラブルの度に、「ケイスケくんも急に叩かれたら嫌でしょ？　嫌なことはお友達にやってはいけないよ。口で伝えよう」と繰り返し注意しても、その場では納得するものの、またすぐに同じトラブルになる。

３学期に入るとクラスの子どもたちから、「ケイスケくんはすぐ叩く」「ケイスケくんは悪いことをする」などのイメージが定着して、ケイスケくんと関係がないトラブルでも、「ケイスケくんがやったかもしれない」と名前が出てくるようになっていった。

保育者は、ケイスケがトラブルから学べることがあると考え、根気強く関わっているものの、ついにケイスケは友達から距離をとられ始めてしまいます。あなたならケイスケの育ちの芽生えをどのように探し、生かしていきますか？

事例④を読み解く　行動の背景を探り、認める体験を増やす

（1）“行動”ではなく“気持ち”に目を向ける

保育者から見てケイスケの姿は、衝動的で改善が見られない姿に映っているのかもしれない。事例④の保育者は、保育者から見て“好ましくない（NG）行動”を“好ましい（OK）行動”に変えようと必死になっていたのかもしれない。しかし、“なぜケイスケはこのような行動をとるのか？”とケイスケの行動の奥に隠れている気持ちの動きを理解しようとすることが先決だろう。ここに、子どもと保育者の関係性を育てる重要な意味が隠されている。

たとえば、“ブロックが近くにあると安心する”のか、“作りたい物がはっきりしており、そのイメージを壊されたくない”のか、ケイスケの気持ちを探ることで保育者の対応が変わってくる。まずは、ケイスケの行動の背景を探ることから始めたい。

（2）衝動的な気持ちが抑えられない

ケイスケのように、思い通りにいかないとつい手を出してしまう子どもがいる。特に、興奮したりはしゃいだりして気持ちが高まった状態では、気持ちの抑制ができずに行動にダ

イレクトに出してしまう。さらに、気持ちが高まった状態になった時に、働きかけても遅いことが多い。したがってこのような場合は、嫌なことがあっても友達に手を出さないように〈事前〉に約束をしておくとよい。そして、少しでもケイスケが我慢できたら「我慢できたね！」と褒めるのである。つまり「我慢する→認められる→嬉しい」というサイクルをケイスケの体験として蓄積させるのである。まずは、我慢すると褒められる、を一つのセットとして互いの意識に定着させたい。

事例⑤　「気持ちに寄り添っていく」　3歳

サトミちゃんは、保育者が違和感を抱くほど警戒心が強い子どもであった。友達が近くで遊ぼうとするだけでも一旦遊ぶ手を止めて、身構えるほどであった。普段のサトミちゃんは、一人でままごとをしながらも、周囲の様子や友達の動きを目で追ったり、大きな声でやりとりをしている子どもを見たりするなどの姿があった。

他児は、園生活の流れもわかってきて、自分で遊びを見つけている。気の合う友達と遊んだり、話したりと集団での遊びが活発に展開されていた。一方、サトミちゃんの姿に変化は見られず、周囲が活発に遊べば遊ぶほど萎縮するといった様子であった。周囲が集団としてのまとまりができてくると、常に1人で遊んでいるサトミちゃんが目立ってくるといった状態となった。

保育者は、サトミちゃんが少しでも穏やかな時間を過ごしてほしいと願い、積極的に抱っこしたり膝の上に乗せたりしてスキンシップをとっていった。すると、サトミちゃんの方からスキンシップをとってきたり、遊びに誘ってきたりするようになっていった。また、これまで見られなかった笑顔が増えていった。

遊ぶ時間を共有するうちに、保育者はサトミちゃんの気持ちが何となくわかるようになっていった。トラブルになると、「今は、1人で遊びたかったんだよね」「触られてびっくりしたね」と気持ちを察して（保育者が）言葉にしていくと、泣きながらでもうなずくようになっていった。あわせて、相手の気持ちも代弁するように心がけていったところ、少しずつ警戒心が無くなっていった。

まわりの友達が園に馴染んでいくにつれ、サトミのなじめなさが際立っていきました。しかし、保育者の温かな関わりで次第に表情がやわらいでいきました。あなたは、保育者とのスキンシップとサトミの笑顔が増えていったこととの関係をどのように考えますか？

事例⑤を読み解く　安全基地としての保育者

警戒心が強く、周囲と心を打ち明けて親しむまでに時間がかかる子どもがいる。この事例の保育者は、サトミに穏やかな時間を送ってもらいたいという気持ちからスキンシップを積極的にとり始めた。スキンシップを通して、保育者とサトミの信頼関係が芽生えていったのだろう。サトミと関わる頻度を高めた保育者は、サトミにとっての安全基地として機能していったと考えられる。つまり保育者の存在は、「この人ならわかってもらえる」という存在へと変わっていったのだろう。そうした存在になるには、子どもの不安から安心、そして好奇心へと移り変わる気持ちに敏感になることが必要となる。この保育者も、サトミが気になる行動をした時にだけ対応していたら、サトミは、保育者を「集団に入れようとする人」もしくは「来てほしい時に来てくれない人」という認識になっていただろう。子どもが安心して生活する基盤になることが、保育者の姿勢として大切だといえる。

事例⑥　「子どもへの否定的なまなざし」　3歳

年少から入園して以来、母親が目の前のタケシくんの姿を受け入れられず、「できない」「情けない」と言い続けていた。保育者は、園での姿を伝えつつ、成長しているところやタケシくんの良いところを母親に積極的に伝えてきた。

しかし、母親の口から発せられる言葉に変化は見られなかった。年中・年長時の保育者は、継続して母親に成長しているところや関わりのポイントを伝えてきたのだが、母親のタケシくんに対する見方は変わらなかった。結局、園とはタケシくんに対する見方が平行線のまま、タケシくんは卒園をしていった。

何とかしてタケシを肯定的に捉え、子育ての楽しさやタケシの良い面に目を向けてもらいたかった保育者。あなたは、タケシの母親の姿をどのように受け止め、どう感じましたか？

事例⑥を読み解く　関わりを深める工夫

タケシの保護者は、タケシの成長の喜びを感じていたのだろうか。そして保育者は、保護者と子育ての楽しさやタケシの成長を深いところで共有したり、成長の喜びに出合えることを共にめざしたりしていたのだろうか。

卒園までタケシの保護者の姿勢が変わらなかったという事実は、保育者にとってとてもつらいことだったに違いない。しかし、今一度振り返る必要があると考えられる。保育者が子どもの成長や発達の様子を事務的に正確に伝えることや保育者側の思いを一方的に伝えることでは、母親と深い関係を築くことはできない。保護者に子どもの成長の喜びを実感してもらうためには、保護者自身が子どもの成長を感じ、保護者としての感動に出合えるようにするために、保育者は、子どもの成長の喜びを返していくような関わりが求められる。継続的に園生活でのタケシの「小さいが、しかし素敵な一面」を表情豊かに伝えていく必要があったのかもしれない。

しかし、この視点から保護者を援助していくことは、強く意識していかないと実現できない。そこで連絡帳などのツールを活用し、成長を共に喜び合えるような記入の仕方や日頃から保護者会などで“子どもの成長と喜びの共有”ができるような工夫を積極的に取り入れていくとよいだろう。

事例⑦ 「家庭の姿と違う」 4歳

年中組の夏休みが終わってからというものカオリちゃんのトラブルが増えていった。トラブルの多くは、カオリちゃんが叩いた、押したといった内容であった。保育者は、どこか落ち着きがなく、すぐに手を出してしまうカオリちゃんが気になっていた。

保育者は、カオリちゃんの園での様子をできる限り保護者に伝えていた。しかし、保護者に家庭での様子を聞いてみると、園での姿と違っていた。保護者によると家庭ではおとなしく、聞き分けがよい、とのことであった。保護者の話からは、暴力的な行動は全く見せない、といった印象を保育者は受けた。保育者は、園での実態を知ってもらおうと園でのトラブルを必死に伝えるものの、保護者からは「そうですか～。家ではそういう姿はまったく見られないんですけど…」と園での実態を信じてもらえなかった。

保育者が園で見ているカオリの姿と保護者が家庭で見ているカオリの姿には、見方にズレが生じています。あなたならこの状態をどのように受け止め、保護者にどのような関わりの工夫をしますか？

事例⑦を読み解く　母親に何を伝えたいのか？

現在、気になる子どもの保護者への対応に難しさを抱えて働いている保育者の割合は多い。次頁の図１では、「気になる子どもの保護者の対応に困っていますか？」の質問に対して「よくある」「ある」と回答した保育者は、184名中117名（64%）であり、多くの保育者が対応の難しさを感じている。また、図２で、気になる子どもの保護者対応に困っている内容は、多い順に「子どもの気になる言動を気にしない」117名中71名（61%）で、次に「伝えたことがうまく伝わっていない」67名（57%）であった。つまり、保育者が“伝えたい内容”が適切に保護者に伝わっていないことが読み取れる。

さらに踏み込んで考えると、保育者は子どもの姿を保護者に“どのように伝えたらよいか？”に戸惑いを感じている。気になる子どもの多くは、社会性の課題をもっているので、集団の中に入って初めて子どもの課題が浮き彫りになるケースが多い。発達年齢から見ても、低年齢のため“社会性の課題”を保護者に伝えづらいという側面がある。さらに、保育者自身が気になる子どもの課題を障害と結びつけてよいかどうかわからないという側面もある。家庭では“母親対子ども”と限定された関係での生活であるためあまり課題を感じられないのに対して、子ども集団の中では互いが対等な関係であるため、集団での課題が現れやすい。自分の子どもの育ちしか知らない保護者、自分の子どもの集団での姿を知らない保護者に対して、どのように話せば共通理解が得られ、そしてその後の対応を一緒に考えていく関係を築くことができるのか、保育者は日々悩むのである。

この事例のカオリの母親のように“認めようとしない”あるいは“カオリに関心がない”場合は、理解させようと強く思うのではなくて、まずは「私は保護者に何を伝えて、何を望んでいるのか？」を再度確認するとよい。保護者は保育者の話の意図がわからないと不安になり、必死に防衛しようとする。この事例では、保育者がカオリの園生活をより過ごしやすいようにするために一緒に考えることを前提に話をしても、保護者としては“暴力的で困っている”さらには“(カオリがいるために) 保育がやりづらい”、と言われているのではないか、と受け取られる可能性が高い。

保育者は、これまでの自分と母親との関わりを振り返った上で、職員会議などでカオリの姿を共通認識するとよいだろう。その後、園でどのように取り組んでいるのか、自分は今後どのように取り組もうとしているのか、ということを含めて、子どもの様子や保育者として心配なことを保育者間で共通認識していくのである。

【図1】気になる子どもの保護者の対応に困っている保育者の数（n＝184）[1)]

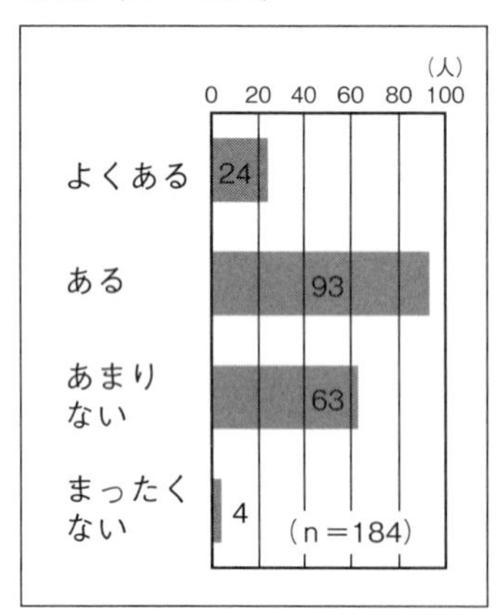

【図2】図1で保育者が困っている内容（n＝117：複数回答）[2)]

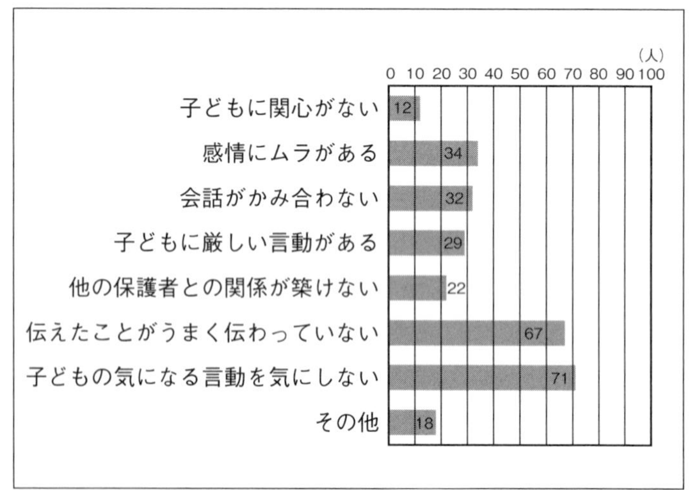

1)、2)　守巧・松井剛太（2013）保育現場における気になる子どもの保育者支援―気になる子どもと似た特性のある保護者の実態把握―香川大学教育実践研究27号35－44

事例⑧ 「一緒に遊びたいのに」 5歳

ダウン症のアカネちゃんは、突然マナちゃんの長い髪を引っ張ることがある。保育者は、マナちゃんへの愛情表現の一つとして引っ張っているようにも感じていた。しかしアカネちゃんは、好きな友達の近くに寄って行って、話しかけることもなく、突然髪を引っ張ることが多くなっていった。保育者はその都度「アカネちゃん、痛いでしょ。髪の毛を引っ張るの止めようね」と伝えるが、アカネちゃんの姿は変わらない。

ある時、マナちゃんの保護者から「アカネちゃんが髪を引っ張るのが怖いと夜泣きをする」という訴えがあった。実はアカネちゃんは、たしかに手加減なしで引っ張る時もあるのだが、優しく触る時もある。保護者はマナちゃんに「(アカネちゃんは) 悪気があって髪を引っ張るわけではない」とその都度説明をしているとのことであった。しかし、なかなかマナちゃんの夜泣きが収まらず、その後も保護者からの相談は続いた。

アカネの気持ちは理解できますが、伝え方は正しいものではないため、相手に伝わるような伝え方を正しく身につける必要があります。あなたはアカネの気持ちを大切にするために、どのような伝え方をアカネに教えていきますか?

事例⑧を読み解く 引っ張る行為に隠れているもの

(1) 自分の気持ちを適切に相手に伝えるために

経験や語彙が少ない子どもにとって、自分の思いを言葉にすることは、とても難しい。もし、そのような子どもたちが自分の思いを相手に伝える方法がわからなかったら、アカネのように少し強引な伝達手段を選ぶかもしれない。また、自分が親愛の気持ちを伝えたのに、相手に (自分が) 思っているように伝わっていなかったら、感情に身を任せて暴力的になるかもしれない。こう考えた場合、アカネは、“関わり方がわからず、困っている子ども”と言い換えることができるのではないだろうか。一般的に子どもは、気になるものや好きなものにしか近寄っていかない。アカネの引っ張るという行為は、相手のことが気になっている証である。

まずはアカネの気持ちをマナに代弁していくとともに、アカネには社会的な文脈に合った“肩をトントンする”“軽く服を引っ張る”といったマナに受け入れられる方法を伝えるとよいだろう。

(2) “かまってもらう”という目的

保育者の注意もむなしく、アカネの行動に変化が見られない場合、もしかしたらほかに原因があるのかもしれない。たとえば保育者の熱心な関わりが、結果としてアカネの引っ張る行為を強めているということも考えられる。具体的には、髪を引っ張ることで、好きな友達が反応（嫌がる・泣く）を示し、さらに保育者も反応（介入する）を示すことで結果として〈かまってくれる〉という右の図3のようなサイクルが生まれている可能性もある。

このような悪循環を断ち切るためには、具体的な方法を根気強く教えながら、まずは“思いが相手に伝わった”という経験をアカネが積むことである。伝わった達成感を糧にしながら、好きな友達との関わり方を少しずつ学んでいくのである。

【図3】アカネちゃんの思い

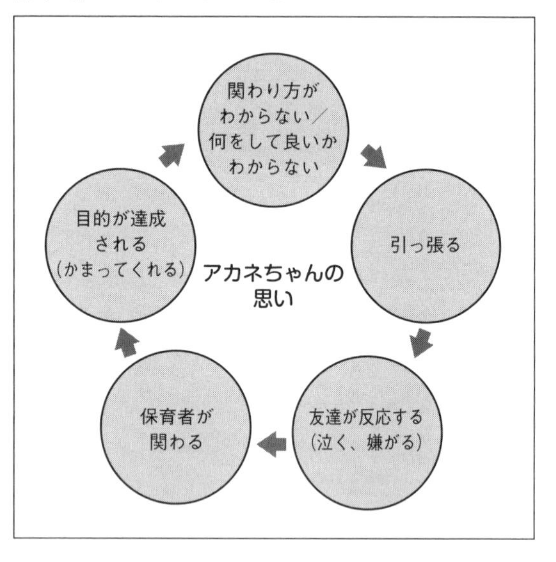

事例⑨ 「『子どもに関心がない』と感じたあやまち」 5歳

トシオくんは、友達との関わりがほとんどなく、1人で遊んでいることが多かった。一斉活動中では、保育者が話していることは、理解しているものの、保育者が話している最中でも自分が感じた質問を矢継ぎ早にしてしまい、みんなから嫌がられることが多い。保育者は、トシオくんの“よくわからない”行動から、彼への関わり方に行き詰まっていた。保育者は、何とかしようと保護者に園での様子を話したり、家庭での様子を聞いたりするが、反応が薄くすぐ会話が終わってしまう。保育者は、就学を控えているトシオくんの現状を保護者に理解してもらいたいと思い、何度も話し合おうとするが毎回あっさり終わることに焦りを感じていた。

そこで、保護者との関わりを園長に相談したところ「焦らず、もう一度保護者との関係を作ることから始めた方がよい」、とのアドバイスをもらった。保育者は、改めて自分と保護者との関係を思い返してみた。すると、保護者にトシオくんの園での様子について“楽しかったこと・褒めたこと”ではなく、“注意したこと・困ったこと”を中心に話をしていたことに気がついた。

保育者は、就学前の時期を迎えると、子どもたちの“目の前の現在の姿”と“小学校での未来の姿”とを想像して急に心配になり焦りが強くなるもの。園長のアドバイスを受けた保育者の振り返りをあなたはどのように感じましたか？

事例⑨を読み解く　丁寧な関係づくりをするために

この事例を読み解くには、入園当初の保育者と保護者の関係をひもとくと理解しやすい。

まず入園までは、保護者と子どもという２人だけの関係が強い世界での生活である。入園をして、初めてわが子を人の手に預ける保護者は、保育者に対して様々な感情を抱く。その多くは、「この保育者は自分の子どもを大切にしてくれるだろうか」「やさしい先生だったらいいな」「うちの子は弱虫だから厳しい保育者だと自分を出せないだろうな」といった、期待よりもむしろ不安や心配である。

この時期の保護者からの相談内容は、子どもが（友達から）嫌なことをされても言い返せない、友達を見ていると自分の子は生活習慣が身についていない、などが挙げられる。このような子育て全般に不安を抱えている保護者に対しては、可能な限り丁寧に対応をしていきたいものである。しかし、保育者があれやこれやと子どもの育て方の至らない部分に焦点を当てて話をしていくと、信頼関係ができていない時期のため、保護者はいっそう不信感を募らせてしまう。

もしかしたら、この事例の保育者とトシオの保護者との関係は、この状態に陥っていたのではないだろうか。信頼関係がないまま、子どもの課題を伝えられても、受け止められる保護者はいないと思ってよい。この事例において保育者は、これまでの自分と保護者のやりとりを振り返るきっかけをトシオの保護者から与えてもらっている。

では、具体的にどのような接し方から始めればよかったのだろうか。まず、保護者との基本的な信頼関係を築くコミュニケーションとして、その子らしさが出ているエピソードを伝えていくとよい。たとえば「今日、おもちゃを使っている友達のそばで“使いたいな…”という表情でモジモジしていました。私が『〇〇くん、使いたいの？』と聞くと黙ってうなずいたので、一緒に『貸してって言ってみよう』と誘ったら“貸して”が言えたんですよ」というようにその子の行動特徴を示しながら、その状況を保護者がイメージできるように伝える。このような丁寧な関わりが土台となって保育者の意図がしっかり伝わっていくと考えられる。

1節のまとめ

ここまで読んでみて気になる子どもについて多様な見方や関わりがあることに気がついただろうか。また、気になる子どもやその保護者との関係をつくることは取り立てて“特別なこと”をしているわけではないことも読み取れたことと思う。

では、さらに気になる子どもやその保護者へのより深い理解と対応を探ってみよう。

（1）メッセージの伝わり方

保育者と子ども、双方の気持ちや意図を〈適切に〉伝えることは、容易なことではない。では、そもそも人は何を基準として、どのように相手のメッセージを受け入れるのだろうか。図４に示すのは、アメリカの心理学者アルバード・メラビアンが示したもので、感情や態度を伴うコミュニケーションの際に、一般的な成人が何に影響を受けて相手のメッセージを受け取るのかを示したものである。こちらによると、聞こえ方や見た感じにより人はメッセージを受け取ることがわかる。もちろん、この実験方法と実際の保育の現場は異なる。しかし、保育者にとってコミュニケーションの際の参考になるのではないか。つまり事例①でのアイシャにとって、保育者が表情豊かに話をするようになり、より理解しやすい伝わり方として彼女の行動も変わっていったのではないだろうか。笑顔で、「あなたに伝えたい」という気持ちが土台となって、「あなたは（私にとって・クラスにとって）大事な存在ですよ」というメッセージが伝わっていったと考えられる。文化が異なる子どもへの対応として、まずは言葉に頼らず、表情の豊かさやわかりやすいしぐさなどを心がけ、伝えようとする姿勢が何よりも大切となる。

【図４】メラビアンの法則

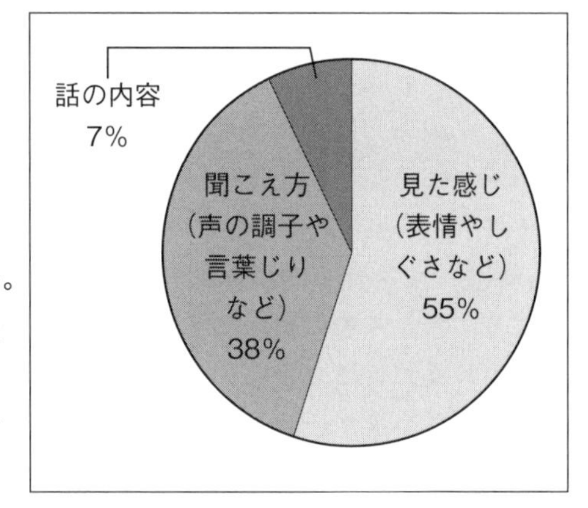

（2）“みんな同じ”という保育観

あなたは、“みんなと同じ”という言葉をどのように捉えるだろうか。肯定的な印象を受け、保育をしていく上では欠かせない要素だと捉えるだろうか。“同じ”という言葉の響きは、集団を相手にしている保育者にとって重要なキーワードのように受け取れる。

しかし、実はみんな同じという保育観では一人ひとりの子どもに即した援助は望めない。みんな同じという保育観では、「○○くんにはA、そのほかの子どもたちはみんな一緒」という見方をすることになりかねない。そうではなく、十人十色という考え方だと「○○くんにはA、○○くんにはB、○○くんにはC」というように発達特徴を踏まえた関わりが可能となる。したがって事例③における保育者は、「ミナにはA、そのほかの子どもたちはみんな一緒」という保育観が根底にあったのかもしれない。“ミナにはA”がクローズアップされる形となり、結果トモミのように「ずるい！」と異を唱えたのだろう。

では、他児が「ずるい！」という気持ちを抱くのではなく、一体どのような気持ちを抱くのがよいのか。それは、「私が困っている時は、ミナちゃんのように先生がちゃんと関わってくれるんだ。それが（たまたま）今はミナちゃんなだけなんだ」という気持ちを抱いてもらうことである。しかし、これが実現できるためには、保育者と子どもとの基本的な信頼関係ができていることが前提となる。目には見えない太いつながりがあれば、保育者のミナへの関わりは、トモミにとって“不公平”ではなく、“ミナと保育者との向き合い方”という多様な向き合い方の一つとして消化される。

子どもたちは、他児と手厚い関わりをしている保育者を見て安心していく。しかし時として「ずるい！」という気持ちをもたれてしまった時は、目の前の行為だけに意識を向けず、これまでの自分と子どもたちとの関係を見つめ直す必要があるだろう。この意味では、異を唱える子どもは自分の保育を振り返るきっかけを与えてくれる子どもと置き換えられる。

(3) 集団から切り離さないためにも

あなたは、事例④でのケイスケに対する友達からの言葉をどう感じただろうか。おそらく、つらくショックな言葉と受け止めたことと思う。しかし、まわりの子どもたちに対して「そんなことを言ってはいけません」「仲良くしないとダメでしょ」といった仲の良さを強調するのではなく、まずは子どもの素直な気持ちを聞き、その気持ちを受け止めることから始めたい。注意をすることにこだわると、ほかの子どもは(保育者に)自分の気持ちを受け入れてもらえないと感じ、保育者の前では"形だけの仲良し"を演じてしまいかねない。

まわりの子どもたちのケイスケに対する素直な気持ちを受け止めた上で、子どもたちがとった彼への行動が適切であったのかを振り返るよう促すのである。自分の関係ないことが自分のせいになってしまったらどう思うかを考えさせるのである。そして次に、どう声をかければケイスケがみんなと一緒に遊べるかを提案してみるとよいだろう。

(4) 保育の専門家として

気になる子どもの保護者と話をする際の配慮点を押さえよう。まずは、保護者の行ってきた子育てを責めるような伝え方は避ける。なぜなら、子どものマイナス面ばかり伝えると子育てを批判されているような印象を与えるからである。話をする時は、保護者の状態を見ながら無理をせず、良かったことや頑張っていることを3つ程度伝える間に子どもの課題を1つ挟み込むイメージがよい。また、保育者は「保育の専門家」であるため、障害名を安易に出さないことも大切である。仮に保護者から「先生、うちの子AD/HDですかね?」と質問されても「私は、障害の専門家ではないのでAD/HDかどうかはわかりかねます。しかし〇〇くんは…」と保育中の具体的な姿を伝えるとよい。大切なことは、障害名や診断の有無を気にすることではなく、子どもが園生活で困っていることを優先的に考えることである。

(5) まとめとして

特別な配慮や支援と通常の保育とは、全く別なものなのだろうか。

図5は「支援の三角形」と呼ばれるものである。保育を受ける子どもの対象者は、この三角形のすべての子どもである。注目すべきは、何らかの配慮を必要とする子どもたちは、通常の保育で対応する子どもたちの上に位置しているということである。つまり通常の保育の土台があって初めて何らかの配慮や支援ができる、ということである。通常の保育がスムーズにいかなければ、特別な配慮を必要とする子どもへの保育もスムーズにいかない。したがって特別な配慮や支援ができるかどうかは、通常の保育が充実してこそ実現できると言い換えることができる。

【図5】支援の三角形

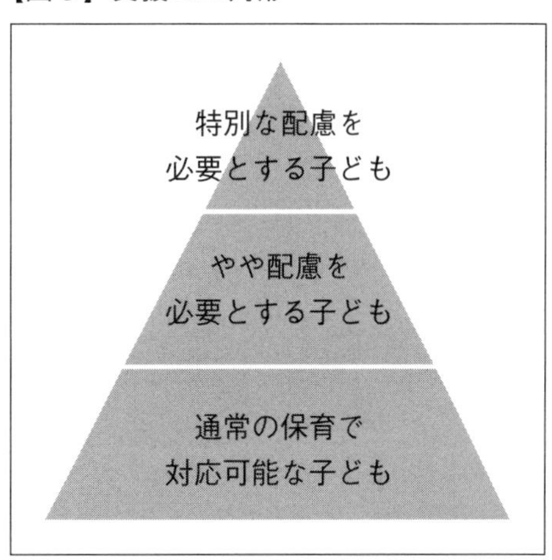

2 保護者との連携

幼稚園や保育園の先生になったら、保護者にどのように関わっていけばよいだろうか。まだ保護者になった経験がない自分に、保護者を支援したり、指導したりすることなどできるだろうか。保育者をめざして勉強していても、一番つかみどころがないのがこの「保護者との連携」ではないだろうか。

幼稚園教育要領において、保育者の役割については「保護者の幼児期の教育に関する理解が深まるよう配慮する」[1)]こと、そして、保育の現場に保護者を招き入れて「保護者が、幼稚園と共に幼児を育てるという意識が高まるようにすること」[2)]、また、保育所保育指針において「子どもの日々の様子の伝達や収集、保育所保育の意図の説明などを通じて、保護者との相互理解を図るよう努めること」[3)] と明記されている。保育所保育指針はそれ自体が子どもの育ちに関する保護者の理解に役立つ資料としても活用されるようにと、わかりやすい言葉での記述となっている。

保育者が担う園での保育と、保護者が担う家庭での子育てには、それぞれの役割があり、独自性もあれば共通点もある。いずれもが幼児期を過ごす子どもにとって核心となっていく経験を与える。両者の間を行き来して育つ子どもたちのために、保育者と保護者はどのような関係を築くことができるだろう。

以下の事例から保育者がどのような場面で、どのようなことを配慮して保護者との連携に努めているのかを見ていこう。

事例①　「お友達のタオルが間違って入っていました」　2歳

早朝保育に登園してきたチホちゃんの保護者が、「このタオル、うちの子のじゃないんです。前にも違う子のタオルが入っていて、うちの子の服もいくつか無くなっているんです」と言いながら、早番の保育者にタオルを渡す。受け取ったタオルには記名が無く、誰のものか早番の保育者にはわからなかった。

担任が出勤するとすぐに保護者からの話を伝えタオルを渡した。担任はタオルを見ると「これは○○ちゃんのだわ」と誰の物だかすぐにわかった。

1)　幼稚園教育要領第１章第６－２
2)　幼稚園教育要領第３章第１－(３)
3)　保育所保育指針第４章２－(１) ア

担任は、チホちゃんの連絡帳に「お友達のタオルが間違って入ってしまっていたようで、申し訳ありませんでした。チホちゃんの服も探しております。申し訳ありません」と書いた。加えて「4月の保護者会でお伝えしましたが、再度すべての持ち物には記名をされるように、クラスだよりにてお伝えしていきます」と書いた。

記名がないことによる持ち物の間違いはよくあること。保育者と保護者がよく連絡を取り合い、それぞれの役割を果たすことで防げることです。あなたはそれぞれの役割についてどのように考えますか？

事例①を読み解く　小さな仕事でしっかり支える

保育園から帰ってきた子どもの様子から、保護者は保育園でのわが子の様子をいろいろ想像する。その際、家と園を行き来する持ち物の状況は意外に重要な情報源となる。保護者は、子どもの持ち物が互いに紛れ込むことは、幼い子どもの集団生活ではありうることと想像してはいても、それが頻繁に起こったり、あるいはその事実を保育者が把握していない様子を感じたりすると次第に不安に変わる。この事例の場合、以前にも同様のことがあったが、その時は紛れ込んでいたものを保育者に届けただけで終わっていたのであろう。その後、今度は自分の子どもの服がほかの子どものところに紛れ込んでしまったらしいことが何度かあったが、その時も保育者からの連絡は特になく、すでにこれまでの経緯から保護者はかなり不安を募らせている様子が想像される。

最初にタオルを受け取った早番の保育者は、その保護者の様子にタオルのこととはいえ緊急性があると感じ、担任保育者に速やかに伝えたのであろう。担任もその引継ぎ内容から、適切な対応が必要であることをすぐに理解している。連絡帳での返事には、保護者の不安を受け止めたことがよく伝わる率直な謝罪の言葉があり、かつ、再発防止に向けての対策も記されている。保護者は連絡帳を読んで、ほっとしたのではないだろうか。

乳幼児の集団生活を支える側の保育者は、「すべての持ち物に記名を」というルールが集団生活の中にあることで、子どもたちの無用な混乱を避けられる体験を何度も味わう。自分の持ち物は、子どもにとって集団の中でのID（身分証明）と同じである。しかしながら子どもがそれを自分で管理することができるようになるにはまだしばらく時間が必要である。また、現実的には1人の保育者が大勢の子どもの持ち物を徹底して管理することは難しい。

子どもの持ち物は、子ども自身と一緒に園と家庭を行き来している。そのため、物の記名や管理はその重要性を見過ごされがちな小さな仕事であるが、子どもの園生活を支える園と家庭のコミュニケーションとして大きな役割がある。

“すべての持ち物に記名を”、と保護者に協力を依頼する際に、そのことがもつ意味を保育者がクラスだよりなどで子どもの視点から丁寧に説明すると、保護者の理解がより深まるであろう。持ち物の行方不明に関しても、よくあることと軽んじることなく、連絡帳などを活用して、保育者から一言保護者に伝えておくだけでも保護者の安心感は支えられる。子どもの持ち物に名前を書く、あるいは持ち物の行方を気にして伝えるという、小さな仕事が確実に行われることで、子どもたちの生活がしっかりと支えられていくことを園でも家庭でも確認しておきたい。

事例②　「よその子のお弁当は…」　3歳

３歳児のモモちゃんが毎日持ってくるお弁当のおかずは、ほとんどが野菜を茹でたり油で炒めたりしたもの。味つけも塩と胡椒である。モモちゃんの母親は、第１子のモモちゃんが初めて幼稚園に入り、そこで保育参観でほかの子のお弁当を見て、担任に「私は料理ができなくて」と相談をしに来た。そこで、保育者は保護者に“お弁当の簡単料理アンケート”を実施して、毎月のクラスだよりにお弁当の作り方を紹介した。ほかにも、降園時に料理の得意な保護者に話を聞きながらモモちゃんの母親も話に引き込んでいくと、モモちゃんのお弁当のレパートリーも増え始めていった。

あなたなら、モモの保護者から相談を受けた時、どのようなことを配慮しながら支援を進めていきますか？

事例②を読み解く　子どもと一緒に学び育つ親

家庭の第１子が初めて集団生活を送るという時、保護者も初めてそのわが子を支えていくことになる。当然、どのようにして支えていけばよいのかわからず、見よう見まねでやってはみるけれど、自信がないまま過ぎていくということがあるだろう。保育者はクラスの中にそのような保護者もいることを心にとめ、ささやかなサインにも気がつけるように配慮しておきたい。

事例では弁当のおかずの様子から、保護者に子どもが食べやすい弁当作りの小さな工夫が少ないことに、保育者は気づいていた。しかし、現状では食生活として重大な問題が心配されるものではなく、またモモの園生活にそれが原因で支障が生じていたわけでもない。保育者の方から積極的に指摘する事柄ではなかったが、偶然保育参観という機会に、保護者自身がほかの保護者の作る弁当を見たことで、自分のものと何か違うことに気がついた。

良い機会と捉えた担任保育者は、様々な働きかけを行っている。一つは、保護者に子どもを支える小さな工夫ということに目を向けてもらっている。「料理ができない」と心配する必要はなく、わが子を一番知っている保護者ならではのちょっとしたアイデアや子どもの気持ちで考えてみるという工夫に気づいてもらいたい。

もう一つは、不安を抱えながら１人で頑張る保護者を、ほかの保護者との支え合いの輪につなげていく機会として捉えている。第１子の子育ては、どの保護者にとっても自信がもてないものである。先輩保護者とのつながりがあると、小さなことでも気軽に相談できるなど、大いに助けられる。担任保育者はモモの保護者の相談を受けて、おそらく「ほかのお母さんたちも苦労していらっしゃるようですよ、お互いにアイデア交換できるといいですね」と応じたのであろう。早速アンケートをとって、クラスだよりを保護者間のコミュニケーションツールとして活用している。さらに、降園時のリラックスしたおしゃべりの輪の中にモモの

保護者も招き入れて、ほかの保護者との関わりを直接つなげ、応援している。
子どもが幼稚園や保育園に通う時期は、保護者も子どもと一緒に歩みを進めていく。保育者はそのことにも目を向け、細やかな配慮と支援を提供できる存在でありたい。

事例③ 「幼稚園に入れるのは早かった？」 3歳

ひとりっ子のアスカちゃんは、3月生まれで入園の年少女児。水曜日の入園式ではずっと泣いていて、母や父にかわるがわる抱っこされていた。入園式翌日の木曜日、微熱ありと欠席。金曜日も熱は下がったけれど様子を見るためと欠席。欠席連絡の電話で、「幼稚園入園はやはり早かったのではないかと思っている」と母。担任保育者は、「アスカちゃんに不要な無理がかからないように、ゆっくり、丁寧に関わっていきましょう」と伝える。月曜日は母親にも保育室で一緒に過ごしてもらうことにする。しばらくバギーに乗せて登園することも園で了承した。アスカちゃんは、降園時に眠そうにしているなどの様子は見られるものの、保育者をすっかり信頼して過ごすようなった。また、保育室の中のほかの子どもの様子や教材に興味をもって見ており、自分もやりたいと思うことは何でも保育者に伝えて伸び伸び遊んでいる。
5月連休明け、母親からバギー使用についてそろそろやめた方がよいだろうかとの相談がある。園からは、バギー使用の可否として考えるのではなく、アスカちゃんの体力と体調を見守りながら、園生活を規則正しく送れることを最優先に考えることと、生活の中で歩く機会を増やしていくことを並行して取り組むことをアドバイスする。

初めてわが子を他人に預けることは保護者にとって強い不安を抱くもの。あなたは保護者自身の安心の手掛かりを保育の中でどのようにつくっていきますか？

事例③を読み解く “個々の発達に沿う保育”を伝える

事例②と同様、保護者には第１子の初めての集団生活への不安が見られる。加えてアスカのように早生まれという条件がある場合、“ほかの子どもたちよりできないことが多いかもしれない”と強く気にする保護者の気持ちを念頭に置いておきたい。“みんなについていけるだろうか”“入園させる時期の判断が誤りではなかったか”という思いは常に保護者の胸にある。早生まれ、あるいはほかの先天的な条件であっても同様であるが、誰も責められる必要のない状況で、園児にも保護者にも不要な不安を生じさせない配慮と対応が保育者の責務である。
アスカの保護者は、入園式のアスカの様子を見て、早生まれなので無理させる必要はないと判断したのだろう。個が集団に合わせられなければ集団への所属は難しいという社会通念的な集団のイメージが影響したと考えられる。しかし、幼児の集団は社会通念上の集団とは性質を異にするものである。幼稚園教育要領で「幼児の生活経験がそれぞれ異なることなどを考慮して、幼児一人一人の特性に応じ、発達の課題に即した指導を行うようにすること」[4]、保育所保育指針で「子どもの発達について理解し、一人一人の発達過程に応じて保育すること。その際、子どもの個人差に十分配慮すること」[5]と明記されている通りである。それぞれの子どもが健やかに自己を発揮できるよう、それぞれに必要な支援を明確な方針のもと提供していくことにより、個別の対応であってもむしろ幼児の成長についての集団の共通理解を深める結果になる。園と保護者との間でこの共通理解を培っていくことが、子どもたちの園生活を支えるのである。

アスカの保護者には、保育者もアスカのことを十分理解し、受け止めていることを知って安心してもらいたい。そのためにはアスカを含め子どもたち一人ひとりの特性や、それぞれの発達の過程があること、園生活において個人差への配慮をどのように行っているかを具体的に伝えていきたい。アスカが無理をして合わせなければならない生活があるのではなく、アスカが伸びやかにほかの子どもたちと一緒に過ごせる生活を、園と家庭が協力し工夫してつくっていくものであることを伝えていこう。

事例④　「お父さんが言っていた」　4歳

床に広げたござの上に集合した時のこと。コウタくんとヤスヒロくんが叩き合いを始めた。どんどん本気になっていく。わけを聞くとヤスヒロくんが「コウタくんが何もしないのにドンドン足で叩いた」と言う。コウタくんは「だってヤスヒロくんがわざと後ろに下がって押してきたから」と応じる。ヤスヒロくんが「押してない！」と怒ると、コウタくんは「だってうちのお父さんはやられたらやり返せと言っていた」と強い剣幕で言う。保育者はあえてコウタくんの言葉を取り上げず、もう一度お互いが叩く理由を相手の前で話すように励ます。するとヤスヒロくんが、「何もしていない（押していたことに気づかなかった）のに叩かれて嫌だった」と言い、コウタくんは「（ヤスヒロくんが）わざと押してきたと思って嫌だった」とあらためて伝え合う。そして、どちらからともなく「ごめんね」と言い合う。

コウタが「お父さんが…」と保護者の言葉を引き合いに出して理由を説明した時、あなたならどのように応答しますか？

事例④を読み解く　今、ここで、自分たちで考える力を

集団生活の経験を積み始めたばかりのこの時期、子どもは初めて出合う様々な問題を越え

4)　幼稚園教育要領第１章第１－３
5)　保育所保育指針第１章１－（3）ウ

ていくために、自分にとって身近な手がかりや方法を駆使する。保護者のアドバイスは、子どもにとって最適のマニュアルに思えるのだろう。保護者としても子どもにたくさんの対応方法を伝授して送り出したい気持ちはよくわかる。

しかし、友達や先生との生活は、その場で、その時に、共にいる人たちと一緒に自分で考えて暮らしていくものであり、子どもは家からもってきたマニュアルによる行動の仕方ではうまくいかないことにやがて気がついていく。問題を解決するのは、自分の気持ちを伝えたり、人の気持ちに気づいたり、状況を把握したりしながら、互いが納得するところを根気強く探していく作業である。双方の納得と満足が得られるまで、保育者は子どもたちの間をつなげて支える。この事例のように、幼児期には直接の接触の機会はいつでもたくさんあり、もしもそこで気持ちのぶつかり合いになったとしても、大人の適切な支えがあれば子どもは関係の調整の仕方を学んでいくのである。

保育者は保護者に、子どものトラブルの経験がいかに成長のために重要な機会であるかを、保育者の関わりのねらいとともに伝える必要がある。事例では、保育者はコウタの「お父さんが…」という発言はあえて取り上げず、“わざとだと思った”“押していたことに気づかなかった”という2人の間の誤解を確認するよう促している。今、ここで、しっかり相手の言葉に耳を傾けることを解決の糸口にしている。

保護者は、集団生活でわが子がトラブルにならないように、トラブル回避の方法を教えたり、言い聞かせたりする。しかし、家庭では園でのできごとをゆっくり聞き、即断を控え、まずは子どもの頑張った姿を想像してほしい。そして、たとえ子どもにとって不本意な一日であったとしても、園の先生と友達への信頼をもつようもう一度励まして、翌日また園に送り出してほしい。これらの営みは保育者と保護者が十分なコミュニケーションを続けておくことで可能になる。

事例⑤ 「異なる文化の間で」 4歳

中国人の母親と年の離れた父親をもつレオカちゃんの家庭は、行事についてのお知らせの手紙を渡しても、当日になると忘れ物が多く、集合時間に遅れることが多い。ひらがなであれば読める母親に、担任保育者はわかりやすいように手紙によみがなをふって渡すが、改善が見られない。

あなたは、母国を離れて日本で生活し子育てをしている保護者が、どのようなことを不便に思っていると思いますか？　また、担任保育者であったらどのような支援を提供できるでしょうか？

事例⑤を読み解く　子どもを中心に相互の理解を深めよう

この事例からは、園（担任）と保護者のコミュニケーションに困難があること、また、保護者からレオカの園生活への関心が感じられないことなどの状況がわかる。さらに、母親の子育て文化は中国文化を背景としているものであり、日本で常識的に考える子育て文化とは発想も価値観も異なることが予想される。この段階ではまだ表面化していないが、思わぬ誤解や葛藤が隠れている可能性もあるだろう。レオカの母親は日本で子育てをしながらどのようなことを感じているのか、家庭での子育てはどのように行われているのか、家族の協力や理解はどの程度あるのかなど、レオカの園生活を応援していく上で重要な情報である。これらの事柄についてもぜひ保護者、特に母親と話したいということを保育者の方から伝えていこう。それは園生活に合わせてもらうためのコミュニケーションではなく、レオカの母親に向けて、あなたを理解したい、あなたの子育てに参加したい、という保育者からの意思表示である。

この事例に限らず、昔に比べ在留外国人数も増加しており、外国人保護者との連携は今日の保育現場においては想定しておく必要のある事項となっているといえよう。これまで日本人のみの単一文化内で保育を行ってきた経験しかない私たちには、様々な予想外の保護者の行動や対応と出合う可能性がある。

しかし、いずれの場合でも保護者と保育者の関係において、あくまで子どもの最善の利益を中心に捉えることを念頭に置く。少なくとも園はそのための場であることを明示しておく。この方針のもとで外国人保護者とのコミュニケーションに尽力する。日本語をわかってもらおうという姿勢のみでは一方的であろう。挨拶だけでも保護者の母国語でしてみる、教えてもらうなどの意欲を保護者に伝えたい。また、園も地域の自治体が在留外国人のために提供している様々なサービスについて把握しておこう。

しかし、保護者と保育者のコミュニケーションに対する努力の問題をレオカの園生活を滞らせる理由にしてはいけない。家庭から持ってくるべきものを持参しない、園で使用する個人のタオルや着替えが洗濯されてこない、など明らかな保護者の責任領域に関わる場合も予想されるが、極言すればたとえそうであってもレオカの園生活に支障が出ないように援助するのは園の責務であると考える。

事例⑥　「保護者との温度差があった！」　4歳

ナミちゃんは、友達からの信頼が厚い子どもで、学級のリーダー的な存在であった。ある日、ナミちゃんの母親から改まって相談があると言われ、話を聞いた。ナミちゃんが、幼稚園の折り紙を２枚程持ち帰ったという。折り目もついておらず新しいものだという。本人に確かめると先生にも黙って持ってきてしまったという。本人にはいけないことだからとよく言い聞かせたが、先生からもご指導をよろしくとのことであった。

それから10日後、担任保育者はナミちゃんの母親に呼び止められた。「先生、うちの子に指導して下さったのですか？　今度は、キラキラのテープを持ってきてしまいまし

た。いくらしっかりしているように見えても、ナミだって子どもなんですから注意が必要なんです。先生にこの前もお願いしたのにもういいです！」と、いつもの穏やかな様子とは違っている。

担任は、母親の相談を真剣に受け止めていなかった自分に今更ながら気づいた。その場でナミちゃんの母親には、自分がナミちゃんに何も指導せずにいたことをひたすら謝ったが、自分の未熟さで母親の信頼を損ねてしまったと、猛反省した。

子どもの行為に対する保護者と保育者の見立てが違うと問題が生じてしまいます。事例のように、保護者との見立てが違う、または違うと感じた時、あなたならどのように対応しますか？

事例⑥を読み解く　温度差を放置せずに

子どもの行為をどのように見立てるかについては、保育者と保護者では視点が異なることを考慮しておきたい。事例のナミの行為を一般的に使われる言葉で捉えると、“黙って持ってくる＝盗む”ということになり、保護者の中では相当衝撃的な行為と受け止められていることが想像される。同様に、そのほかの幼児の行為であっても、“嘘をつく、友達を脅す、いじめる”等の言葉に変換されて受け止められてしまうと、保育の現場で起きていることの実際とは大きく隔たった心象が生じてしまう。このような心象は、不安と共に１人で（あるいは家庭内で）抱えている時間が長いほど大きく膨らんでしまい、その分、保護者も子どもも胸を痛めて過ごすことになってしまうので、なるべく早期に対応したい。

ナミの保護者が直接「盗む」という言葉を使わなかったとしても、このような場合、保護者の心の中でその言葉があることを想定できるであろう。日頃のナミの園生活での活躍の様子や、力の発揮の仕方から考えると、担任は、ナミには折を見てひとこと、みんなで使う教材は管理の仕方があるということを伝えておけばよいと考えていたのかもしれない。この段階で保護者の心中との温度差を解消するために、ナミへの指導よりもむしろ先に保護者と話をしておけるとよかったのかもしれない。保育者と保護者で見立ての違いが生じた場合、どちらが正しいということよりもどちらも歩み寄り、共に共通の理解をもって対応することが大切である。

子どもたちは子ども同士で関わり合いながら共に過ごす生活を学んでいる最中である。大人が性急に社会病理的な表現を持ち込む必要はない。保育者は園で育ち合う子どもの姿を鮮やかに伝え、保護者の理解を得て、子どもが安心して育つことのできる場を共に支えていきたい。

事例⑦　「保護者会の役員を決める」　5歳

毎年４月に担任保育者を悩ませるクラス役員決めがある。年度最初の保護者会で各クラス２名の役員を選出するのだが、仕事の都合や家庭環境などを理由に役員は引き受けられないという保護者がほとんどで、立候補が出ることはほとんどない。この時もこれ以上続けても手が上がらないと担任保育者は判断し、後日また集まってもらうようにした。そして、２度目の保護者会でフルタイムの仕事をもつユウタくんの母とヒロコちゃんの母が引き受けてくれることになり、ようやく新学期のスタートができると安堵した矢先、ヒロコちゃんの母から担任宛に手紙が届いた。内容は、いったんは仕方がないと納得して役員を引き受けたが、ヒロコちゃんの習い事仲間の他園のお母さんたちにいきさつを話したところ、「その園は変だ」と言われ、役員選出の方法や保護者会活動をほかの園と同じように変えてほしいとの内容だった。

園で保護者役員は大切な役割ですが、保護者にとっては負担と感じることもあります。あなたはどのような方法で保護者の理解を得て役員を選出すればよいと思いますか？

事例⑦を読み解く　組織の機能や目的を理解してもらう

保護者との連携は個々の保護者と行われるだけでなく、保護者組織（保護者会、保護者サークル、保護者役員会など）を対象としても行われる。この場合には、個別の連携とはまた別の視点も必要である。

保護者組織は園と保護者の相互理解と連携協力を進め、保育活動を一層充実させることを目的として設置されていることが多いであろう。そして、保護者組織は一般の社会人が構成する集団であり、社会通念上、組織としての計画性・合理性・透明性が求められる。子どもたちとの生活においては偶然性・止揚性・変動性もまた重視され、生かされていく。しかし、それを理由に保育者が社会人組織の運営常識に疎いと、園の組織としての在り方に信頼を得ることは難しくなる。

この事例の場合、初回の保護者会で役員を決めるという予定で参集してもらったならば、やはりこの会で必ず決められるような工夫や準備が必要であったろう。おそらく保護者はそれでなくてもこの日は幾分重い気持ちで来園している。園として、保護者が園に来たことを有意義だったと思ってもらえるための配慮は欠かせない。初回の保護者会の目的は役員選出であり、その目的を予定通り達成できる計画性・合理性・透明性を示し、信頼を得る機会としなければならなかった。

ユウタ、ヒロコの保護者たちはフルタイム就労者として、社会人組織で日常勤務している経験から、予定されていた役員が決まらない状況を受け入れ難く思い、自ら引き受けることで保護者会の停滞を解消したかったのであろう。しかしその後、他園の役員選出方法を耳に

してその方が合理的だと判断し、担任に要望を送ってきたと考えられる。

何が合理的かはそれぞれの園により異なるものであり、この園にとっての役員選出方法の根拠を明確に説明することで、ヒロコの母親にも了解を得られるであろう。保護者同士の情報交換は、園を越えても盛んに行われる。保護者から提供された情報を活用する場合もあるだろう。しかしまた、必ずしも他園の方法が自園でも同様に合理的に機能するとは限らない理由があるのであれば、保護者にはきちんと説明し、理解を得る努力が必要である。

保護者との連携では、子どもへの保育力に加え、一般の社会人としての対応力と組織運営力が必須である。保育に携わる・関わる時間が多くなる中で、保育者はごく普通の社会人としての常識や行動力が鈍くなっていないか、自らを振り返っておきたい。

事例⑧ 「冷たくてプールに入りたくないと言っている」 5歳

7月初めのある朝、登園時に、年長児シズカちゃんの母親が担任保育者のところへやってくる。母親は担任に納得がいかない口調で、次のことを一方的に話す。

○プールに入る順番に納得がいかないし、いつも年長児が先なのはおかしい。

○シズカは水が冷たくてプールに入りたくないと言い出している。

そこで担任は、朝の子どもたちを受け入れる忙しい時間帯でもあり、次のように端的に返答した。

○園全体の流れを考慮して全学年が入れるよう順番を決めている。

○支度のスムーズにできる年長児が早い時間になる。

○シズカちゃんが嫌がっているとは知らなかった。

母親は、その答えを聞いて、担任に話してもらちが明かないと思ったのか、その足で園長に話しに行ったが会えなかった。その後役所に電話をかけたらしく、午後になって役所から園長に問い合わせが入る。園長は、誰からも報告を受けていなかったので、事情を知って驚いた。

保護者にらちが明かないと思わせるような状況にならないために、あなたは、日頃どのような関わりを保護者としておくべきだと考えますか？

事例⑧を読み解く 問題解決を共に考える

この事例で保育者は朝の忙しさの中で、保護者が最初に挙げた園の方針への疑問に対してのみ回答しており、“シズカがプールに入りたくない”と言っていることには「知らなかった」と答えているのみである。確かに朝の登園時に十分対応できる事柄ではない。しかし保護者の言葉や様子から、園の方針への不信感にまで膨らんでいる、シズカへの心配が潜んでいる可能性が考えられないだろうか。担任保育者がその場で「必ず今日のうちに改めてお話を伺います」と伝え、シズカが困っていることに関しては決してないがしろにしないという姿勢を示しておくことで、この後に続く保護者の行動は防げたかもしれない。保護者が園長や役所に話をすることが問題なのではなく、本来の問題解決をめざした行動から逸脱させてしまっていることが問題である。

担任保育者は、朝の園児受け入れで神経を張っているがゆえに、園側への配慮の無いシズカの保護者の行動に、無意識であっても拒否的に反応していたのかもしれない。もちろん、いつでも自分の感情をコントロールすることなど誰にも容易にできることではないが、保育者として保護者への対応についてはプロとして対応したいものである。朝の登園時に有無を言わさず相談してくるという行動の仕方は、保育者を独占してでも訴えたい気持ちが高じているとも受け取れる。保護者がこの問題を抱えて悩んでいた時間があることを考慮して保育者は、短時間で要点のみに絞った対応をするのではなく、個別面談の時間を速やかにとることを明言する。そして今は業務に戻る必要があることも明確に伝え、決して訴えを軽く考えているわけではないことを伝えるのも一つの方法であろう。

そして保育者は時と場所を改めて保護者と２人で“シズカがプールに入りたくないと言っている”ことについて、あらゆる観点から検討し、どのような対応がシズカにとって最適な支援なのかを共に考える。その時間を通して、保護者の不安の要因や互いの不信感、コミュニケーションの不足を解消していくことが、この事例の要点である。

事例⑨　「上履きのにおい」　5歳

６月の天気の良い日のお弁当の時間、クラスの１人が「何かくさい」と言い始める。ほかの子も次々に「くさいね」「本当だ、くさい」と言い始め、子どもたちはにおいの原因を探そうとし始めた。保育者はにおいの原因がアキヒサくんの上履きだとすぐにわかり、窓を開け、子どもたちに原因を突き詰めないように促した。その日の降園の時、アキヒサくんの母親に今日のできごとを伝え、上履きを持ち帰って洗うように手渡す。

原因を探し出そうとする子どもたちの成長は喜ばしいものの、結果に対処する力はまだ持ち合わせていません。この事例では集団生活においてどのような危機的状況が生まれる危険がありましたか？　また回避するためにどのような援助が考えられますか？

事例⑨を読み解く　親子の生活への支援が必要な時も

においの原因が特定の個人の持ち物だという事実を子どもたちがどのように受け止めるか、保育者のリードの仕方で子どもたちの気持ちが大きく変わる予断を許さない状況である。事例では、保育者は子どもたちに原因追及を中止させ、子どもたちもその指示を意外にすんなりと受け止めている。誰かの上履きがにおうという事実に子どもたちが直面したとしても、幼児が理解するには複雑すぎる事情がある。この場面では担任保育者の速やかな判断で、子どもたちに対しては部屋のにおいには換気という、生活上のごく自然な対応でこの問題を収束させている。おそらくその後、アキヒサには折を見て担任が声をかけ、上履きを履き替えさせているのであろう。担任は、むしろ保護者の協力と理解が即刻必要であると考え、その日の降園時に保護者と話をしている。

子どもたちが園生活で身のまわりの持ち物の管理や生活を進めていく力をつけていけるよう、保育者は保護者の協力を得ながら指導を進めていく。これらの力を育んでいくには大人による手本と支えが欠かせない。しかし、特定の子どもに保護者からの支援体制が著しく欠如していると、その子どもが生活を進めていく力をつけていく上での困難となるだけでなく、集団からの乖離までも引き起こされる可能性がある。

この事例で注目しておきたいのは、子どもの集団生活におけるこのような小さな危機から、保護者の子育ての生活を推測してみることである。もちろん、普段の保護者とのコミュニケーションから総合判断することが不可欠であるし、上履きの一事からのみ決めてかかることではないが、多方面から確認しても、もし、保護者が子どもの日常生活の世話を十分に行えていないなど何らかの破綻が生じている可能性があれば、早急に、より踏み込んだ保護者への支援が必要である。保護者への支援は、必ずしも保育者が園の中だけで対応できる事柄ではないことをよく理解して、どのような立場の人や機関と連携をとることができるか日頃から心がけておくことが大切である。

2節のまとめ

ここまでいくつかの事例を読み解きながら、園・保育者と保護者との連携について考えてきた。みなさんは20人の子どもたちの担任保育者になることは想像できても、その子どもたちの保護者への関わりはなかなか想像し難いことであろう。対子どもと違い大人同士の関係はどうしても言葉に頼ることが多くなり、誤解や衝突を生む可能性もまた高くなる。価値観や身につけてきた習慣が異なると、互いの間に見えない壁を作ってしまいがちである。このような気苦労が多い大人同士の人間関係に消極的になってしまいそうな自分はいないだろうか。

しかし、保育者の役割は保護者の子育てに積極的に参与していくことである。子どもが健やかに成長していく喜びを保護者と分かち合う。子どもの成長の途上で出合う様々な問題に保護者と共に知恵を尽くし、心を注いでいく。そのような役割を果たす保育者がいることで子育ては社会のみんなで支える営みとなり、子ども同士、保護者同士、地域の人々がつながり合い始めるということもぜひ、考えてみてほしい。

以下、大切だと思われる項目を補足しておく。

（1）家庭と園

家庭はプライベートな空間として、個の世界が尊重され、人や物、空間を独占して自我を強めていく。一方、園はコミュニティーであり、異文化共存の場である。人はコミュニティーで他者と生活を共にし、物や空間を共有する関わりの中で自己を発揮する力を培っていく。それぞれの場の性質を汲み取りながら、両方を行き来して子どもたちは育つ。家庭を支える保護者は、子どもが〈うち〉で必要とする親密で個別な関わりを保障し、子どもがやがて自立し家庭の外に出ていく時まで子どもの〈うち〉の顔とつき合う。園を支える保育者は、子どもたちがそれぞれの家庭から出てきて集う場を支える。子どもたちはそこで次第に〈外〉の顔をもつようになる。保育者はあえて子どもたちの〈外〉の顔とつき合っていく。子どもたちはたとえ幼くても、〈うち〉の顔と〈外〉の顔は違う。安心して〈うち〉の顔でいられる場所があるから、〈外〉ではいろいろな自分の顔を試してみることができるのだろう。保育者は、保護者と互いがよく知る子どもの顔のことを伝え合い、子どもの育ちにおいて、園と家庭のそれぞれが担う役割について理解を深めていきたい。

（2）保護者を支える力量

事例の読み解きでも述べてきたように、保育者は保護者に自分の保育を語れることが重要であり、その子どもをどのように理解しているかを伝えられる豊かなコミュニケーション力が必要である。また、子どもは親にとってプライバシーの真ん中にいるような存在でもあり、その子どものことを語るのであれば、心の中に土足で入っていくようなことはできない。保護者一人ひとりへの温かい関心と、繊細な配慮をもち合わせていることも大事である。そのような大人としての資質を基盤として、子どもを理解し援助する力、子どもの集団を指導して協同的な体験へと導いていける力などの保育の専門性を発揮していく時、保育者としての保護者支援を行うことが可能となる。

さらに事例⑦でみたように、社会においては幼稚園・保育園という組織の職員として、保護者集団に対しても適切な対応ができることが求められる。それは保育者をめざして学ぶ学生時代に経験するグループワーク、共同して行う調査や研究、あるいは様々な企画の運営やプレゼンテーションの経験などを通しても培われていくものである。やがて社会で実践する際の自分の力になることを意識してそれらの課題に主体的に取り組んでほしい。

（3）より踏み込んだ支援が必要となる時

事例②のモモの保護者について、担任保育者は小さな違和感に気がついていた。園に毎日子どもが通う生活を支えるのは、保護者が子どものために自分の力や時間を使う仕事である。その力や時間の使い方に著しい不足・偏り・歪みが感じられる時—たとえば着替えの服が洗濯されていない、お便り類が受け取られていない、提出物が全く提出されない、子どもの睡眠不足の様子が甚だしいなど—は親子の様子を注意深く観察し、それがなぜ起きているのかを確認しておこう。モモの母のような場合は、自分の力不足を自身が気づき、援助を求めて

きた。事例②の担任保育者が以前から注意を向けていたこともあって、タイミング良くきめ細かな支援が提供されていた。

しかし保護者に何の自覚もなく、子どもへの支えが不足していたり、偏ったり歪み続けているような場合、そしてそれが子どもの健やかな成長を妨げている事実があるのであれば、保育者はすみやかに保護者にその点を伝えて、子どもの成長の支援に改善を図る協力をしていく必要がある。事例⑨もこの危険を回避した例であったと考えられる。

園側の努力が行われても、保護者との共通理解が得られない場合は、子どもの最善の利益を図るための判断から、公共専門機関との連携が必要になる場合もある。虐待の可能性がある場合、自治体への連絡は園の責務でもあり緊急を要する。園が把握している状況を自治体の教育・子育て関連担当部署や児童相談所などの専門機関に正確に伝えることが重要である。

子どもの発達に応じた特別な支援が必要であるという園の判断について、保護者の理解が得られない場合は、子どもに直接関わり続ける園の役割を果たしていく上でも保護者との信頼関係を構築する努力を続けたい。同時に園の生活でその子どもに必要な支援が不足することのないように、担任を園全体でサポートしていこう。

3　幼保小の連携

幼稚園教育要領や保育所保育指針等には、子どもたちの発達や学びの連続性を確保するために、小学校と「幼児期の終わりまでに育ってほしい姿」を共有するなどの連携を図るよう示されている。小学校との連携の仕方は、幼児と児童との活動の交流、保育者と小学校教員との研修の交流（保育参観や授業参観も含む）、幼保小の保護者同士の交流など、様々である。現状では、必ずしもすべての園で同じような連携ができているわけではないが、地理的条件等のそれぞれの条件の下で、連携できることから進め、そのことを重ねながら、子どもたちが安心しかつ期待をもって、次の小学校段階に移行できる体制を整えていくことが大切である。このため、幼稚園教員や保育士には、幼保小の連携の考え方や小学校教育についての理解を深め、幼児期から児童期への発達やその教育を見通した上で、日々の保育の充実を図ることが求められている。

本節では、事例を通して、幼保小の連携における保育者の役割について考えていこう。

事例①　「太鼓作りが始まる」　5歳

午前中、併設校である小学校の音楽発表会の予行練習を見学した。みんなでそろって太鼓を叩く姿はかっこよく、演奏は壮観だった。子どもたちは演奏を食い入るように観ていた。園に戻り、昼食後の遊びの時間に、コウセイくんは、さっそくアイスの空き箱をもって嬉しそうに箱を手で叩いて保育者に見せる。その傍らでコウセイくんと保育者とのやりとりを見ていた友達も、コウセイくんのまわりに集まってきて、粉ミルクの空き缶や大きな紙筒等を太鼓に見立てて手で叩き始めた。ラップの芯をバチに見立てて叩いている子どももいる。思い思いの太鼓を作り、リズミカルに叩いて楽しんでいた。

なぜ、太鼓作りが始まったのでしょうか？　あなたは、太鼓を作り始めたコウセイやその様子を見て参加してきた友達の気持ちについてどのように考えますか？

事例①を読み解く　小学生への憧れの気持ちを大切にする

学校や園の実情にもよるが、現在では、近隣の小学校の行事に招待されたり、小学校の生活科や総合的な学習の時間に小学生が園を訪問したりするなど、園児と小学生との交流を、多くの園が実施するようになってきた。こうした機会は、小学生にとっては、幼い子どもと一緒に行動する中で、相手を気遣って動き、思いやりの気持ちをもって行動する体験ができ

る。幼児にとっては、小学生と出会い、そこで体験したことのすべてがこれまでにない体験であり、小学生がやっていることが新鮮に受け止められ、憧れの対象となる。

事例①もその一つの場面である。幼児にとっては、小学生のお兄さんやお姉さんたちがやっているすべてのことが憧れの対象であり、まさにこの憧れの気持ちが成長へのエネルギーとなっていく。事例①では、小学校で先生や友達と一緒に体験したことを園で再現し楽しんでいる。こうした憧れの気持ちをもって楽しむ体験が心に刻まれていくことは、自分がもうすぐ小学生になることへの喜びや誇りをもつことにつながっていく。そのためには、小学生との交流活動や、子どもたちが交流活動を通して受け止めたことを保育に生かして、小学生になる喜びや期待を育んでいきたいものである。

事例②　「スパゲティ、おいしかったよ」　5歳

食べ物の好き嫌いが多いケンタロウくんは、小学校での給食が気になっていた。11 月、小学生との交流給食会で小学校に向かう時も、どこか暗い表情であったケンタロウくん。小学生のお兄さんが運んできてくれた給食はスパゲティだった。ケンタロウくんは「スパゲティだ！」と嬉しそうに歓声をあげ、すぐに食べ終わってしまった。小学生のお兄さんが「お前、食べるの俺よりも早いな！　こいつ凄いよ」と大きな声で褒めてくれると、ケンタロウくんは自慢げに微笑んだ。

降園時、母親が「給食は食べられた？」と聞くと、「うん！　スパゲティ、おいしかったよ」と元気に答える。それ以降、小学校に行くことに関して不安な表情を見せなくなった。

ケンタロウの気持ちは、交流給食の前、交流給食の時間、交流給食の後と、どのように変化していますか？　このような気持ちの変化を踏まえた上で、小学校との活動の交流を企画する際には、どのようなことに配慮したらよいか、考えてみましょう。

事例②を読み解く　子ども自身が不安を乗り越えていくことを支える

幼児と小学生が交流することは、子どもたちの活動の場を広げるとともに、特に幼児にとっては、小学校入学がより身近なことに感じられることになり、とても意義深い。しかし、交流の内容によっては、幼児が不安や負担に感じてしまうこともある。

事例②では、当初、ケンタロウは、小学校での給食体験に不安を感じていた。特に幼稚園の場合は給食ではなく弁当の園が多いので、初めての給食体験では、好き嫌いの多いケンタロウのように緊張し不安な気持ちになる幼児も少なくない。ましてや、保護者自身が幼児の初めての給食に不安を抱いている場合、幼児は自分の不安と保護者の不安とが重なり、不安感からなかなか脱却できなくなってしまうので、双方へのサポートなどの配慮が必要となる。

もし心配なことがあるなら、早い時点で対応していきたいものである。

ケンタロウの場合は、実際に交流給食会に参加することで不安な気持ちをすぐに払拭し乗り越えることができた。このように幼児自身が体験し納得して不安を払拭することの意味は大きい。乗り越える経験を通してケンタロウが自信をもつことにつながっている。

幼児の場合、初めての体験では、大人は何でもないと思われることを気にしたり、不安になったりこだわったりする。ケンタロウの場合は、それが給食であった。また、同年代の子どもたちと接する体験が少ないケンタロウにとっては、大きな小学生との交流も不安だったと思う。しかし、実際に小学校に行ってみると、ケンタロウの中にあったこの２つの不安は、意外にもあっという間に解消することができた。

生活体験や人間関係などの様々な体験が不足している子どもたちにとっては、新しいことに対し不安を抱くことが多い。この場合、新しいことを避けるのではなく、それを自分の力で乗り越えて不安を解消していく体験が必要であり、こうした自分の力で乗り越える体験こそが、生きる力の基礎となっていく。もちろん、その背景には、子どもの不安や緊張を受け止め、困った時にはすぐに手を差しのべられるような距離にいる、乗り越えたことを共に喜ぶという、保育者の支えがあることも忘れてはならない。

さらに、事例②では、保育者は、子どもが不安を乗り越えられたことを保護者に伝え、保護者自身が安心して子どもの成長を見守ることができるようにしている。わが子の小学校入学は、嬉しい反面、「新しい環境の中で、うまくやっていってくれるかしら」という不安も大きい。こうした保護者の揺れ動く心を受け止め、きめ細かに対応していきたいものである。

事例③　「小学校の廊下に、線が書いてあった」　5歳

２月、ユウキちゃんたちは小学校５年生と一緒に学校探検をした。園に戻ると、子どもたちは小学校で体験したことを保育者や友達と伝え合っていた。お帰りの会でも交流の内容が話題になった。ユウキちゃんは、廊下の真ん中に線（テープが貼ってある）があって、線の右側を通ることを５年生に教えてもらったことを報告した。すると、それにつけ加えるようにサチちゃんは、下には足型が２つ並んで「とまれ」の印があったと言う。保育者が、「どうして小学校の廊下には、線や足型があるのかしら」と問いかけると、「小学校はたくさんの子どもがいるからだよ」「駆け足するとぶつかるからかな」「決まっているからだよ」等々それぞれの意見を言う。さらに保育者は、子どもの意見に「小学校にたくさん子どもがいるの？」と、改めてみんなに話題を振りながら、小学校の話を続ける。

なぜ、保育者が小学校の廊下にテープで貼られた線や足型を話題にしていると思いますか？　保育者の意図を推測しながら、学校体験の意義を考えてみましょう。

事例③を読み解く　小学校体験をクラスみんなで共有する

担任は、２月のこの時期、子どもたちが小学校で体験したことをクラスみんなで話題にし、みんなで共有していくことを大事にしている。それは、こうした機会を通して、クラスの子ども一人ひとりがだんだん小学校を身近に感じられるようになり、小学生になることに期待をもつと考えるからである。

この意味で、小学校体験で何をするかでなく、それをどう５歳児保育に位置づけていくかが重要なのである。よく「小学校との交流で何をしたらよいか」「どのような交流活動がよいか」ということなどが話題になるが、活動の内容だけでなく、保育者は子どもたちの小学校体験をどう保育に生かしていくかを考えることも必要である。

特に、小学校入学が間近になる、５歳児１月、２月頃の園生活では、小学校のことをクラスの話題として積極的に取り上げながら、クラスの雰囲気をつくり、一人ひとりの子どもが小学校生活や学習に期待をもつことにつなげていきたいものである。この意味で５歳児のクラス担任としての力が期待されている。

事例④　「お山座りから体育座りに」　５歳

小学校との交流会。年長児と小学１年生がペアになり、体育の授業を体験した。小学校教員の「起立」「はい、体育座り」の合図で小学生が座るのを見ると、年長児は小学生と一緒になって立ったり座ったりを行った。園の子どもたちは表情を強張らせながらも、一緒に立ったり座ったり、小学校教員の指示を聞きながら体育を楽しんだ。

園に戻り、保育者が「小学生のお兄さんお姉さんは、立ったり座ったりできて格好よかったね。みんなはできたかな？」と聞くと「できたよ」「一緒にできていたのを先生見てなかったの？」と誇らしげな表情で保育者を見る。保育者が「じゃ、どうやって座っていた？」と聞くと、全員がすぐに体育座りをしてみせる。「うわー、格好いい。みんな小学生みたいだね。上手なお山座りができるんだね」と言うと「違うよ、体育座りだよ」とトモキくんが大きな声で自信満々に言う。

あなたは、保育者の子どもたちへの言葉かけのねらいについてどう考えますか？
また、あなたなら子どもたちにどのような言葉かけをしますか？

事例④を読み解く　子どもたちの自信を支え、エールを送る

事例④の子どもと保育者の関係が、前述の事例①②③と異なっていることに気づいただろうか。事例①②③には、子どもたちと一緒に小学校を体験している保育者がいるが、事例④では、小学校体験をしてきた子どもたちの報告を聞く保育者がいる。「…先生見ていなかっ

たの？」や「違うよ、体育座りだよ」と、誇らしげに保育者に話す子どもたちの姿からは“もう、先生いなくても大丈夫だよ”と、自分たちの足で一歩を踏み出そうとする子どもの意思を読み取ることができる。もちろん、そこには、子どもへの関わり方を変えて、子どもたちの成長を温かく見守り、エールを送っている保育者がいることを忘れてはならない。

また、事例④では、小学生と共に授業を体験しているところも興味深い。体育の授業の中で、幼稚園や保育園の生活にはない言葉や指示、動き方に触れ、それらを楽しく経験している。小学校の先生のもつ雰囲気を感じ、その言葉や指示に耳馴れていくことも、子どもたちにとっては貴重な体験なのである。しかし、忘れてならないことは、あくまでも“楽しく体験する”ことであり、ここには、“させられる”のではなく、“する”子どもがいる。

事例⑤　「小学校に行ったら、ずっと前に隣に座っていた子に会ったよ」　5歳

進学する小学校の就学時健康診断がある日は、朝から子どもたちは落ち着きがない。11月のある日、就学時健康診断は午後だが、ユキエちゃんは朝から「今日は、トモちゃんと一緒に△△小学校に行くんだ」と言い、一日中、トモコちゃんと一緒に行動していた。ユキエちゃんもトモコちゃんも“小学校に一緒に行く”ということを確認し合っている。そんな中で、サチちゃんは１人寂しそうに席に座っていた。実は、ユキエちゃんとトモコちゃん、サチちゃんの３人は仲良しで、これまで一緒に遊ぶことが多かったが、進学先の小学校が異なることから、ここ数日は、サチちゃんは２人から離れて１人でいることが多くなっていた。

担任保育者は、数日前にサチちゃんの母親からは、仲良しと離れてしまうことの不安を相談されていた。「園の友達関係が、そのまま小学校に継続するわけでもないし、新しい友達関係もできてくるので、あまり心配しないように」と伝えたが、母親は納得できていない様子だった。

就学時健康診断が終わってから、担任保育者は、サチちゃんがユキエちゃんやトモコちゃんと遊ぶ様子を遠くから見守っていた。また、サチちゃんも含めてクラスの子どもたちがいろいろな友達と関われる機会をつくった。母親にも、そうした中でサチちゃんが元気に遊んでいる様子を知らせ、母親自身が心配しすぎないように伝えた。特に、サチちゃんは繊細で、心配する母親の姿を見て不安になってしまうところがあるので、できるだけおおらかな気持ちでサチちゃんに接することを心がけることが必要であることも伝えた。

２月になり、小学校の１日体験の次の日、サチちゃんは、「昨日、小学校に行ったら、ずっと前に小学校に行った時に、隣に座っていた子に会ったよ。お話したの」と嬉しそうに報告に来た。「そう、よかったね。４月になると、また会えるね。友達になれそうだね」と言うと、サチちゃんは「うん」と元気に答えた。その表情には、２か月前の不安な表情

は全くなかった。4月から独りぼっちではないことを理解したようだ。

サチは、11月の就学時健診から２月の小学校１日体験まで不安な気持ちを抱えて過ごしていました。あなたなら、サチのような気持ちをもっている子どもたちにどう配慮し、この時期の保育やクラス運営では、どのようなことに配慮しますか？

事例⑤を読み解く　小学校生活に期待をもたせる

事例⑤のように、小学校の就学時健康診断が始まると、保護者も子どもも、何となく次の小学校の生活や学習が気になり始め、特にサチのように繊細な子どもの場合は、強い不安を抱いてしまうことも少なくない。このような場合に保育者にとって大切なことは、保護者自身が過度な不安をもたないように、保護者との連絡・連携を密にすることである。特に、保護者の中には「そんなことをしたら小学生になれない」等と叱ったりして、知らず知らずのうちに子どもにプレッシャーを与えている場合もある。５歳児後半のクラス便りや保育参観では、特に小学校に向けての心構えや準備を保護者に向けて具体的に話していくことが必要である。

また、幼児期の友達関係では、気の合う友達と一緒に遊ぶことが多いが、友達関係が安定する頃には、いろいろな友達と活動したり、クラス全体で活動したりすることも必要である。友達関係が変わることで、改めて友達の良さや自分の力に気づいたりして、人と関わる力を身につけていく。

特に事例⑤で担任保育者は、サチに対し、３人の人間関係を見守りつつも、特別な働きかけはしていない。それは、こうしたマイナスの体験も、サチなりに乗り越えることが大切であり、そうすることでサチが成長できると確信していたからである。どの子も同じようにできるとは限らないが、５歳児後半の友達関係では、子ども同士の関係で問題を解決していく経験が重要であり、マイナスの経験を乗り越えることで、人と関わって学び合うことが楽しいと感じる子どもたちを育てていきたいものである。

事例⑥　「幼保小の意見交換会」　5歳

市内の幼稚園、保育園、小学校の校長や園長と就学担当保育者が一堂に会し、合同意見交換会が実施された。幼稚園、保育園の就学時における保護者支援と小学校の就学説明会の内容の検討が進められた。小学校教員からは「シャツが出ていたり、上履きを踏んでいたりする子がいます」「時計を見て動くことができず、チャイムがなっても集まれないです」「身のまわりの片づけができない子が多いです」など、就学後の生活の変化で子どもたちが戸惑う様子を挙げた。幼稚園教員や保育士からは「時計を用いて片づけの時間を子

どもと決め、時間で片づけをするようにしています」「片づけの時間内で、自分で出したものは自分で片づけるようにしています」「足に合った上履きを履くように伝え、一日上履きを履いて過ごすようにしています」「チャイムの音に慣れるように、チャイムの音を遊びに取り入れて集まりの合図などにしています」など、幼稚園や保育園での取り組みと子どもたちの現状を伝えていた。

確かに意見は交換しているが、この時は、小学校教員と、幼稚園教員や保育士との接点がなかなかもてずにお互いの主張で終わってしまった。実は参加者たちもなんとなく行き詰まった雰囲気を感じていたが、その場では話の進め方を変えることができなかったようだ。その後、幼保小から代表者が集まって、次年度以降の意見交換会の進め方について話し合うことにした。

子どもたちが安心して小学校に入学できるようにしたいということから始まった幼保小の意見交換会。もしあなたが小学校教員の立場なら、また幼稚園教員や保育士の立場なら、どのようなことに注意して意見交換するとよいと思いますか？

事例⑥を読み解く　幼保小が互いの立場を尊重する

幼保小の意見交換会に期待することは、子ども一人ひとりの育ちをつなぐことである。そのためにその子どもとの関わり方や指導で配慮することについて、幼稚園や保育園側から小学校側にしっかり伝え、指導の継続性を図ることが大切である。

しかし、小学校教員は幼稚園や保育園での保育をよく知らないし、幼稚園教員や保育士は、小学校１年生になったらどのような学校生活が始まるかをよく知らないので、互いに批判的な見方をしてしまうことが多い。互いの保育や授業を参観するなどして、それぞれが相手の立場を理解し、尊重し合える関係を構築していくことが求められる。

小学校との連携を推進するためには、保育者自身が、実際に小学校の授業を参観し、小学校教育を知ることが必要である。参観すると、まず幼児教育とはずいぶん異なるということを実感すると同時に、小学校教員に伝えたいことをどう伝えたらよいかもわかる。

たとえば、事例⑥で「時計を用いて片づけの時間を子どもと決め、時間で片づけをするようにしています」ということは、これまでの先生の声かけによって片づけたり、次の活動の準備をしたりしてきたが、５歳児後半になると、自分で時計を見て片づけを始めるなどすることで、これまでの園生活と異なり、子どもが時間を意識して行動していることを小学校教員に伝えようとしている。しかし、チャイムと時間割で生活している小学校教員に、この表現で保育者の意図が明確に伝わるだろうか。おそらく、「なぜ、そうしているのか」「そうすることで、次に、子どもたちはどう育っていくか」などを丁寧に伝えることで、小学校教員は初めて子どもの成長を理解できるのではないだろうか。それは、小学校教員の場合も同様であり、保育参観を通して、幼児期の子どもの発達や教育を理解する必要がある。

いずれにしても、幼保小の教職員が、互いの立場への理解を深め、幼児期から児童期への発達や教育を共通に考えられるようになることが大切なのである。

事例⑦ 「小学校教員の保育体験研修を受け入れる」 職員

小学校教員のT先生が、教育委員会企画の研修の一環で行っている保育体験研修を受けるために、3日間幼稚園に派遣され、5歳児担任のクラスに配置された。1日目は、戸外遊びを中心に子どもたちと一緒に思う存分体を動かして遊ぶこととした。2日目、3日目は、ここ数日継続しているお化け屋敷ごっこを中心に、ごっこ遊びの様子を見ることにした。まず、1日目、子どもたちとへび鬼をしていたT先生が驚いたことは、遊びが停滞すると、子どもたちの中から、「もっと線を長くしよう」「スタートは、木の裏からね」と声が上がり、どんどん遊び方やルールが作り変えられていくことである。子どもたちは、いつも動いているし、いつも相手と駆け引きしながら考えている。“楽しい”というよりは、“精一杯、生きている”という感想だった。2日目は、「子どもたちのごっこ遊びの様子を見ていて、いつ遊びの仲間に入っていったらよいかわからなかった。ずっと見ていただけだったが、教師の関わりとしてこれでよいのだろうか。何もしていないのではないか」という反省だった。5歳児担任は、「T先生の3日間の研修の傍らで、幼児期の教育の中でカルチャーショックを受けている話を聞きました。5歳児は小学校教育に一番近いと思っていたので、T先生がカルチャーショックを受けていたことに、カルチャーショックを受けました」と話していた。正直、「3歳児、4歳児の保育は、もっと異なるのに…」という思いだった。

T先生は、なぜ、子どもたちのエネルギッシュに遊ぶ姿に驚いたのだろうか。また、なぜ、ごっこ遊びの仲間に入るタイミングが見つけられなかったのだろうか。あなたは、「遊び」と「学習」、「保育」と「授業」の違いについて、どのように考えますか？

事例⑦を読み解く　カルチャーショックに学ぶ

幼児教育には、教科はない。正確に表現するなら、幼児は、何を学ぶのかをあらかじめ意識していないが、夢中になって遊んだ結果、その成果として、発達に必要な体験や学びを得ることができる。それらが、教科等の学習につながる体験として大切である。それに対し、小学校は教科等の学習なので、小学生は、何を学ぶのかをあらかじめ理解して学習活動に臨むようになる。小学生になるとしだいに学習課題を意識するようになり、教科が成立するようになる。もちろん、小学校教育が始まれば、いきなり「自覚的な学び」ができるようになり、教科が成立するわけではない。行きつ戻りつして、しだいに「学びの芽生え（無自覚的な学び）」から「自覚的な学び」に移行していくのである。

小学校との連携を推進するためには、保育者自身が、実際に小学校の授業を参観したり、小学校教育を体験したりすることを薦めたい。事例⑦の「T先生がカルチャーショックを受けていることに、保育者がカルチャーショックを受ける」という姿勢が、小学校との連携を推進する力ではないかと考える。

3節のまとめ

以上、事例を通して幼保小の連携と保育者の役割について、述べてきた。以下は、そのまとめと課題である。

（1）いろいろな機会を生かして、意味ある小学校体験につなげていく

事例を通して、いろいろな機会を生かして小学校体験を重ねながら、子どもたちの中に小学校に向かう気持ちを育て、最終的に「小学生になる」ことに期待がもてるようにすることを述べてきた。もちろん、それは、特別なことをするということではない。いつもの仲間と保育者が、一緒に小学校体験をするからこそ、ワクワクする体験になるのではないか。「小学校との連携をとらねば…」という意識ではなく、子どもの視点から小学校体験を見直し、意味のある連携を進んで行っていきたいものである。

（2）保護者の理解と協力を得る

ぜひ保護者にも保護者の理解と協力が必要であることを伝えていきたい。特に、初めて子どもを小学校に入学させる保護者の中には、「園ではのびのびさせてもらったけど、小学校はそうはいかないので心配…」などと、小学校を全く異なった機関として受け止めている場合も少なくない。確かに、“時間割があり教科がある”、“一斉指導が多い”等、園とは異なる環境かもしれない。しかし、子どもたちはそうした環境の違いを乗り越えていく力をしっかり身につけていることを理解することも必要である。

保護者の中には、「△△ができないと小学校に行って困ってしまう」等、勝手に小学校入学の条件を決めて、子どもをマイナス評価してしまっている方もいる。この場合、保育者が「大丈夫です」と言っても、“園は何もしてくれていない”と受け止めてしまうだけである。保育者は保護者に子どもたちの小学校体験を報告し、子どもたちが新しい環境に関心をもち期待をふくらませていること、そして、その期待する気持ちが環境を乗り越えていくための力になることを具体的に伝えていくことが大切である。

（3）一人ひとりの発達と指導をつなぐ

幼保小の連携に期待することは、指導の継続性を図り、子ども一人ひとりの育ちをつなぐことである。そのためにその子どもとの関わり方や指導で配慮することについて、幼稚園や保育園側から小学校側にしっかり伝えることが大切である。小学校側でも、入学してくる子どもがどのような発達の状況であるか理解して、子どもが小学校生活の始まりに円滑に入っていけるようにしてほしい。本節冒頭でも述べたが、そのために幼稚園教育要領等に、「幼児期の終わりまでに育ってほしい姿」が明示された。これは決して到達目標ではなく、幼児期の終わりに子どもに見られる姿を取り出したものである。このイメージをもって、園・小学校の双方で、保育、教育の環境をつくっていかねばならない。

加えて、「気になる子ども」については、その子どもとの関わり方や指導について、園で行ってきたことを整理し、職員間で共有して連絡会等に臨むことが大切である。具体的には、「このような場合は、関わり方を個別にしている」「こんな関わりをしていると、まわりの子どもたちの意識も変わる」等、どのようにして育ちを支えてきたかを意識して伝えることである。

まさに小学校との連携を推進し、一人ひとりの指導をつなぎ、発達をつなぐことができる関係を構築していきたいものである。

（4）幼児期の教育から小学校への接続のカリキュラムを学ぶ

最近、自治体を中心にして、幼児期の教育から小学校への接続のカリキュラムを作成し、それを参考にして5歳児から1年生の段差を見直そうという動きがある。ここでは、経験を中心にしてカリキュラムを編成する幼児期の教育と、教科等の学習を中心とする小学校教育との間にある違いを「尊重すべき違い」として積極的に受け止め、自らの保育や教育を見直すことができる保育者であることが期待されている。

4　家庭・地域・関係機関との連携

あなたは、園が保護者・家庭をはじめ地域の人々や関係する機関などと連携することが、子どもたちにとってどのような意義をもつと考えるであろうか。

学生であるみなさんにはあまり想像できないことかもしれないが、子どもが少なくなり、地域社会のコミュニティー機能の減少が問われる現代にあって、“連携すること”は大きな意義をもつことなのである。そのことを実感したり、理解したりできるよう、この節では、できるだけ事例に多くの紙面を割いている。４・５歳児が中心とはなっているが、丁寧に読み取り、保育者の役割について学びを深めていこう。

事例①　「どうして手がしわしわなの？」　４歳・高齢者

園では４歳児が、近隣のデイサービス高齢者施設を定期的に訪問している。今日は運動会で踊った「アンパンマン音頭」を見てもらいに行ってきた。

踊りを見てもらった後は、一緒に風船バレーボールを行い、帰る時間となった。帰りには一人ひとりの高齢者の方と握手をした。

園に帰ってくると、トモユキくんが、「先生、どうしておじいちゃんやおばあちゃんは、手がしわしわなの？」と聞いてきた。トモユキくんの質問を機に、子どもたちが口々に言い出した。「私もそう思った」、「私のおじいちゃんはあんなにしわしわではないよ」、「でも何だか、つるつるしてたよ」等と話す。保育者は、なんと答えてよいか困ってしまった。

子どもたちの率直な質問をあなたならどう受け止めますか？

事例①を読み解く　率直に…素直に…

これは高齢者施設訪問後のエピソードである。トモユキが言い出したことをきっかけに、子どもたちは次々に、自分が感じたことを率直に表現し始めた。交流で心を揺るがされる経験をしたあとの子どもたちは、表出しないわけにはいかない心情をもつものである。中には自分の祖父母と比較している姿が見られる。核家族が増え、身近に祖父母のいる子どもばかりではない。こうした近隣との連携が、子どもたちの実体験を促し、自分たちとは異なる人と出会う機会を与えている。保育者は、子どもたちの思いを率直に素直に受け止めればよい。

事例② 「えっ、お姉さんも子どもだったの？」 5歳・中学生

中学校の家庭科の授業の一環として、園では中学校と定期的な交流をもっている。園児を連れて中学校を訪問した時のことである。一緒に縄跳びをしたり、ゲームをしたりするために、中学生が幼児を迎えるための準備をしてくれ、楽しい交流の時間が始まった。

そんな中、部屋の隅でミキちゃん、ミズキちゃん、トモヤくん３人の幼児と２人の中学生が話している。ミズキちゃんが、「私、今あやとりの練習しているの」、「○○の絵本が好きなの」と話すと、中学生が、「私も小さい時、あやとりしたよ」、「私もその絵本好きなの。今でも持ってるよ」と言う。ミズキちゃんは「えっ、お姉さんも子どもだったの？」と目を丸くしながら驚く。中学校からの帰り道、トモヤくんは、手をつないだミズキちゃんと後ろを歩くミキちゃんに、しみじみと言った。「あのお姉さんいい人だったね。お兄さんもやさしかった」と。

ミズキの驚きをあなたはどう捉えましたか？　また、まだ中学生に近い年齢のあなたは園児と中学生との交流が、中学生にとってもたらす意義は何だと考えますか？

事例②を読み解く　そうか子どもはそう感じるのか

「えっ、お姉さんも子どもだったの？」…ミズキちゃんの率直な驚きは、私たちにも新鮮な驚きをもたらす。“そうか子どもはそう感じるのか”と。きっと、中学生のお姉さんも同様に驚いたに違いない。人と人とが触れ合う意義は、こうしたできごとを通じて未知なる相手に出会い、自分自身の新たな面を発見することにある。それはもちろん一方的なものではない。中学生の人格に触れ、「いい人だったね」と人への信頼を深めたミズキたち幼児にとってばかりでなく、中学生にとっても、保育者にとっても得難い機会となるのである。

実施後の中学生へのアンケートによれば、ミズキたち幼児に接して、中学生が「自分もあんなに輝いていたのかな」、「あんなに元気だったのかな」など、今の自分を振り返り、素直な気持ちを取り戻すとともに、自分の成長をも実感する機会になり、日々の学校生活に意欲的になることが捉えられている。

事例③ 「高校にも行ってみたい」 4・5歳・高校生

高校１年生と園児との交流が始まって５年が経つ。高校生に来園してもらい幼児のクラス毎に、子どもの年齢に合った遊びを一緒に楽しむ交流を繰り返してきた。今年になって、子どもたちから「高校にも行ってみたい」という声が上がり、高校側に交渉してみることになった。その結果、校長先生の理解、快諾を得て実現の運びとなった。

高校に行ってみると、当の高校生をはじめ、先生、事務の方等、すべての人が「よく来たねー」と園児に声をかけ、園児の小ささ、幼さを愛おしく感じながら迎え入れてくれる様子が感じられた。

はじめ子どもたちは、高校のグラウンドの広さ、迷路のような長い廊下、大勢の高校生たち等に圧倒され、少し緊張気味であった。しかし、一人ひとりが生徒のイスに座らせてもらったり、図書館の難しい本を手に取らせてもらったりするうちに、すっかり高校生気分になったようで、いろいろなものに興味を示すようになった。

あなたは、「交流」や「連携」をどう捉えますか？　園側、高校側にどのようなメリット又はデメリットが考えられますか？

事例③を読み解く　双方の願いの一致…互恵性のある連携

中学生と高校生との違いはあるが、園児と生徒が交流する点では、事例②と似ている。

５年前、園児と高校生が交流することになったきっかけは、園側からの申し出によるものであった。道路を挟んですぐ近くにある高校へ、園の代表として園長が出向き、校長に願いを伝えた。園児にとって身近に出会う高校生は憧れの存在であり、「大きくなった」自分をイメージし、「あんなふうになりたい」と目標をもつ契機ともなることなどが園側の申し出の主な理由であった。

一方、はじめ慎重な姿勢を見せた高校側が、話が進行する中で、受験を控えた高校生の内面に影響を及ぼすものがあることを確信するようになった。双方の願いが折り合い点を見いだし一致したのである。

こうした交流の５年間の積み重ねから、「高校にも行ってみたい」という園児の願いが出てきたのは当然の成り行きであろう。高校生にとっても自分たちの場所に園児を迎えるのは嬉しいことであったに違いない。

中学生との交流もそうであるが、互いに得るものがある関係づくり、一方通行でない互恵性のある交流・連携だからこそ継続する。継続する中で多様な成果を生む。保育園・幼稚園・小・中学校・高等学校等、校種や関係機関を問わず、子どもたちの為にと、積極的に連携を進めることも時には必要なことである。人は人を浴びて育つものだから。

事例④　「知ってる！」　４歳・近隣住民・母親

園児が身近な地域の人との親しみを感じられるように、この園では、毎年もちつき集会を園で実施する計画を立てている。この年、町会や近隣家庭に参加を呼び掛けると、15名の近隣住民が参加した。

いつも人見知りのミホちゃんは、知らない人がたくさんいるので、この日は特に緊張しながら、もちつき集会に参加をしていた。もち米が蒸し上がるのを保育者が伝えると、ミ

ホちゃんは、もち米を蒸していた年配の女性を見て、「あっ、あの人知ってる。いつもお花に水をあげているおばあちゃんだ」と嬉しそうに友達に話す。

後日保育者に、ミホちゃんの母親から、「もちつき集会の後から、園のすぐ前に住むおばあちゃんに、ミホが毎朝挨拶をするようになったんです」と、伝えられる。

人見知りのミホの心の変化を考えてみましょう。また、その後のミホの変化を園に伝えてくれた母親と保育者との関係についても考えてみましょう。

事例④を読み解く　ミホの変化

大勢の人が集まる場所を不安に思う子どもは多い。日々の園生活とは異なる様子に、見通しをもてないからでもある。まして、ミホは平素から人見知りをする傾向がある。楽しみより不安が大きい状態でもちつき集会に参加したミホにとって、なんと嬉しいできごとであったろう。４歳頃の子どもたちは、感情が豊かになり、自分の考えたこと、感じたこと、思ったことを言葉で伝え、楽しむようになる。このような、この時期の子どもらしい姿を、いつも花に水をやっている優しそうなおばあちゃんとの出会いが引き出している。

後日談を保育者に伝えた母親も嬉しかったのであろう。その嬉しさを園や保育者に伝えようとする行動そのものが、信頼関係に支えられた園と家庭との望ましい連携を思わせる。

事例⑤　「消防署の人はすごい！」　５歳・消防署員

勤労感謝の日の前日に５歳児が消防署を訪問した。消防自動車に乗せてもらったり、緊急時に消防署員が滑り降りする姿を見せてもらったりした。

最後に、消防服を着る姿を見せてもらうことになった。今年は、事前打ち合わせで、保育者と消防署員とが服を着る競争をすることにしていた。消防署員の日頃の訓練を実感してもらうためであった。競争が始まった時は当然のように「先生頑張れ」の声援が上がった。しかしその声援は、だんだん「早い」「すごい」と言う消防署員への感嘆の声に変わった。

当然消防署員の方が早い結果となった。その姿を見ていたタカシくんは、「消防署の人はすごい！」と拍手した。

　働く人の実際の姿を目の前にした子どもたちは、多くの感動体験をしたことでしょう。こうした体験が子どもたちの成長にとってどのような意義があるか考えてみましょう。

事例⑤を読み解く　事前・事後の話し合いの重要性

　自分たちの先生への応援から徐々に消防署員への応援となっていった子どもたちの変化が興味深い。両者による事前打ち合わせの予想通りの変化が、子どもたちに引き起こされた。競争を目の当たりにした子どもたちの感動が、読み手の私たちにもおもしろいように伝わってくる。思わず拍手をしたタカシの姿がそれを物語る。子どもたちは、このあと消防服を持たせてもらい、その重さを実感した。幼いながらも、消防士の仕事に対する理解を深め、尊敬の念を強くしたに違いない。

　子どもの想像力やイメージを豊かにし、必要な知識や理解を得るために、話を聴いたり、絵本を見たりする体験は大切である。一方、本事例のように本物や実物に触れ、実体験をする中で大きな感動を味わうことでの学びも大きい。そのためには、今回のように、保育者と消防署員、連携する双方の事前の綿密な話し合いが欠かせない。また、事後に実践を振り返り、成果と課題を次につなげる双方のさらなる努力も必要である。

事例⑥　「子どもと一緒だ！」　5歳・父親・地域

　11月上旬、凧をつくる計画をたてた。“パパ先生”と“地域の凧作りの名人”が協力して、5歳児の子どもたちに凧作りを教えてもらう。

　まず地域の凧作り名人がパパ先生に、そしてパパ先生が子どもへと、凧の作り方を伝達する。園ではこれまでも「パパ先生」として活動を積み重ねてきたことから、“うちの子、よその子区別なく”を基本にした保育参加である。地域の凧作りの名人には、パパ先生へのアドバイス役を担ってもらう。

　タカちゃんが「パパ先生、あとはどこに糸をつけるの」と言うと、「待っていて、名人に聞いて来るから」と答える。タカちゃんは、「パパ先生も教えてもらうの？　子どもと一緒だ！」と言う。その会話を耳にした保育者は、「先生も難しいから名人に聞いてこよっかなぁ」と聞こえるようにつぶやく。タカちゃんは「大人もわからないことあるんだね」と納得顔で言う。戻ってきたパパ先生に、「お勉強してきたの？」と言うと、パパ先生は、「そうだよ。タカちゃんの凧がよく揚がるように魔法をかけてもらった！」と頭をなでた。するとタカちゃんは、「パパ先生も名人だね。ありがとう」と叫ぶ。それを受けてパパ先生はにっこり笑った。

子どもたちは、見たまま、感じたままを率直に口に出します。あなたなら、タカの言葉にどう対応しますか？　また、保育者やパパ先生の言葉や行動から気づいたことを挙げてみましょう。

事例⑥を読み解く　子ども理解を土台に

「パパ先生も教えてもらうの？　子どもと一緒だ」…あなたも、タカの言葉に一瞬ドキッとしたであろう。子どもは時として、見たまま、感じたままを率直に口に出すことがある。まわりの人の特性や持ち味などがわかるようになると、このような場面は保育の中ではよく起こる。相手を傷つける意図はない場合が多く、この場合のタカも同様であろう。

ところで、この事例の保育者とパパの言動は子どもをよく理解した上での対応であり流石だ。「先生も聞いてこよっかなぁ」とさりげなくつぶやく保育者の、状況を把握した上での意図的な言動が、「大人もわからないことあるんだね」とタカの納得を導く。「お勉強してきたの？」と聞くタカに、「そうだよ」とパパ先生は自然体で答える。さらに「タカちゃんの凧がよく揚がるように魔法をかけてもらった！」というパパ先生の言葉には感動する。頭をなでてもらったタカの「ありがとう」の言葉から、パパ先生がもらった〈ご褒美〉も大きかったであろう。２人で作った凧は、よく揚がったに違いない。

事例⑦　「保護者の了解を得て」　5歳・保護者・発達支援センター

週に１度、発達支援センターに通所しているトシキくん。保育者は、トシキくんが朝の身支度に時間がかかること、片づけの時間になっても保育室に集まってこないことに困っていた。園では、保護者から発達支援センターでの支援方法やトシキくんの様子を教えてもらおうとしたが、保護者は発達支援センターでの支援方法が具体的にわからないようで、うまく説明がつかない状況であった。

そこで、保護者に事前に、発達支援センターとの情報交換の承諾を得た上で、園から直接発達支援センターに連絡を取り情報交換を行った。

後日、発達支援センターから、トシキくん担当の職員が園を訪れ、園でのトシキくんを観察した。その後、双方の支援目標や支援方法が話し合われ、共有する部分がかなり見いだされた。

話し合いを受けて、その後園では、トシキくんが自分の持ち物を片づけやすいよう、場所を写真で示したり、朝の身支度の手順を決め提示したり、片づけは時間を決め時計で示したりするようにした。また、園での取り組みを保護者にも話し、家庭でもできそうなことに取り組んでもらうようにした。

それから１か月ほど経った頃には、トシキくんは、朝、身支度を一人でするようになった。保護者は支援方法を工夫するだけで成長していくトシキくんを感じ、トシキくんの発達特性を徐々に理解するようになった。さらに保護者は、発達支援センターでの支援内容にも関心を示すようになり、内容を理解してトシキくんに関わるようになった。今では、園と家庭と発達支援センターとが連携し、共通した支援が行われるようになっている。

この事例であなたが気づいたことを、保育者・保護者・関係機関それぞれの関わりに分けて、できるだけ多く挙げてみましょう。

事例⑦を読み解く　保育者の困ったことが出発点

この事例の最も重要な点は、園、保護者、発達支援センターの三者が共に、トシキの成長を中心に据えて連携していることである。しかし、実際には、なかなかこのようには進まない。現実的には、園と関係機関とが直接連絡を取り合うことに対する保護者の承諾が得られなかったり、園が特別な配慮を必要とする子どもへの保育に熱心ではなかったり、行事で多忙などの理由から園と関係機関との連絡が滞ったりするなどの例が少なくない。

この事例から、トシキの成長を促した「三者の連携の良さ」を３点述べる。

まず第１に、保育者がトシキの園生活に困り感をもっていたことである。子どもたちはどの子も、発達の個人差や家庭環境などから様々な個別の配慮が必要となってくる。しかし、トシキのようにこれまでの保育者の力量では解決せず、指導が難しい状況が出てくることがある。こうした場合、担任や担当の保育者が一人で悩みを抱え、誰からの支援も得られない状況になることが多い。事例の園は、担任（または担当）の保育者が困っていたことを、園全体のこととして取り組んだ。保育者の困ったことが出発点となり、園全体がこの事態を放置することなく専門家の力を得ようと行動を起こすことにつながったのである。

第２に、保護者の率直で真摯な態度である。園側の申し出に快く応じ、園とセンターとの情報交換を承諾している。後に、トシキの変化を見て、成長する様子に刺激を受けたことが、家庭でのトシキの成長を促してもいる。保護者や家庭の協力は三者の連携に欠かせない。

第３に、発達支援センターの誠意や熱意、そして的確な対応である。指導のねらい、支援目標や方法等についての話し合いでは専門家として心理・医療などの分野からトシキにあった方向性を示したであろうことが推察される。関係する機関の積極的な支援は、園、保護者、関係諸機関等三者の連携の在り方に大きく関係する。

事例⑧　「友達の友達から地域交流へ」　５歳・保護者・小学校

卒園してからも何かと園に顔を出すハナちゃん。ハナちゃんは毎回小学校でできた友達のサクラちゃんを連れて遊びに来ていた。

サクラちゃんが遊びに来るようになって数か月が経った頃、サクラちゃんの母親が園まで迎えに来た。その時は「いつもすみません。卒園児でもないのに遊びに来て」と軽い挨拶をしただけであった。何日か迎えに来ることが続くと、サクラちゃんの母親は、育児に

ついての悩みや相談ごとを保育者や園長に話していくようになった。次第にハナちゃんの母親や在園児の母親など、多くの保護者が集まるようになると、園長は保護者同士の情報交換の良い機会になると判断した。

そして、園が場所を提供し、近隣の幼稚園、保育園、小学校の保護者が集まり情報交換会が定期的に行われるようになった。

小学生になってからも、友達を連れて園に遊びに来ていたハナ。そのことが近隣の幼稚園・保育園・小学校の保護者を巻き込む情報交換会にまで広がりました。
あなたは、この事例から何を学びましたか？

事例⑧を読み解く　保育者の熱意や力量

事例の園は、小学生になった卒園児が度々遊びに来たくなるような園である。そんな園に度々顔を出すハナには園での楽しい思い出が山ほど詰まっていたに違いない。心弾む時ばかりでなく時には辛い気持ちを抱えた時でも、園に行けばいつでも保育者に温かく迎えられていたことであろう。人を温かく受け入れる雰囲気がこの園には満ちている。保育園や幼稚園ではこうした人を包み込むような雰囲気をもつことがとても大切である。しかし、どの園でもこうした雰囲気や環境が整っているとは限らない。園の保育・教育方針に裏付けられ、実践を積み重ねる保育者の努力があってこそ実現されるものであろう。

事例の園は、卒園児でもない友達やその母親をも受け入れ、まわりの人々をつなぎ、地域のコミュニティーを創出し、機能している。さらに近隣をも巻き込み、発展している。園長はじめ保育者の熱意や力量を感じる事例である。

4節のまとめ

読み進めて気づいたことと思うが、ここに載せた8篇の事例は、園と家庭、地域、関係機関との交流や連携がどれも比較的順調に推移したものである。しかし、実際には、連携・交流を進める上でメリットがある一方、デメリットもあるものである。園が家庭・地域・関係機関と連携を図る際、メリットを取り上げ子どもたちの成長に生かすこととあわせて、予想されるデメリットへの熟慮は欠かせない。連携を行うにあたって綿密な計画を立て、相手の立場や状況、連携に対する考えなどを尊重し、また、安全の確保等に努めたい。しかし、デメリットを伴うからと何もしなければ、子どもたちをはじめ、家庭、地域、関係機関の人たちの豊かな体験の機会を創出することは叶わない。積極的に連携を図る必要が生じる時もある。ポイントは、“慎重な計画のもとで大胆に行動する”ことである。

参考までに特に留意が必要な事項や対応を挙げる。

○一方にメリットがあり、他方にはデメリットなどの負担だけという連携は避けたい。互いに連携の良さが享受できる〈互恵性〉が大切である。

○管理職の立場にある人や一部の保育者の独断による実践は避けたい。丁寧にまずは園内の〈共通理解〉を図り、園全体の〈協力体制〉を整えることが欠かせない。

○園児を外部に引率したり、外部の不特定多数の人を園に引き入れたりする機会が多くなる。〈不審者対応〉や〈安全の確保〉には万全を期す必要がある。

○交流や連携をより良いものにするため、相手側との〈事前の話し合い〉に加え、〈事後の評価〉を実施し、〈成果や課題の明確化〉を図る。(下記図参照)

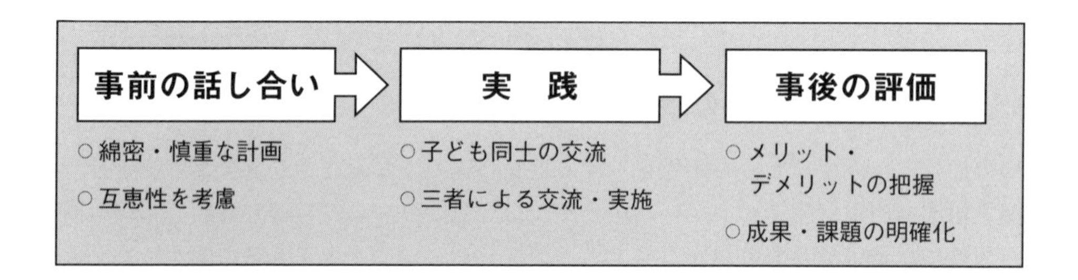

○交流や連携成功の秘訣は人とのつながりにある。家庭、地域、関係機関は〈強力なパートナー〉となりうる。日頃から、〈人との出会い〉を大切にする。

○日常の保育に加え、新たな実践が追加される。園や保育者の〈多忙感〉は否めない。反対意見にも耳を傾け、〈多様な角度から検討〉し、決断したい。

【参考文献】

1章　保育内容の歴史的変遷

- 小田豊・神長美津子・西村重稀編著『新保育シリーズ　保育内容総論』光生館、2009
- 国吉栄『幼稚園誕生の物語 -「諜者」関信三とその時代』平凡社、2011
- 諏訪義英『保育の思想』風媒社、1972
- 民秋言『幼稚園教育要領・保育所保育指針の成立と変遷』萌文書林、2008
- 日本保育学会『日本幼児保育史　第五巻』フレーベル館、1974
- 日本保育学会『日本幼児保育史　第六巻』フレーベル館、1975
- 文部省「幼稚園教育百年史」ひかりのくに、1979
- 湯川嘉津美『日本幼稚園成立史の研究』風間書房、2001

2章　幼稚園教育要領・保育所保育指針がひもとく保育内容

- 小田豊・神長美津子編著『幼稚園教育要領の解説』ぎょうせい、2008
- 神長美津子・塩谷香編著『教育課程・保育課程』光生館、2010
- 『保育所保育指針解説』厚生労働省、2018
- 『幼稚園教育要領解説』文部科学省、2018

3章　子どもと保育内容

1節　子ども理解

- 齋藤善郎著者代表『子どもの心を育てる保育』建帛社、1999
- 塚本美知子編著『子ども理解と保育実践 - 子どもを知る・自分を知る』萌文書林、2013
- 森上史朗・浜口順子編著『幼児理解と保育援助』ミネルヴァ書房、2003

4節　子どもと遊び

- 上野恭裕編著『保育内容・保育方法総論の理論と活用』保育出版社、2010
- 岸井勇雄監修、上野恭裕編著『おもしろく簡潔に学ぶ保育内容総論』保育出版社、2008

4章　領域と保育内容

1節 「健康」と保育内容

- 厚生労働省雇用均等・児童家庭局保健課「楽しく食べる子どもに～食からはじまる健やかガイド～」、2004
- 厚生労働省雇用均等・児童家庭局保健課「楽しく食べる子どもに～保育所における食育に関する指針～」、2004

2節 「人間関係」と保育内容

- 友定啓子・小田豊編著『保育内容　人間関係』光生館、2008
- 酒井幸子編著『保育内容　人間関係　あなたならどうしますか？』萌文書林、2012

4節 「言語」と保育内容

- 松岡享子 文・長 新太 絵『それ　ほんとう？』福音館書店、2010

5節　「表現」と保育内容
- 井戸ゆかり編著『保育の心理学Ⅰ』萌文書林、2012
- 『保育所保育指針解説』厚生労働省、2018
- 平田智久・小林紀子・砂上史子編『保育内容「表現」』ミネルヴァ書房、2010
- 『幼稚園教育要領解説』文部科学省、2018

6節　保育者の専門性
- 井戸ゆかり編著『保育の心理学Ⅰ』萌文書林、2012
- 『保育所保育指針解説』厚生労働省、2018
- 『幼稚園教育要領解説』文部科学省、2018

5章　保育者の役割と保育内容

1節　気になる子どもの支援
- 酒井幸子編著『保育内容　人間関係　あなたならどうしますか？』萌文書林、2012
- 徳田克己監修、水野智美編著『具体的な対応がわかる気になる子の保育 - 発達障害を理解し、保育するために』チャイルド本社、2012
- 七木田敦編著『実践事例に基づく障害児保育』保育出版社、2007

3節　幼保小の連携
- 神長美津子『はじめよう　幼稚園・保育所「小学校との連携」』フレーベル館、2009
- 永井聖二・神長美津子『幼児教育の世界』学文社、2011
- 文部科学省『幼児期の教育と小学校の円滑な接続の在り方について（報告）』、2010

おわりに

保育内容とは、幼稚園・保育所、認定こども園においてその目標の実現に向かって取り組む、計画的で組織的な保育活動の内容全体を指している。これまで本書で学んできている皆さんは、園生活において５領域に示されているねらいや内容をバランスよく身につけていく必要性を理解できたかと思う。しかし、保育を構想する際、５領域の理解だけでは不十分である。つまり、「活動がどのような意味を持ち、発展性があるか」「環境を通して行う保育」「子ども理解を入り口とした一連の保育展開についての実際」などを理解して、はじめて保育を構想することが可能となる。また、保育内容は領域ごとに示されているものの、実際の保育においては領域の枠を超えて総合的に展開され体験されていくのである。

筆者自身が保育現場にいた頃、養成校での学びと保育実践の場で繰り広げられるできごととにズレが生じていた。つまり、「理論と実践」の双方に隔たりのようなものを感じていた。おそらく、学んだことを実践に生かせるほど適切に理解していなかったり、応用する力が不足していたりしていたと考えられる。さらに振り返ってみると“基本的理論を土台としながら実践を理解していき、双方はらせんを描きながら相乗効果で保育内容が深まる”という基本的な理解ができていなかったのかもしれない。

本書はこのことを具現化した最良の書であると自負している。理論と実践をより効果的に学べるよう、本書では事例を中心に保育の営みや子どもとの関わりなどを理論的に読み解いてきた。可能な限り子どもたちの躍動感を大切にし、保育について学んだ充実感を味わえるように尽力した。

さらに本書では、“能動的かつ発展的に学べるように”というアクティブラーニングのねらいから「演習ワーク」を取り入れている。是非、ワークを有効に活用して、保育者に求められる主体性、協同性のもと、能動的な学びをしてもらいたい。そして、あなたの考えを深め、学友と積極的に意見を交え、保育の楽しさや奥深さを体験してもらいたい。しかし、「はじめに」で触れているように、保育に正解はないといえるので、導き出された答えも「考え方、手法」の一つである。したがって各事例を「どの角度から捉えるか」によって答えも変わってくる。そのため、導き出された答えについて、実習をはじめ保育現場において検証・考察を行うことが必要であり、それで本書の学びは完結すると考えている。また効果的に検証・考察するためには、再度読み返してもらいたい。おそらく新たな気づきや発見があるはずであり、またその実感を胸に保育現場に〈挑んで〉いただきたい。

最後に、本書の刊行にあたっては、企画段階から出版に至るまで、萌文書林　代表服部直人氏並びに企画編集部の東久保智嗣氏に粘り強くかつ継続的に支援を頂いた。この場をお借りし、筆者を代表して心より感謝申し上げる。

2018年　4月　　守　巧

著者紹介

【編著者】

略歴は 2025 年 4 月現在

酒井幸子

武蔵野短期大学幼児教育学科客員教授／同附属保育園 所長

執筆担当…序章／１章／４章５節／４章６節／５章４節

聖徳大学大学院児童学研究科修了。東京都公立幼稚園教諭・教頭・園長、母子愛育会愛育幼稚園長、青山学院大学及び聖徳大学教職大学院兼任講師、武蔵野短期大学教授、同附属幼稚園長・同附属保育園統括園長を経て現職。東京都公立幼稚園教育研究会長、全国国公立幼稚園長会長、中央教育審議会幼児教育部会委員・同特別支援教育専門部会委員等を歴任。現在、（一社）保育教諭養成課程研究会理事、（一社）日本乳幼児教育・保育者養成学会理事。

主な著書

『保育内容 人間関係 あなたならどうしますか？』編著 2012（萌文書林）、『発達が気になる子の「個別の指導計画」幼稚園・保育園で今日からできる』監著 2013（学研）、『保育内容 環境 あなたならどうしますか？』編著 2016（萌文書林）、『演習保育内容総論 あなたならどうしますか？』編著 2018（萌文書林）、『保育内容 健康 あなたならどうしますか？』編著 2021（萌文書林）、『ケース別 発達障害の子どもたちと保護者をサポートする本 幼児編』共著 2022（ナツメ社）他

守　巧

こども教育宝仙大学こども教育学部教授

執筆担当…３章１節／３章４節／４章２節／４章７節／５章１節

横浜国立大学教育人間科学部特殊教育特別専攻科重複障害教育専攻修了後、幼稚園教諭として 10 年間勤務しつつ、聖学院大学大学院人間福祉学研究科修士課程を修了。公益財団法人 幼少年教育研究所「気になる」子どもの保育研究部会会長、埼玉県狭山市巡回支援員。

主な著書

『気になる子とともに育つクラス運営･保育のポイント』単著 2016（中央法規）、『保育内容 環境 あなたならどうしますか？』編著 2016（萌文書林）、『子育て支援 より豊かに育つ支援をめざして』共著 2019（光生館）、『子育て支援「子どもが育つ」をともに支える』共著 2020（北樹出版）、『“気になる子”の気になる保護者 保育者にできるサポート』編著 2020（チャイルド本社）、『新しい保育講座⑭ 障害児保育』共著 2021（ミネルヴァ書房）、『子ども家庭支援論 保育の専門性を子育て家庭の支援に生かす』編著 2021（萌文書林）、他

【著者】

略歴は 2025 年 4 月現在

神長美津子

國學院大學人間開発学部名誉教授／大阪総合保育大学児童保育学部特任教授

執筆担当…2 章／5 章 3 節

宇都宮大学教育学部大学院教育学科修了。宇都宮大学教育学部附属幼稚園教諭、文部科学省初等中等教育局幼児教育課教科調査官、国立教育政策研究所教育課程調査官、東京成徳大学子ども学部教授、國學院大學教授を経て現職。中央教育審議会教育課程部会、「教育課程企画特別部会」、「幼児教育部会」委員。内閣府「幼保連携型認定こども園教育・保育要領の改訂に関する検討会」委員。第12 次提言内閣府教育再生実行会議委員。中央教育審議会「幼児教育と小学校教育の架け橋特別委員会」委員。

主な著書

『保育のレベルアップ講座』単著 2003（ひかりのくに）、『はじめよう　幼稚園･保育所「小学校との連携」』単著 2009（フレーベル館）、『幼児教育の世界』子ども社会シリーズ編著者 2011（学文社）、他

杉本裕子

元学校法人駒場けやき学園駒場幼稚園長

執筆担当…3 章 2 節／4 章 4 節／5 章 2 節

お茶の水女子大学大学院家政学研究科児童学専攻修了。横浜市保健所における乳幼児健診発達相談員、洗足学園短期大学（非常勤講師）、聖セシリア女子短期大学（非常勤講師）、鎌倉女子大学短期大学部准教授、同幼稚部部長兼任、学校法人駒場けやき学園駒場幼稚園長を務める。

主な著書

『乳児保育の探究』共著 2002（相川書房）、『幼稚園実習保育所実習の Mind & Skill』共著 2002（学芸図書）、『保育内容言葉』共著 2005（建帛社）、『保育内容人間関係』共著 2008（光生館）、『家庭支援の保育学』共著 2010（建帛社）、『保育内容　環境　あなたならどうしますか？（8 章／9 章）』共著 2016（萌文書林）、他

松山洋平

和泉短期大学児童福祉学科教授

執筆担当…3 章 3 節／4 章 1 節／4 章 3 節

青山学院大学大学院文学研究科教育学専攻修了。社会福祉法人恩賜財団母子愛育会愛育幼稚園教諭、鎌倉女子大学幼稚部教諭、田園調布学園大学講師を経て現職。

主な著書

『保育内容 環境 あなたならどうしますか？』共著 2016（萌文書林）、『保育の視

点がわかる！観察にもとづく記録の書き方（保育わかばBOOKS）』共著 2017（中央法規）、『コンパス保育内容 人間関係』共著 2018（建帛社）、『新しい保育講座 保育原理』共著 2018（ミネルヴァ書房）、『演習 保育内容総論 あなたならどうしますか？』共著 2018（萌文書林）、『3・4・5歳児　子どもの姿ベースの指導計画（新要領・指針対応）』共著 2019（フレーベル館）、『採用と育成の好循環を生み出す園長の仕事術　子ども主体の保育を実現するリーダーシップ』共著 2020（中央法規）、『事前・事後学習のポイントを理解！　保育所・施設・幼稚園実習ステップブック［第2版］』編著 2020（みらい）、『保育・教育実習（新しい保育講座）』編著 2020（ミネルヴァ書房）、『保育内容 健康 あなたならどうしますか？』編著 2021（萌文書林）、他

【事例執筆・編集協力】

略歴は2025年4月現在

中山博子

元聖徳大学幼児教育専門学校教授

東洋大学大学院文学研究科教育学科修了。東京都公立幼稚園教諭・教頭・園長、聖徳大学幼児教育専門学校教授を務める。全国国公立幼稚園長会副会長、全国安全教育研究会副会長、文部科学省体力向上の基礎を培うための幼児期における実践活動の在り方に関する調査研究協力者会議副座長、文部科学省幼稚園における道徳性の芽生えを培うための事例集作成協力者等を歴任。

平野麻衣子

東京学芸大学教育学部准教授

青山学院大学大学院教育人間科学研究科博士後期課程修了（教育学博士）。青山学院大学文学部教育学科卒業後、社会福祉法人 母子愛育会 愛育幼稚園教諭、田園調布学園大学子ども未来学部助教、兵庫教育大学大学院学校教育研究科幼年教育・発達支援コース講師・准教授を経て現職。

主な著書

『保育内容 人間関係 あなたならどうしますか？』共著（事例執筆）2012（萌文書林）、『演習 保育内容総論 あなたならどうしますか？』共著（事例執筆）2014（萌文書林）、『保育内容 環境 あなたならどうしますか？』共著 2016（萌文書林）、『兵教大発　まぁるく子育て』2017（神戸新聞総合出版センター）、『生活習慣形成における幼児の社会情動的発達過程』単著 2018（風間書房）、『テーマでみる 保育実践の中にある保育者の専門性へのアプローチ』共著 2018（ミネルヴァ書房）、『保育内容 健康 あなたならどうしますか？』共著 2021（萌文書林）、他

森田直子

武蔵野短期大学附属幼稚園 園長

武蔵野短期大学卒業後、同附属幼稚園教諭、主任、副園長を経て現職。2013年2月、アメリカ・ヒューストンで行われた第19回「宇宙を教育に利用するためのワークショップ」（Space Exploration Educators Conference：SEEC）に宇宙航空研究開発機構（JAXA）から派遣され講師を務める。

主な著書

『保育内容 人間関係 あなたならどうしますか？』共著（事例執筆）2012（萌文書林）、『演習 保育内容総論 あなたならどうしますか？』共著（事例執筆）2018（萌文書林）、『保育内容 健康 あなたならどうしますか？』共著 2021（萌文書林）

山崎摂史

社会福祉法人三樹会本部／社会福祉法人三樹会亀戸第四保育園 保育士

聖徳大学大学院児童学研究科修了。私立幼稚園教諭、東京都公立幼稚園講師、私立こども園教諭・保育士、私立保育所保育士・副施設長、東京福祉大学助教、私立保育所施設長を経て現職。

演習　保育内容総論
あなたならどうしますか？

装　丁　㈱ユニックス
イラスト　西田ヒロコ
DTP 制作　㈱ユニックス

2014年4月1日初版第一刷発行
2014年7月1日改訂第一刷発行
2017年3月1日改訂第二刷発行
2018年3月31日改訂第二版第一刷発行
2025年4月1日改訂第二版第五刷発行
〈検印省略〉

Printed in Japan

編著者　酒井幸子・守 巧
発行者　服部直人
発行所　㈱萌文書林
〒113-0021　東京都文京区本駒込6-15-11
Tel：03-3943-0576　Fax：03-3943-0567
E-mail：info@houbun.com
ホームページ：https://www.houbun.com
ＩＳＢＮ 978-4-89347-280-9　C3037

印刷・製本　シナノ印刷株式会社